AN ANTHOLOGY OF LATIN PROSE

AN
ANTHOLOGY
OF
LATIN PROSE

Compiled and edited
with an Introduction
by

D. A. RUSSELL

CLARENDON PRESS · OXFORD

Oxford University Press, Walton Street, Oxford OX2 6DP

Oxford New York Toronto
Delhi Bombay Calcutta Madras Karachi
Petaling Jaya Singapore Hong Kong Tokyo
Nairobi Dar es Salaam Cape Town
Melbourne Auckland

and associated companies in
Berlin Ibadan

Oxford is a trade mark of Oxford University Press

Published in the United States
by Oxford University Press, New York

British Library Cataloguing in Publication Data

An anthology of latin prose.
1. Prose in Latin—Critical studies
I. Russell, D. A. (Donald Andrew)
878.010809

ISBN 0-19-814746-5
ISBN 0-19-872121-8 (pbk)

Library of Congress Cataloging in Publication Data

An Anthology of Latin prose / compiled and edited,
with an introduction by D. A. Russell.
Includes bibliographical references
1. Latin language—Readers. 2. Latin prose literature.
I. Russell, D. A. (Donald Andrew)
PA2095.A626 1990   478.6'421—dc20   89-72121

ISBN 0-19-814746-5
ISBN 0-19-872121-8 (pbk.)

Phototypeset by Dobbie Typesetting Limited, Tavistock, Devon
Printed in Great Britain by
Biddles Ltd., Guildford and King's Lynn

PREFACE

This selection of passages is intended to illustrate the development and variety of Latin prose from the beginnings to the fifth century AD. I offer a certain amount of commentary, but it is designedly very limited: mainly references to standard grammars and translations of uncommon or difficult words, intended for the more elementary student. The texts are based on current or standard editions, but I have felt free to punctuate or choose readings for myself, and have occasionally drawn the student's attention to variants.

I owe much to the encouragement and help of colleagues, and especially to Robin Nisbet and to Michael Winterbottom, who has done a very great deal for the book, but who has persuaded me that his many other commitments do not now leave him time to be its co-author.

D. A. R.

Oxford
June 1989

CONTENTS

CAESAR, SALLUST, AND SOME CONTEMPORARIES

LIVY AND OTHER AUGUSTANS

INTRODUCTION

§ 1

The passages in this anthology range in date from the second century BC to the fifth century AD. They represent all the major prose genres: oratory, history, philosophy, letters, fiction. They are all, even the most casual or trivial, works of conscious art. Most are exceedingly skilful. The purpose of this Introduction is to say something about this art and its principles, and so help the reader to become also something of a connoisseur. Indeed, in my view, one cannot be an effective reader—one who can respond to and learn from the writers—without a little of this connoisseurship. The Roman writers did not just talk on tablets; they inscribed carefully coded messages.

§ 2

First, a brief historical sketch. Classical Latin prose began to be written about the same time as Latin poetry, and as part of the same literary awakening, inspired by Hellenistic models. The earliest surviving pieces are from the speeches of Cato (1) and other second-century statesmen, especially C. Gracchus (3). Cato's book on agriculture (2) is also important, but more difficult to evaluate, as it seems to have been revised and perhaps interpolated in later periods. The speeches naturally show the influence of Greek rhetoric, both in the figures of speech evident in Cato (1) and in the elegant use of a simple manner for indignant narrative by Gracchus (3). By the early first century, if that is the right date for the *Rhetorica ad Herennium* (5), there is a good deal of rhetorical teaching available in Latin. This is of course based on Greek sources; but the author invents his own Latin examples, with reference to

Roman history and politics. These examples are very significant. The author's *gravis figura* is almost exactly exemplified, though with much more skill, in Cicero's earliest major speech, *pro Roscio Amerino* (6). The *adtenuatum genus*, appropriate for homely narrative, displays features which we see in all periods: short and simple sentences, connection by pronoun (*hic, iste*), and vivid direct speech. Its perversion, the *aridum et exsangue genus*, also has suggestive peculiarities, and is perhaps a relatively unstylized reproduction of the way ordinary people tell stories. Both should be compared with the Biblical narratives (90, 93), for which St Jerome and his unnamed predecessors adopted forms of speech familiar to ordinary folk, and untainted by any pretentiousness of rhetorical culture.

Cicero's achievement determined everything that followed, even the work of those who reacted against him. In his rhetorical education, at Rome and at Rhodes, he acquired skills of invention, of figures, and above all of rhythm, which became second nature with him. We can see his oratorical manner developing from the massive periods and exaggerated colour of his early work (6, 7) to the more controlled and varied style of his later years (10, 11). In terms of influence on the language and life of western civilization, however, his oratory is much less important than his development of a discursive style, at various levels of elevation, for the exposition of moral and philosophical ideas (15-22). The one genre he did not attempt was history (cf. 13, 18). This *recusatio* is of crucial importance, for if he had chosen otherwise, the whole course of Latin historical writing—perhaps the chief literary achievement of the Romans and certainly the one that went most closely with their imperial destiny—might have been different. It would surely have been impossible for Cicero to write without following the rhythmical habits which had become instinctive to him. Yet it is just the avoidance of these habits, and the replacement of the formality they impart by other devices and ornaments, which is the distinguishing mark of the historical tradition from Sallust to Tacitus, with some not very significant exceptions (Curtius, Florus: 44, 74). Cicero's omissions, as well as his successes, were decisive.

His influence, however, worked in the long term, not immediately. We know surprisingly little of Augustan prose, apart from the great work of Livy (34-40), but it is clear that Cicero was not yet a dominant model. He was overshadowed, it seems, on the one hand by historians of the school of Sallust (27-9) and Pollio, and on the other by the growing taste for epigrammatic point and novelty, fostered by the rhetorical schools and particularly by the fashion for declamation. The material in the elder Seneca (40) is important evidence both for Latin and for Greek developments. It is of course Seneca's son, the philosopher, whose writings demonstrate the declamatory manner in its most fluent and flexible form; his staccato but insistent preaching rightly seemed to Renaissance imitators a valid alternative mode of presenting moral philosophy to the smoother and more measured Ciceronian periods (46-50). Yet Seneca was an avid reader of Cicero and held a strongly moralizing and in a sense classicizing view of style (49). Moreover, the publication of the Letters to Atticus seems to have influenced him in choosing the epistolary form for some of his best moral reflections (48-9). And reaction was not far away. Quintilian (55-8) not only criticized Seneca severely (57) but taught and practised a form of Ciceronian writing which nevertheless benefits from the added subtlety and richness which the literary language had acquired since Cicero's time. So also his pupil Pliny (67-9), but not Pliny's greatest friend, the historian Tacitus—at least, not in history, for there is no Latin author in whom the importance of genre in determining style is clearer: the *Dialogus* (60) is in all essentials Ciceronian, though with much non-Ciceronian vocabulary, while the historical works (61-6) bear much the same relation, in point of sophistication, to Sallust as the *Dialogus* (or the works of Quintilian or Pliny) bears to Cicero. The Hadrianic and Antonine period brought fresh changes. There was a fashion for archaism and the study of early Latin—even of Cato—which we see most clearly in Fronto (73), but also in the much greater Apuleius (75-8), where it is combined with an unsurpassed mastery of 'Gorgianic' figures, and above all, a vivid visual and auditory

understandably enough, feel two distinct and usually con-
flicting urges: the desire to demonstrate competence, and
the desire to appear natural. Audiences—and it must never
be forgotten that the Roman reader was still primarily thought
of as a hearer as in the classical Greek tradition—have to be
convinced that the speaker is in command of his medium,
but is not condescending to them or expecting them to
tolerate monotony or a prolonged lack of direct appeal to
their feelings.

In Latin, there are several areas in which the standard of
formality can be measured: correctness of grammar and syntax;
vocabulary; sentence structure and the use of the period and
of figures of arrangement and thought; and rhythm. Let us take
them in turn.

§ 4

In general, the passages in this book will be found to contain
little which is not explicable by the usual rules of the grammar-
books. Exceptions are to be seen in the *de bello Hispaniensi*
(26), in Vitruvius (39), and of course in Petronius' take-off of
vulgar conversation (51). This last is deliberate; the other two
indicate a certain incompetence, also to be seen in the involved
but ambitious writing of the elder Pliny (53–4), whose sentences
often defy analysis. Actual lapses in correctness either of
accidence or of syntax are rare, and should be distinguished
from the conscious, genre-determined use of expressions and
constructions normally banished from elevated prose, but at
home in comedy, light prose, or letters. The use of *neque* with
an imperative to express a prohibition (instead of *noli* and
infinitive or *ne* and perfect subjunctive) is an example of this: it
is seen, for instance, in Servius Sulpicius' consolatory letter to
Cicero (14) and in Apuleius (76). Seneca's *Apocolocyntosis* and
Letters (45, 48, 49) have features of the same kind, e.g. the
modal use of *coepi* (48. 10) or the asyndeton *vellet nollet*
(48. 16).

§ 5

Choice of words is a commoner, but essentially similar, mode of signalling stylistic level. For example, the use of Greek words generally brings the writing down towards the level of educated or technical speech; they are common in letters and some specialist writing (32, 33, 39), but resolutely avoided in high style. Cicero's *piraticus myoparo* (7) and *conchyliata peristromata* (11) are in invective; they are appropriate ornaments of an oratory designed to ridicule the weakness and luxury of a Verres or an Antony. At the other end of the spectrum is the vocabulary of history and the higher kinds of oratory, in which the ordinary names of everyday things tend to be replaced by periphrases. Tacitus (63) provides notable instances; and we may recall the apology of Velleius (2. 41), when his narrative brings him to the point when Caesar, captured by the pirates, refuses to take off his shoes or his clothes: why, asks Velleius, should this heroic gesture not be mentioned, just because it cannot be described *verbis speciosis*? The language of this higher range of literature tends also to include both forms and words which are thought of as outside normal usage, and proper to poetry: for example, the *-ēre* perfects common in Tacitus, and the many 'poetical' words found in elevated historical (34, 62) or mythical (16, 76) texts. A special case of some interest is the speech of the poet Maternus in Tacitus' *Dialogus* (60), where poetical words and phrases are used to convey the character of the speaker: *famam pallentem*, 'reputation that grows pale' from fear, is a striking example.

§ 6

The term 'period' is a difficult one; modern usage differs from ancient, and the ancients are not at one among themselves. We use it here to denote a single, complete syntactical unit made up of a number of clauses or phrases (participial phrases often, in Latin, perform the same function as subordinate clauses). The essential feature is that several aspects of a situation, stages of a narrative, or points in an argument, are brought under the control of a single structure, and the point of the whole can only be grasped when the whole has been heard. Only at that point is a full stop appropriate punctuation. The resulting long sentences are often equivalent to the structured paragraph of English prose, in which syntactically separate units are implicitly related to one another without subordination: Livy in particular often challenges the translator to provide such equivalences (e.g. 35).

Simple narrative can be quite unperiodic, as in 3 (*a*):

Nuper Teanum Sidicinum consul venit. Vxor eius dixit se in balneis virilibus lavari velle.

But it can also be structured periodically (7):

Vnam illam noctem solam praedones ad Helorum commorati, cum fumantis etiam nostras navis reliquissent, accedere incipiunt Syracusas.

Similarly with argumentation: comparison of a typical Ciceronian passage (20) with one of Seneca (say the last part of 48) would show the contrast clearly.

There are two types of 'long sentence' to which we may reasonably attach the name 'period'. One is built up of subordinate clauses, often with two or three degrees of subordination. The other consists rather of participial phrases and syntactically loosely attached word-groups, which, however, contribute to the whole. The first is naturally the vehicle of argument, whether in oratory or in philosophy. The second sets a scene or presents a picture of events and the feelings attached to them; it is characteristic of history.

A good example of the first is in Cicero's very formal letter to Lucceius (13. 15-24), a prime example of the 'middle style':

| *Neque tamen* | (*a*) | haec cum scribebam |
| *eram nescius* | (*b*) | quantis oneribus premerere susceptarum rerum et iam institutarum |

sed	(*a*)	quia (i) videbam Italici belli et civilis historiam a te paene esse perfectam
		(ii) dixeras autem mihi te reliquas res ordiri,
deesse mihi nolui	(*b*)	quin te admonerem
	(*c*)	ut cogitares
	(*d*^{1})	coniunctene malles cum reliquis rebus nostra contexere
	(*d*^{2})	an
	(*e*)	ut multi . . . separaverunt
	(*d*^{2})	tu quoque item . . . seiungeres.

The basic structure here is the double sentence, 'I am not unaware . . . but I have not wished to fail myself . . .' But on the first half depend (*a*) a temporal clause, 'as I write this', (*b*) an indirect question; and on the second half depend (*a*) a causal clause, itself double, (*b*) the *quin*-clause completing the sense of *deesse mihi nolui*, and itself governing (*c*) the *ut*-clause giving the content of the admonition, which has inside it a double indirect question (*d*^{1}, *d*^{2}) in which a long and complex comparative clause (*e*) is wrapped up. The second question (*d*^{2}) is not completed till all this is said (*tu quoque item*, etc.).

There is indeed a slight irregularity in this sentence, since in (*e*), the comparative clause, there is strictly no verb to govern the objects *Phocicum bellum*, *Pyrrhi* (sc. *bellum*), and *Numantinum* (sc. *bellum*); the sense is clear, however, and there is no real lapse of syntax, and the general impression of careful structure is not affected.

Let us contrast this with a relatively short 'historical period' from Tacitus (**66**. 8-12):

(*a*)	Impetu pervagatum *incendium* plana primum
(*b*)	deinde in edita adsurgens
(*c*)	et rursus inferiora populando
(*d*)	*anteiit remedia velocitate mali*
(*e*)	et obnoxia urbe
(*f*)	artis itineribus hucque et illuc flexis

(*g*) atque enormibus vicis
(*h*) qualis vetus Roma fuit.

Here the progress of the fire is depicted in three stages: (*a*) on the level ground, (*b*) as it ascends the hills, (*c*) as it devastates the lower ground. Instead of balancing or regular clauses, these three stages are expressed by different forms of the verbs— first a past participle, then a present participle, then again an ablative of the gerund. This is all for variety. All are subordinate to the main verb and concept: wherever it went, the fire spread too quickly to be fought. There was an extra reason for this in the state of the city: *et obnoxia urbe*, 'the city being moreover vulnerable', for the two reasons then expressed by causal ablatives, the narrow winding streets and the irregularly built quarters. The final reminder that that is what old Rome was like is then tacked on in a simple comparative clause. Yet with a little adjustment the whole could be put in a more 'regular'—and less vivid—form, thus:

At incendium, cum impetu plana primum pervagatum deinde in edita adsurgeret et inferiora rursus popularetur, velocitate mali remedia anteiit, cum urbs artis hucque et illuc flexis itineribus atque enormibus vicis (ea enim veteris Romae facies fuit) huiusmodi cladi maxime esset obnoxia.

§ 7

In both these examples it is syntactical subordination of different kinds that produces the massive unified structure. But formal unity can also be achieved by co-ordination (*parataxis*), reinforced by those figures of speech that make the hearer aware of symmetry and balance: anaphora, homoeoteleuton, and the other 'Gorgianic' figures. These devices were much exploited in the beginnings of Greek rhetoric, as means by which prose, without metre, could achieve something of the regularity and incantatory power of poetry. In Latin, they play a restrained part, though there is one sound effect, that of alliteration, which is more natural to Latin than to Greek, and

can be seen, for example, in Cato (1) and Sallust (27). This is
not to say that anaphora and the other figures are not sought
by a great variety of writers. Even a plain stylist like Nepos (32)
can write:

> comitas non sine severitate erat
> neque gravitas sine facilitate.

Examples may be found in many passages in this collection:
9, 19, 48, and especially in Apuleius (75) and Tertullian (81).
All figures and arrangements of this kind (including climax (53,
81), chiasmus (13), polyptoton (44), tricolon (11, 56, 74)) have
a tendency to produce an effect of balance and symmetry. They
are to be contrasted with figures of thought (rhetorical question,
imaginary objection, self-correction, and the like) which have
the contrary tendency: they renew the direct contact between
speaker and hearer, break the flow of speech, and so diminish
the formality. Cicero's raillery of Cato (8) shows some aspects
of the technique clearly. It is still there in Tertullian's fencing
with his pagan opponents (79). Here again co-ordination (parataxis) replaces the precise logical links denoted by subordinate
clauses of specific kinds (48, 79).

§ 8

The remaining mark of formality, deliberate rhythm, should be
sharply distinguished both from the formality of word choices
and from the formality of the 'Gorgianic' figures. These are
found in many places where rhythm is not found (notably in
the historians), and rhythm is detectable in contexts otherwise
very informal (e.g. in much of Petronius).

But rhythm is a difficult subject; and the disagreements among
scholars even about which authors are 'rhythmical' warn against
hasty generalizations. Cicero and other theorists followed, in
general, the Aristotelian line that prose should be rhythmical
but not metrical, and successions of recognizable feet should
be avoided. In the event, they adopted what seems to have been
the practice taught in some Hellenistic schools of rhetoric, of

aiming at certain rhythmical patterns at the close (*clausula*) of sentences or cola. These are therefore to be heard in a majority of the passages in this book (especially **6-11, 13, 15-22, 23-5, 40, 43, 44-52, 55-9, 60, 67-9, 72, 76-8, 79-82**). In detecting these patterns, one should treat the vowels as in scanning verse, allowing the same elisions, and reckoning the final syllable as *anceps*. Much has been written on the question whether word-accent, as in the hexameter, helps to determine choices; it probably does, but the rules cannot be said to be established. That there is also a metrical ictus is unlikely.

The 'familiar clausulae' are these:

A – ˘ – – x (cretic and spondee): arbitrārēmŭr; essē possēmŭs; at fŭit fāmă (**10**, a complete colon).
   The long syllables may be resolved, giving the forms:
      A 1 ˘ ˘ ˘ – – x: efficĕrē cōnāmŭr.
      A 2 – ˘ ˘ ˘ – x: essē vidēārē; admōtiōnē digitōrŭm.
      A 3 – ˘ – ˘ ˘ x: glōriăm dēdĕrint.
   We also find
      A 4 – ˘ ˘ – – x: admōnērē vidērētŭr.
   It is worth noting that clausulae sometimes bridge punctuation breaks:
      A 2 alia mimi rapiēbant. ăliă mīmăe.
B – ˘ – ˘ ˘ x: (double cretic): suffrāgārī tĭbi; solvī mărī languĭdŏ.
   Resolution of the long syllables gives the forms:
      B 1 ˘ ˘ ˘ – ˘ ˘ x: fruĭmŭr ātq(ue) ūtĭmŭr.
      B 2 – ˘ ˘ ˘ ˘ ˘ x: vidēbāmŭs etiăm sĕnēm.
      B 3 ˘ ˘ ˘ ˘ – ˘ x: infixŭs ănĭm(o) hāerēt dŏlŏr.
   Related clausulae are quite common:
      B 4 – – – ˘ ˘ x: pēctŭs dīdūcĕrēt.
      B 5 – ˘ ˘ ˘ ˘ ˘ ˘ x: temperār(e) ŏcŭlīs pŏtŭĕrĭt.
      B 6 – ˘ ˘ ˘ ˘ ˘ x: iūstĭtĭā cāriŏr.
C – ˘ – x (double trochee), the 'Asianic' clausula: ēvŏcārĕt; ēxtŭlissĕt; factūrŭm pŭtāssĕ.
   Variants include:
      C 1 – ˘ ˘ ˘ x: natūră pătĭtŭr.

D - - - ˣ (double spondee), common especially in historians: piscārēntŭr, nōx ŏpprēssĭt.

The 'hexameter ending', - ˇ ˇ - ˣ, may be regarded as a variant (D 1); it is not all that uncommon even in Cicero, and is favoured by historians: Tacitus, sometimes even allows the hexameter rhythm to extend over several words: ĭtĕrŭm fātō vīnctāe lēgĭōnēs (61)—or a whole line: lītŏrĕ tĕrrārŭm vēlŭt ĭn cŭnĕŭm tĕnŭātŭr (59).

E - - ˇ ˇ - ˣ: aŭt quĭd făcĕrĕt.

    E 1 ˇ - ˇ - ˇ ˇ ˣ: ĕa pĕrspĭcĭās.

    E 2 - ˇ - ˇ ˇ ˣ: plūrĭmŭm pŏtĕrănt. (But note, as an indication of the difficulty of classification, that this can also be scanned as A 3).

F - ˇ - ˇ ˣ (hypodochmius): vĭŏlēntŭs ĕt fŭrēns; nōmĭnĭs sŭī; ŭllăm rĕlĭquĕrĭnt.

G - ˇ ˇ - ˇ ˣ ('edite regibus'): vĕtŭstātē cŏāctŭs ĕst.

    G 1 - - - ˇ ˣ: quō māĭŏrā sŭnt.

H ˇ - ˇ - ˣ (dochmius): mălē dīcī pŭtăt; fĭĕrī nōn pŏtĕst; cĭtātīs ĕquīs.

These rhythms, at least in writers like Cicero, Seneca, and Pliny, dominate not only the ends of sentences but the individual cola. Cf. Pliny's *Panegyricus* (69):

Trĭbūnŭs vērō	D
dĭsĭūnctĭssĭmās tērrās	A
tĕnĕrīs ădhūc ānnīs	A
vĭrī fīrmĭtātē lūstrāstī	A
ĭam tŭnc praemŏnēntĕ fōrtūnā	A
ŭt dĭu pĕnĭtŭsquĕ pĕrdīscĕrēs	B
quae mŏx praecĭpĕrĕ dēbērēs	A1

Or Cicero's speech against Verres (7):

In ūrbem dīcō atque in ūrbis īntĭmăm pārtĕm	A
vēnīssē pīrătăs	A
nōn ĕnĭm pŏrtu īllud ōppĭdŭm claudĭtŭr	B
sĕd ūrbĕ pōrtŭs īpsĕ	C
cīngĭtŭr ĕt cōntĭnētŭr	C
ŭt nōn ādlŭāntŭr mărī	B

mōenĭ(a) ēxtrēmaͯ A
sed ipse influat in urbīs sĭnūm pōrtuͯs A

The rhythms of history, as we have seen, are generally unlike these: Sallust, Livy, and Tacitus certainly avoid the types most characteristic of oratory (A—but A 4 is not rare—and B), and have a noticeable liking for D and for 'hexameter' endings—and sometimes beginnings ('Fōrt(e) ĕquŭs ābrūptīs', 63, is a clear example). It is wrong to say that so careful a writer as Tacitus is 'indifferent' to rhythm; but his resolution to avoid the standard rhetorical forms, and his wish to approximate to the level of poetry, at any rate in the more dramatic parts of his narrative, lead him to an extraordinary variety of rhythmical form.

§ 9

Finally, about the fourth century AD, Latin, like Greek, developed prose forms in which accent, not quantity, determined rhythm. This is to be seen in our passages from Ammianus. The mediaeval system of the cursus arose out of this:

A cursus planus (/ x x / x): conflúxerit Rómam.
B cursus tardus (/ x x / x x): fragóre cohórruit.
C cursus velox (/ x x x x / x): lápidum variórum.

These forms are perhaps to be thought of as accentual adaptations of three favourite quantitative clausulae: – ᴗ – – x, – ᴗ – – ᴗ x, and – ᴗ ᴗ ᴗ – x.

§ 10

The use of these various formal features was largely a matter of convention. They were signals indicating the status and person of the author and of the audience, the purpose of the discourse, and the nature of the subject. Breaches of this general demand for appropriateness are rare. 'Undercutting' or 'subverting' the convention—devices of interpretation used by critics of Latin poetry to excess—should rarely be assumed in prose. The rhythmical regularity of Petronius' vulgar characters

(51) is perhaps parodic; more likely, Petronius could hardly have written otherwise had he tried. In 'The Widow of Ephesus' (52) there is, however, something of stylistic mockery: an elegant style, adorned with Virgilian quotations, to tell a popular tale. Invective, of course, does involve the ironical use of terms of praise, and so the application of grand language to trivial things; but this is easily detected and easily understood. In the literature we are considering, the clearest example of a deliberate mismatch between *genus dicendi* and *res* is in Apuleius; the trivial events of Lucius' wanderings and the fairy tale of Cupid and Psyche are not natural subjects for a style so allusive, archaizing, and melodious. The vulgarity of the Greek *Lucius* answers the needs of decorum better. But it is on the marvellous artistic outcome of the mismatch that Apuleius' fame rests. With these few reservations, it is legitimate to associate style with genre in quite a simple way: the validity of this approach can be tested by the behaviour of writers like Cicero, Tacitus, or Apuleius (or in Greek, Arrian) who modulate their stylistic manner according to the work they undertake: it was natural, but quite wrong, to doubt that the same writer could have written both *Dialogus* and *Annals*, both *Metamorphoses* and *de deo Socratis*.

History is very special: *proxima poetis*, she avoids vulgar words and keeps a consistently high tone, but generally without the formality of oratorical rhythm (Curtius (44) and Florus (74) are exceptions). Oratory always has to be conscious not only of the speaker's position but of what the audience likes to think of itself. Cicero (8) talks condescendingly of the philosopher Zeno because he wants the jury to know that he realizes they are intelligent people but by no means 'intellectuals'. Most delicate of all is the position of the exponent of philosophy *vis-à-vis* his half-unwilling Roman reader. Cicero sets a pattern of courtesy and urbanity, but rises to the poetical in his rendering of Platonic myth (16, 17). Seneca's more strident tone reflects the proselytizing ethos of the committed Stoic, whose hearers expect to be preached at. In this type of popular philosophy there is a conscious and quite natural blend of the commonplace, meant to appeal to daily experience, and the grandiose, meant to move and elevate. This is a feature of sermons, pagan and Christian, and requires no very subtle analysis. 48 is a good example; but 48 is a letter, and also has features of that most characteristic of Roman genres. In this area, at least, the Romans far outstripped their Greek models; so far as we know these, they are limited and stereotyped, and certainly not as interesting as the great sequence of Roman letter-writers from Cicero to Sidonius (12-14, 33, 48-49, 67-68, 88-89, 96). Here there is no public person addressing a general audience, but friend writing to friend—sending him a present, indeed (cf. Demetrius, *On Style*, 223-35 = *ALC* 211-12)—so that the letter must be decently set out, to please, to admonish, or to beg.

BIBLIOGRAPHY

(A) Grammars and other books referred to by abbreviations

AGP	*Anthology of Greek Prose*, ed. D. A. Russell (Oxford, 1990).
ALC	*Ancient Literary Criticism: The Principal Texts*, ed. and trans. D. A. Russell and M. Winterbottom (Oxford, 1972).
CHCL	*Cambridge History of Classical Literature*, ii. *Latin Literature*, ed. E. J. Kenney (Cambridge, 1982).
E–T	A. Ernout and F. Thomas, *Syntaxe latine*[2] (Paris, 1953).
Fraenkel	E. Fraenkel, *Leseproben aus Reden Ciceros und Catos*, Sussidi eruditi 22 (Rome, 1968).
G–L	B. L. Gildersleeve and G. Lodge, *Latin Grammar*[3], (London, 1895).
Kennedy	B. H. Kennedy, *Revised Latin Primer*[8], (London, 1909 and later).
Kennedy, *ARRW*	G. A. Kennedy, *The Art of Rhetoric in the Roman World* (Princeton, 1972).
K–S	R. Kühner and C. Stegmann, *Ausführliche Grammatik der lateinischen Sprache: Satzlehre*[3] (Leverkusen, 1955).
Leeman	A. D. Leeman, *Orationis Ratio* (Amsterdam, 1963).
L–H–S	M. Leumann, J. B. Hofmann, and A. Szantyr, *Lateinische Syntax und Stilistik* (Munich, 1965).
OLD	*Oxford Latin Dictionary*, ed. P. G. W. Glare (Oxford, 1968–82).
Palmer	L. R. Palmer, *The Latin Language* (London, 1954).
Roby	H. J. Roby, *A Grammar of the Latin Language from Plautus to Suetonius*, ii. Syntax (London, 1889).
Woodcock	E. C. Woodcock, *A New Latin Syntax* (London, 1958).

(B) Select texts, commentaries, and other aids, arranged by authors

LCL   Loeb Classical Library (London, and Cambridge, Mass.)
OCT   Oxford Classical Texts (Oxford)
CB   'Collection Budé' (Presses universitaires de France)
BT   Bibliotheca Teubneriana (Leipzig or Stuttgart)
CSEL Corpus Scriptorum Ecclesiasticorum Latinorum
      (Vienna and Leipzig)

AMMIANUS MARCELLINUS (85-86)
ed. J. S. Rolfe (LCL, 1935-40), C. V. Clark (Berlin, 1910-15).

APULEIUS (75-78)
Apologia (75), ed. R. Helm (BT, 1905), P. Vallette (CB, 1960), H. E.
Butler and A. S. Owen (Oxford, 1914)   *Florida* (78), ed. R. Helm
(BT, 1905), P. Vallette (CB, 1960)   *Metamorphoses* (76), ed. R. Helm
(BT, 1931), D. S. Robertson and P. Vallette (CB, 1940-5); 11 (77), ed.
J. G. Griffiths (Leiden, 1975)   *Cupid and Psyche*, ed. L. C. Purser
(London, 1910), E. J. Kenney (Cambridge, forthcoming).

AUGUSTUS (33)
H. Malcovati, *Imperatoris Caesaris Augusti fragmenta*[3] (Turin, 1947).

AUGUSTINE (87)
Confessions, ed. J. Gibb and W. Montgomery (Cambridge, 1908).
Peter Brown, *Augustine of Hippo* (London, 1967), 158-61.

AULUS GELLIUS (1, 3, 33)
ed. P. K. Marshall (OCT, 1968).

CAESAR (23-26)
de bello Gallico (23-25), ed. R. L. A. du Pontet (OCT, 1900), A. Klotz
(BT[4], 1948), O. Seel (BT[3], 1970), T. Rice Holmes (with comm.,
Oxford, 1914)   *de bello Hispaniensi* (26), ed. R. L. A. du Pontet
(OCT), Klotz (BT).

CATO (1-2)
fragments of speeches (1) in H. Malcovati, *Oratorum Romanorum
fragmenta liberae rei publicae*[2] (Turin, 1955). See Leeman, 44-7.
de agricultura (2), ed. A. Mazzarino (BT, 1962), W. D. Hooper and
W. B. Ash (LCL, 1934, with Varro). See Leeman, 21-2.

CELSUS (42)
ed. F. Marx (*Corpus medicorum latinorum* 17, Leipzig, 1915), W. G.
Spencer (LCL, 1935).

[CICERO]

Rhetorica ad Herennium (5), ed. F. Marx (ed. maior, 1894; BT, 1923),
H. Caplan (LCL, 1954, extremely useful). See Kennedy, *ARRW* 111-13,
Leeman, 28-31.

CICERO (6-22)

Speeches (6-11). *pro Roscio Amerino* (6), *pro Murena* (8), *pro Caelio*
(10), ed. A. C. Clark (OCT, 1918)   *in Verrem* (7), ed. W. Peterson
(OCT, 1916)   *Philippicae* (11), ed. A. C. Clark (OCT, 1901), P. Fedeli
(BT, 1982), D. R. Shackleton Bailey (Chapel Hill, 1987)   *in Pisonem*
(9), ed. A. C. Clark (OCT, 1909), R. G. M. Nisbet (with comm., Oxford,
1961). LCL is also complete. Other useful edns. include: *in Verrem*
2. 5, R. G. C. Levens (London, 1946); *pro Murena*, W. E. Heitland
(London, 1874), C. Macdonald (London, 1969); *pro Caelio*, R. G.
Austin[3] (Oxford, 1960); *Philippics* 1-2, J. D. Denniston (Oxford, 1926).
Letters (12-14). *ad Atticum* 1-8, ed. W. S. Watt (OCT, 1965); 9-16,
D. R. Shackleton Bailey (OCT, 1961); 1-16, with trans. and comm.,
D. R. Shackleton Bailey (Cambridge, 1965-70)   *ad familiares*,
ed. W. S. Watt (OCT, 1980)   Many other editions and selections:
e.g. R. Y. Tyrrell, *Cicero in his Letters* (London, 1891). Shackleton
Bailey, *Select Letters*, (Cambridge 1980).

Rhetorical and philosophical works (15-22). *de oratore*, ed. A. S.
Wilkins (OCT, 1903; with comm., Oxford, 1892), K. Kumaniecki (BT,
1969)   *Somnium Scipionis* (16-17), ed. K. Ziegler (BT *de republica*,
1960), C. Meissner and G. Landgraf (with comm., Leipzig, 1915;
Amsterdam, 1964), A. Ronconi (with comm., Florence, 1967)   *de
legibus* (18), ed. K. Ziegler (Heidelberger Texte, 1950), G. de Plinval
(CB, 1968)   *de natura deorum* (19), ed. W. Ax (BT, 1961); comm.
A. S. Pease (Cambridge, Mass., 1958)   *Tusculanae disputationes* I
(20), ed. O. Heine and M. Pohlenz (Leipzig, 1912), A. E. Douglas
(London, 1985), J. W. Dougan (Cambridge, 1905)   *de officiis* (21),
ed. C. Atzert (BT, 1949), H. A. Holden[3] (with comm., Cambridge,
1899)   *de senectute* (22), ed. K. Simbeck (BT, 1917), J. G. F. Powell
(with comm., Cambridge, 1988).

CLAUDIUS QUADRIGARIUS (4)

in Aulus Gellius, ed. P. K. Marshall (OCT, 1968); also in H. Peter,
Historicorum Romanorum Reliquiae, i (Leipzig, 1914; Stuttgart, 1967).
See Leeman, 78-81.

Q. CURTIUS (44)
ed. J. C. Rolfe (LCL, 1946). M. Bardon (CB, 1947), K. Müller (Munich, 1954).

'Digest' (30)
Corpus Iuris Civilis i[16]. ed. T. Mommsen, P. Krueger, and W. Kunkel (Berlin, 1954).

DONATUS (83)
in Vitae Vergilianae Antiquae, ed. C. G. Hardie (OCT, 1954); J. Brummer, Vitae Vergilianae (Leipzig, 1912).

FLORUS (74)
ed. H. Malcovati (Rome, 1938), E. S. Forster (LCL, 1929).

FRONTO (73)
ed. C. R. Haines (LCL, 1919), M. P. J. van den Hout (Leyden, 1954, BT, 1988). See E. Champlin, Fronto and Antonine Rome (Cambridge, Mass., 1980), chs. 3-4.

C. GRACCHUS (3)
from Aulus Gellius (see under Claudius Quadrigarius), and in Malcovati (see under Cato).

ST JEROME (88-89)
ed. I. Hilberg (CSEL Vienna, 1910-18), F. A. Wright (LCL, 1954). See J. N. D. Kelly, Jerome (London, 1975)   For the New Testament texts (93-95), see esp. H. J. White, Novum Testamentum (ed. minor, Oxford, 1920).

LIVY (84-38)
1-5 (34-35) ed. R. M. Ogilvie (OCT, 1974; comm., Oxford, 1965) 6-10 (36), ed. C. F. Walters and R. S. Conway (OCT, 1919)   21-5 (37), ed. Walters and Conway (OCT, 1928); comm. on 21, P. G. Walsh (London, 1973)   31-5 (38), ed. A. H. McDonald (OCT, 1969); historical comm., J. A. Briscoe (Oxford, 1981).

MACROBIUS (84)
Commentarius in Somnium Scipionis, ed. J. Willis (BT, 1963). See trans. by W. H. Stahl (New York, 1952).

MARTIAL (59)
ed. W. M. Lindsay (OCT, 1903, 1929), L. Friedlaender (with comm., Leipzig, 1886 [1967]).

MINUCIUS FELIX (82)
ed. J. P. Waltzing (BT, 1912, 1926), G. H. Rendall (LCL, 1960), M. Pellegrino[2] (Turin, 1963).

CORNELIUS NEPOS (32)
ed. E. O. Winstedt (OCT, 1904), H. Malcovati² (Turin, 1944), P. K. Marshall (BT, 1977). Trans. and comm., N. Horsfall (Oxford, 1989).

PETRONIUS (51-52)
ed. K. Müller (Munich, 1961, 1965), M. S. Smith (*Cena* only, with comm., Oxford, 1975). For 52, see G. Anderson, *Ancient Fiction* (1984), 161 ff.

PLINY (the elder) (53-54)
ed. L. Jan and C. Mayhoff (BT, 1897-1909), H. Rackham and others (LCL); 11 (54), ed. A. Ernout and R. Pépin (CB); 14 (53), ed. J. André (CB).

PLINY (the younger) (67-69)
Epistulae (67-68), ed. R. A. B. Mynors (OCT, 1963); comm., A. N. Sherwin-White (Oxford, 1966)   *Panegyricus* (69), in R. A. B. Mynors, *Panegyrici Latini* (OCT, 1964); ed. M. Durry (Paris, 1938).

POMPONIUS MELA (43)
Chorographia, ed. C. Frick (BT, 1880), G. Randstrand (Göteborg, 1971).

QUINTILIAN (55-58)
ed. M. Winterbottom (OCT, 1970); ed. with comm. of 1, F. H. Colson (Cambridge, 1924); of 10, W. Peterson (Oxford, 1891, 1903); of 12, R. G. Austin (Oxford, 1948).

[QUINTILIAN] (72)
Declamationes maiores, ed. L. Håkanson (BT, 1982). See M. Winterbottom, *Roman Declamation* (Bristol, 1980).

SALLUST (27-29)
ed. A. Ernout (CB, 1946), A. Kurfess (BT, 1951); comm. on *Catiline*, P. McGushin (*Mnemosyne* Supplement 45, Leiden, 1977); on *Jugurtha*, G. M. Paul (Liverpool, 1984). See R. Syme, *Sallust* (Berkeley and Los Angeles, 1964).

SENECA (the elder) (40)
Controversiae and *Suasoriae*, ed. M. Winterbottom (LCL, 1974), H. J. Müller (Vienna, 1887), L. Håkanson (BT, 1989). See J. Fairweather, *Seneca the Elder* (Cambridge, 1981), esp. 270-6.

SENECA (the younger) (45-50)
Apocolocyntosis (45), ed. C. F. Russo (Florence, 1965), P. T. Eden (Cambridge, 1984)   *de tranquillitate animi* (46), ed. L. D. Reynolds, *Dialogi* (OCT, 1977); this passage also in H. MacL. Currie, *The Younger Seneca: Selected Prose* (Bristol, 1978), 33-4   *de constantia sapientis*

(47) ed. L. D. Reynolds (op. cit.), G. Viansino (Rome, 1968) *Epistulae* (48-49), ed. L. D. Reynolds (OCT, 1965); both passages in W. C. Summers, *Select Letters of Seneca* (London, 1910); *epist.* 114 also in C. D. N. Costa, *Seneca: 17 Letters* (Warminster, 1988). See also Leeman, 220, 271-8 *Natural Questions* (50), ed. A. Gercke (BT, 1907), P. Oltramare (CB, 1929).

SIDONIUS APOLLINARIS (96)
ed. W. B. Anderson (LCL, 1936), C. Luetjohann (*Monumenta Germaniae Historica, auctores antiquissimi* viii, Berlin, 1887).

SUETONIUS (70-71)
ed. M. Ihm (BT, 1980) *Augustus* (70), ed. E. S. Shuckburgh (Cambridge, 1896) *Galba* (71), ed. G. W. Mooney (London, 1930) See in general A. Wallace-Hadrill, *Suetonius* (London, 1981).

TACITUS (60-66)
Dialogus (60), ed. M. Winterbottom (OCT, 1975), A. Gudeman[2] (Boston, 1914), W. Peterson (Oxford, 1893). R. Syme, *Tacitus* 100 ff, Leeman, 320-4 *Agricola* (61), ed. R. M. Ogilvie (OCT, 1975), R. M. Ogilvie and I. A. Richmond (with comm., Oxford, 1967) *Histories* (62), ed. C. D. Fisher (OCT, 1910), H. Heubner (BT, 1978); with comm., E. Wolff (Berlin, 1914), C. Heraeus[6] (Leipzig, 1929), A. L. Irvine (London, 1952), H. Heubner (Heidelberg, 1963) *Annals* (63-66), ed. C. D. Fisher (OCT, 1906), E. Koestermann (BT, 1971); comm. H. Furneaux (Oxford, 1896-1907). 1 (63) ed. F. R. D. Goodyear (Cambridge, 1972), N. P. Miller (London, 1959); 14 (65), ed. E. C. Woodcock (London, 1939); 15 (66), ed. N. P. Miller (London, 1973).

TERTULLIAN (79-81)
Apologeticus and *de spectaculis* are in T. R. Glover (LCL, 1931). *Apol.*, ed. H. Hoppe (CSEL, 1939); *de spect.*, ed. G. Wissowa (CSEL, 1890); *de pallio*, ed. V. Bulhart (CSEL, 1957).

VELLEIUS PATERCULUS (41)
ed. R. Ellis (OCT, 1898), Stegmann de Pritzwald[2] (BT, 1933), W. S. Watt (BT, 1988); with comm., A. J. Woodman, '*The Tiberian Narrative*' (Cambridge, 1977).

VARRO (31)
de re rustica, ed. G. Goetz (BT, 1929), W. D. Hooper and H. B. Ash (LCL, 1954); comm. H. Keil (Leipzig, 1891-1902).

VITRUVIUS (39)
ed. V. Rose and H. Müller-Strübing (BT, 1867), F. Krohn (BT, 1912), F. Granger (LCL, 1931); 9, ed. F. Soubiran (CB, 1969).

THE BEGINNINGS

1. *Cato's speech for the Rhodians*

In 167 BC, after the defeat of Perseus of Macedon, Rhodes sent an embassy to Rome to secure Roman good will. During the war, the popular party in the city had advocated alliance with Macedon. The elder statesman, M. Porcius Cato (234–149 BC, censor 184 BC) took up the Rhodian cause in a speech which he subsequently introduced (doubtless rewritten) in his *History*. In these passages (quoted and praised by Aulus Gellius 6. 3. 14 (= fr. 163 Malcovati) and 6. 3. 16 (= fr. 164 Malcovati)) we have a good specimen of Cato's nervous and vigorous Latin. Note the rhymes, balance, and assonance. For the events, see Livy 44. 35, 45. 10, 45. 20.

(*a*) Scio solere plerisque hominibus rebus secundis atque prolixis atque prosperis animum excellere atque superbiam atque ferociam augescere atque crescere. Quo mihi nunc magnae curae est quod haec res tam secunde processit, ne quid in consulendo advorsi eveniat quod nostras secundas res   5
confutet, neve haec laetitia nimis luxuriose eveniat. Advorsae res edomant et docent quid opus siet facto, secundae res laetitia transvorsum trudere solent a recte consulendo atque intellegendo. Quo maiore opere dico suadeoque uti haec res aliquot dies proferatur, dum ex tanto gaudio in potestatem   10
nostram redeamus.

(*b*) Atque ego quidem arbitror Rodienses noluisse nos ita depugnare uti depugnatum est, neque regem Persen vinci. Sed non Rodienses modo id noluere sed multos populos atque multas nationes idem noluisse arbitror, atque haut scio an partim eorum fuerint qui non nostrae contumeliae causa id noluerint   5
evenire: sed enim id metuere, si nemo esset homo quem vereremur, quidquid luberet faceremus, ne sub solo imperio nostro in servitute nostra essent. Libertatis suae causa in ea sententia fuisse arbitror. Atque Rodienses tamen Persen publice

10   numquam adiuvere. Cogitate quanto nos inter nos privatim
     cautius facimus. Nam unusquisque nostrum, si quis advorsus
     rem suam quid fieri arbitrantur, summa vi contra nititur ne
     advorsus eam fiat: quod illi tamen perpessi.

(*a*) 2. **prolixis**: 'favourable', near synonym of *prosperis*.
animum excellere: 'spirit rises'.
   4. **magnae curae**: G–L § 356.
   6. **luxuriose**: 'self-indulgently'.
   7. **opus siet facto**: G–L § 406 (*siet* = *sit*).

(*b*) 4–5. **haut scio an partim eorum fuerint**: 'there may perhaps have
been some of them'. G–L § 457 (*haut scio an*): for *partim* acting as
subject, *OLD* s.v. 1 a.
   6. **sed enim id metuere**: 'but the fact is they were afraid'.
   7. **vereremur . . . faceremus**: co-ordinated verbs in the *si*-clause.
   11. **facimus**: indicative in indirect question occurs mainly in early
and 'colloquial' Latin. G–L § 467, note.
   11–12. **si quis . . . arbitrantur**: i.e. 'any who think that something
is happening contrary to their interests'. The irregular concord is
justified by the sense ('constructio ad sensum').

2. *On buying and running a farm*

Cato's *de agricultura* is the oldest Latin prose book we have. Its original
form dates from *c.*160 BC, but it has been interpolated and to some
extent modernized, so that it is difficult to say which parts are Cato's
own. It remains archaic in vocabulary (*quom*, *siet*, *uti*, etc.) and
structure (asyndeta, parataxis, short sentences). We give chs. 1–2,
preliminary advice on selecting and running the farm. Readers of the
Georgics will recognize familiar ideas.

     Praedium quom parare cogitabis, sic in animo habeto, uti ne
     cupide emas neve opera tua parcas visere et ne satis habeas
     semel circumire. Quotiens ibis, totiens magis placebit quod
     bonum erit. Vicini quo pacto niteant, id animum advertito:
5   in bona regione bene nitere oportebit. Et uti eo introeas et

circumspicias, uti inde exire possis. Vti bonum caelum habeat, ne calamitosum siet, solo bono, sua virtute valeat. Si poteris, sub radice montis siet, in meridiem spectet, loco salubri, operariorum copia siet bonumque aquarium, oppidum validum prope siet et aut mare aut amnis qua naves ambulant, aut via bona   10
celebrisque. Siet in his agris qui non saepe dominos mutant: qui in his agris praedia vendiderint, eos pigeat vendidisse. Vti bene aedificatum siet. Caveto alienam disciplinam temere contemnas. De domino bono colono bonoque aedificatore melius emetur. Ad villam cum venies, videto, vasa torcula et   15
dolia multane sient; ubi non erunt, scito pro ratione fructum esse. Instrumenti ne magni siet, loco bono siet. Videto quam minimi instrumenti sumptuosusque ager ne siet. Scito idem agrum quod hominem, quamvis quaestuosus siet, si sumptuosus erit relinqui non multum. Praedium quod primum siet si me   20
rogabis, sic dicam: de omnibus agris optimoque loco iugera agri centum. Vinea est prima si vino bono et multo est, secundo loco hortus inriguus, tertio salictum, quarto oletum, quinto pratum, sexto campus frumentarius, septimo silva caedua, octavo arbustum, nono glandaria silva.   25

Pater familias ubi ad villam venit, ubi larem familiarem salutavit, fundum eodem die, si potest, circumeat; si non eodem die, at postridie. Vbi cognovit quo modo fundus cultus siet operaque quae facta infectaque sient, postridie eius diei vilicum vocet, roget quid operis siet factum, quid restet, satisne temperi   30
opera sient confecta, possitne quae reliqua sient conficere, et quid factum vini frumenti aliarumque rerum omnium. Vbi ea cognovit, rationem inire oportet operarum dierum. Si ei opus non apparet, dicit vilicus sedulo se fecisse, servos non valuisse, tempestates malas fuisse, servos aufugisse, opus publicum   35
effecisse, ubi eas aliasque causas multas dixit, ad rationem operum operarumque vilicum revoca: cum tempestates pluviae fuerint, quae opera per imbrem fieri potuerint, dolia lavari picari, villam purgari, frumentum transferri, stercus foras efferri, stercilinum fieri, semen purgari, funes sarciri, novos fieri;   40
centones, cuculiones familiam oportuisse sibi sarcire. Per ferias potuisse fossas veteres tergeri, viam publicam muniri, vepres

recidi, hortum fodiri, pratum purgari, virgas vinciri, spinas
runcari, expinsi far, munditias fieri. Cum servi aegrotarint,
45 cibaria tanta dari non oportuisse. Vbi haec cognita aequo animo
sint, quae reliqua opera sint curare uti perficiantur; rationes
putare argentariam frumentariam, pabuli causa quae parata sunt;
rationem vinariam oleariam, quid venierit, quid exactum siet;
quid reliquum siet, quid siet quod veneat; quae satis accipiunda
50 sint, satis accipiantur: reliqua quae sint uti conpareant. Siquid
desit in annum, uti paretur: quae supersint, uti veneant: quae
opus sint locato, locentur: quae opera fieri velit et quae locari
velit, uti imperet et ea scripta relinquat. Pecus consideret.
Auctionem uti faciat: vendat oleum, si pretium habeat, vinum
55 frumentum quod supersit vendat: boves vetulos, armenta
delicula, oves deliculas, lanam pelles plostrum vetus, ferramenta
vetera, servum senem, servum morbosum, et siquid aliut
supersit, vendat. Patrem familias vendacem non emacem esse
oportet.

2. **opera tua parcas**: 'spare your trouble'—an unusual abl., where
dative would be usual after *parco*. (Abl. of gerund with *parcere*, 'refrain
from' doing something, occurs in Apuleius and other later writers.)

4. **niteant**: lit. 'shine', so 'are well-kept' or 'are prosperous'.

7. **calamitosum**: 'subject to disasters' (e.g. droughts, flooding,
landslide?).

9. **aquarium**: 'water supply', 'watering place'.

10. **ambulant**: 'go'.

13-14. **Caveto . . . contemnas**: G–L § 271.

13. **alienam disciplinam**: 'other people's ways of doing things'.

15. **torcula**: 'presses' (for olives).

16-17. **scito . . . esse**: 'understand that the crop is proportionately
small'.

17. **Instrumenti . . . siet**: 'let it not need great equipment'.

18-20. 'Understand that farms are the same as men: however
profitable they are, if they are extravagant there is not much left.'

20. **erit**: note the retention of the indicative of the direct speech:
substitution by the subjunctive in subordinate clauses of *oratio obliqua*
is the norm in classical usage, but not so regular in earlier or in archaistic
writing.

21. de omnibus agris: 'of all types of soil'.

21-2. iugera . . . centum: about 65-70 acres.

23. salictum: 'willow-bed', osiers being needed for hurdles, baskets, etc.

25. arbustum: 'plantation' or orchard—probably fruit-trees are meant here (*silva caedua* is for cutting for timber or firewood).

25. glandaria silva: 'Wood for mast'—pigs especially feed on beech-mast or acorns.

30. satisne temperi: 'punctually enough'. The locative is equivalent in sense to classical ablative, *tempore* or *in tempore*.

33-4. 'If the work does not come up to his satisfaction and the bailiff . . .'

34-44. All this is what should be said to the bailiff, hence the infinitives of *oratio obliqua*.

35-6. opus publicum effecisse: e.g. work on the public roads, ordered by authorities.

41. centones, cuculiones: 'patchwork rugs and hooded cloaks'.

42-4. Cf. *Georgics* 1. 259-72 for work to be done in rainy weather or on holidays, when *religio* forbids regular field labour.

43-4. spinas runcari: 'thorns pulled up'.

44. expinsi far: 'spelt (a kind of wheat) ground' (*pinso*).

45-6. Vbi . . . sint: 'when these points have been calmly decided' **curare:** this infinitive (cf. *putare*, 47) seems to depend on a supposed *oportet*. The usage is not uncommon in technical writing; it approximates to the Greek imperatival infinitive which is hardly found in Latin (L-H-S 366-7).

46-7. rationes putare: 'Settle the accounts'. Note senses of *puto*: (1) cleanse, (2) prune, (3) reckon up, (4) think (the commonest meaning, but not the original one).

49-50. quae . . . conpareant: 'what is acceptable as satisfactory should be accepted; what is left in hand should be presented for inspection'.

52-3. quae opus sint locato: 'what needs to be let out to contract'. G-L § 406.

55-6. armenta delicula: 'cattle with some defect' (cf. *delinquo*).

57. Note the instruction to sell old and sick slaves: cf. Plutarch. *Cato Maior* 5.

58. vendacem . . . emacem: 'fond of selling . . . fond of buying'.

3. *Breaches of human rights*

C. Sempronius Gracchus, the great reformer and popular leader, died in a riot in 121 BC. He was evidently a brilliant orator. These stories of the insolence of Roman magistrates (frr. 48–9 Malcovati: Gellius 10. 3) show how plain narrative can have its own vigour and pathos.

(*a*) Nuper Teanum Sidicinum consul venit. Vxor eius dixit se in balneis virilibus lavari velle. Quaestori Sidicino M. Mario datum est negotium uti balneis exigerentur qui lavabantur. Vxor renuntiat viro parum cito sibi balneas traditas esse et parum
5 lautas fuisse. Idcirco palus destitutus est in foro eoque adductus suae civitatis nobilissimus homo M. Marius. Vestimenta detracta sunt, virgis caesus est. Caleni, ubi id audierunt, edixerunt ne quis in balneis lavisse vellet cum magistratus Romanus ibi esset. Ferentini ob eandem causam praetor noster quaestores abripi
10 iussit: alter se de muro deiecit, alter prensus et virgis caesus est.

(*b*) Quanta libido quantaque intemperantia sit hominum adulescentium, unum exemplum vobis ostendam. His annis paucis ex Asia missus est qui per id tempus magistratum non ceperat homo adulescens pro legato. Is in lectica ferebatur. Ei
5 obviam bubulcus de plebe Venusina advenit et per iocum, cum ignoraret qui ferretur, rogavit num mortuum ferrent. Vbi id audivit, lecticam iussit deponi, struppis, quibus lectica deligata erat, usque adeo verberari iussit dum animam efflavit.

(*a*) 1. **Teanum Sidicinum**: Teano in Campania, on the Via Latina.
    3. **exigerentur**: 'should be driven out'.
    5. **palus destitutus est**: 'a stake was put up'.
    7. **Caleni**: people of Cales (Calvi), also on the Via Latina.
    8. **lavisse**: perf. infin., with present sense. Often found in legal prohibitions (cf. *SC de Bacanalibus* 4: 'nei quis eorum Bacanal habuisse velet' (soon after 186 BC)). Common also in poetry, for metrical convenience. Note *lavisse* in intrans. sense, though passive *lavari* is used in 2.
Ferentinum was another town in the region, also on the Via Latina.

(b) 2-3. **His annis paucis**: 'within these last few years'.
   5. **Venusina**: of Venusia in Apulia, birthplace of Horace.
   7. **struppis**: 'cords' (from Greek στροφός).

4. *Torquatus and the Gaul*

Aulus Gellius, who cites this passage (9. 13; fr. 10[b] Peter), greatly
admired its simple and antique style, and relates the effect it had on the
philosopher Favorinus, a Greek-speaking Gaul who had considerable
fame as a writer in the time of Hadrian. The work from which it is
taken, the *Annals* of Claudius Quadrigarius, was written, it seems, early
in the first century BC. The archaism and naïveté which later writers
admired is probably in part at least an affectation. The best commentary
is Livy's rewriting (7. 9), which we print below (36). The episode
belongs to a war against the Gauls in 361 BC, in which T. Manlius
earned the name Torquatus.

Cum interim Gallus quidam nudus praeter scutum et gladios
duos torque atque armillis decoratus processit, qui et viribus et
magnitudine et adulescentia simulque virtute ceteris antistabat.
Is maxime proelio commoto atque utrisque summo studio
pugnantibus manu significare coepit utrisque quiescerent.   5
Pugnae facta pausa est. Extemplo silentio facto cum voce
maxima conclamat, si quis secum depugnare vellet, uti prodiret.
Nemo audebat propter magnitudinem atque inmanitatem facies.
Deinde Gallus inridere coepit atque linguam exertare. Id subito
perdolitum est cuidam Tito Manlio, summo genere gnato,   10
tantum flagitium civitati adcidere, e tanto exercitu neminem
prodire. Is, ut dico, processit neque passus est virtutem Romanam
ab Gallo turpiter spoliari. Scuto pedestri et gladio Hispanico
cinctus contra Gallum constitit. Metu magno ea congressio in ipso
ponti utroque exercitu inspectante facta est. Ita, ut ante dixi,   15
constiterunt: Gallus sua disciplina scuto proiecto cunctabundus,
Manlius animo magis quam arte confisus scuto scutum percussit
atque statum Galli conturbavit. Dum se Gallus iterum eodem
pacto constituere studet, Manlius iterum scuto scutum percutit

20   atque de loco hominem iterum deiecit; eo pacto ei sub Gallicum
gladium successit atque Hispanico pectus hausit; deinde continuo
humerum dextrum eodem concessu incidit neque recessit
usquam donec subvertit, ne Gallus impetum icti haberet. Vbi
eum evertit, caput praecidit, torquem detraxit eamque sanguinu-
25   lentam sibi in collum inponit. Quo ex facto ipse posterique eius
Torquati sunt cognominati.

   1. Cum interim: the fragment starts in mid-sentence with an 'inverse'
cum-clause (G–L § 581).
   5. quiescerent: subjunctive without *ut*, depending on the verb of
ordering implied in *manu significare coepit* (G–L § 546 Remark 2).
   6–7. cum voce maxima: classical usage would omit *cum* since the
noun is qualified by an adjective.
   8. facies: an early form of the genitive *faciei* (G–L § 63).
   12–15. ut dico . . . ut ante dixi: not strictly true. Quadrigarius
perhaps wants to give his narrative a colloquial tone; 'as I say', 'as
I said' reinforces this.
   15. ponti: ablative, another old form.
   16. cunctabundus: 'prepared to wait'.
   21. pectus hausit: 'drained the blood from his chest'.
   23. icti: genitive = *ictūs*.

5. *The three styles: Examples and parodies*

The anonymous *Rhetorica ad Herennium* is preserved with the works
of Cicero, and was probably written (like Cicero's *de inventione*) in
the 80s BC. Its special interest lies in the fourth book, which is the
earliest systematic treatment of style (*elocutio*). We give an extended
passage (4. 11–16) which describes the 'three styles'—grand, middle,
and plain—and illustrates them with invented examples, including
some parodies, to show what faults one is likely to fall into. See the
later treatment in Quintilian 12. 10 (58 below).

Sunt igitur tria genera, quae genera nos figuras appellamus, in quibus omnis oratio non vitiosa consumitur: unam gravem, alteram mediocrem, tertiam extenuatam vocamus.

Gravis est quae constat ex verborum gravium levi et ornata constructione.   5

Mediocris est quae constat ex humiliore neque tamen ex infima et pervulgatissima verborum dignitate.

Adtenuata est quae demissa est usque ad usitatissimam puri consuetudinem sermonis.

In gravi consumetur oratio figura si quae cuiusque rei poterunt   10
ornatissima verba reperiri, sive propria sive extranea, ad unam quamque rem adcommodabuntur, et si graves sententiae, quae in amplificatione et commiseratione tractantur, eligentur, et si exornationes sententiarum aut verborum quae gravitatem habebunt, de quibus post dicemus, adhibebuntur. In hoc genere   15
figurae erit hoc exemplum:

'Nam quis est vestrum, iudices, qui satis idoneam possit in eum poenam excogitare qui prodere hostibus patriam cogitarit? Quod maleficium cum hoc scelere conparari, quod huic maleficio dignum supplicium potest inveniri? In his   20
qui violassent ingenuum, matremfamilias constuprassent, volnerassent aliquem aut postremo necassent, maxima supplicia maiores consumpserunt: huic truculentissimo ac nefario facinori singularem poenam non reliquerunt. Atque in aliis maleficiis ad singulos aut ad paucos ex alieno peccato iniuria   25
pervenit: huius sceleris qui sunt adfines uno consilio universis civibus atrocissimas calamitates machinantur. O feros animos! o crudeles cogitationes! o derelictos homines ab humanitate! Quid agere ausi sunt aut cogitare possunt? quo pacto hostes, revulsis maiorum sepulcris, deiectis moenibus, ovantes inruerent   30
in civitatem; quo modo deum templis spoliatis, optimatibus trucidatis, aliis abreptis in servitutem, matribusfamilias et ingenuis sub hostilem libidinem subiectis urbs acerbissimo concidat incendio conflagrata; qui se non putant id quod voluerint ad exitum perduxisse nisi sanctissimae patriae miserandum scelerati   35
viderint cinerem. Nequeo verbis consequi, iudices, indignitatem rei; sed neglegentius id fero, quia vos mei non egetis. Vester

enim vos animus amantissimus rei publicae facile edocet ut eum qui fortunas omnium voluerit prodere praecipitem proturbetis
40 ex ea civitate quam iste hostium spurcissimorum dominatu nefario voluerit obruere.'

In mediocri figura versabitur oratio si haec, ut ante dixi, aliquantum demiserimus, neque tamen ad infimum descenderimus, sic:

45 'Quibuscum bellum gerimus, iudices, videtis: cum sociis, qui pro nobis pugnare et imperium nostrum nobiscum simul virtute et industria conservare soliti sunt. Hi cum se et opes suas et copiam necessario norunt, tum vero nihilominus propter propinquitatem et omnium rerum societatem quid omnibus
50 rebus populus Romanus posset scire et existimare poterant. Hi, cum deliberassent nobiscum bellum gerere, quaeso, quae res erat qua freti bellum suscipere conarentur, cum multo maximam partem sociorum in officio manere intellegerent, cum sibi non multitudinem militum, non idoneos imperatores, non pecuniam
55 publicam praesto esse viderent, non denique ullam rem quae res pertinet ad bellum administrandum? Si cum finitimis de finibus bellum gererent, si totum certamen in uno proelio positum putarent, tamen omnibus rebus instructiores et apparatiores venirent: nedum illi imperium orbis terrae, cui imperio omnes
60 gentes, reges, nationes partim vi, partim voluntate consenserunt, cum aut armis aut liberalitate a populo Romano superati essent, ad se transferre tantulis viribus conarentur. Quaeret aliquis: "Quid? Fregellani non sua sponte conati sunt?" Eo quidem isti minus facile conarentur, quod illi quemadmodum discessent
65 videbant. Nam rerum inperiti, qui unius cuiusque rei de rebus ante gestis exempla petere non possunt, hi per inprudentiam facillime deducuntur in fraudem: at hi qui sciunt quid aliis acciderit, facile ex aliorum eventis suis rationibus possunt providere. Nulla igitur re inducti, nulla spe freti arma sustulerunt? Quis hoc
70 credet, tantam amentiam quemquam tenuisse ut imperium populi Romani temptare auderet nullis copiis fretus? Ergo aliquid fuisse necessum est. Quid aliud nisi id quod dico potest esse?'

In adtenuato figurae genere, id quod ad infimum et cotidianum sermonem demissum est, hoc erit exemplum:

'Nam ut forte hic in balineas venit, coepit, postquam perfusus   75
est, defricari; deinde, ubi visum est ut in alveum descenderet,
ecce tibi iste de traverso: "Heus", inquit, "adolescens, pueri tui
modo me pulsarunt; satis facias oportet." Hic, qui id aetatis ab
ignoto praeter consuetudinem appellatus esset, erubuit. Iste
clarius eadem et alia dicere coepit. Hic: "Vix tandem!" inquit,   80
"sine me considerare." Tum vero iste clamare voce ista quae
perfacile cuivis rubores eicere potest, ita petulans est atque
acerba, ne ad solarium quidem, ut mihi videtur, sed pone
scaenam et in eiusmodi locis exercitata. Conturbatus est
adolescens: nec mirum, cui etiam nunc pedagogi lites ad   85
oriculas versarentur inperito huiusmodi conviciorum. Vbi enim
iste vidisset scurram exhausto rubore, qui se putaret nihil habere
quod de existimatione perderet, ut omnia sine famae detrimento
facere posset?'
Igitur genera figurarum ex ipsis exemplis intellegi poterant.   90
Erat enim et adtenuata verborum constructio quaedam et item
alia in gravitate, alia posita in mediocritate.

Est autem cavendum ne, dum haec genera consectemur,
in finitima et propinqua vitia veniamus. Nam gravi figurae,
quae laudanda est, propinqua est ea quae fugienda; quae recte   95
videbitur appellari si sufflata nominabitur. Nam ita ut corporis
bonam habitudinem tumos imitatur saepe, item gravis oratio
saepe inperitis videtur ea quae turget et inflata est, cum aut novis
aut priscis verbis aut duriter aliunde translatis aut gravioribus
quam res postulat aliquid dicitur, hoc modo: 100
'Nam qui perduellionibus venditat patriam, non satis subplicii
dederit si praeceps in Neptunias depultus erit lacunas. Poenite
igitur istum, qui montis belli fabricatus est, campos sustulit
pacis.'
In hoc genus plerique cum declinantur et ab eo quo profecti   105
sunt aberrarunt, specie gravitatis falluntur nec perspicere
possunt orationis tumorem.

Qui in mediocre genus orationis profecti sunt, si pervenire
eo non potuerunt, errantes perveniunt ad confinii genus eius
generis; quod appellamus dissolutum, quod est sine nervis et   110
articulis; ut hoc modo appellem 'fluctuans' eo quod fluctuat huc

et illuc nec potest confirmate neque viriliter sese expedire. Id
est eiusmodi: 'Socii nostri cum belligerare nobiscum vellent,
profecto ratiocinati essent etiam atque etiam quid possent
115 facere, si quidem sua sponte facerent et non haberent hinc
adiutores multos, malos homines et audaces. Solent enim diu
cogitare omnes qui magna negotia volunt agere.'
    Non potest huiusmodi sermo tenere adtentum auditorem;
diffluit enim totus neque quicquam comprehendens perfectis
120 verbis amplectitur.
    Qui non possunt in illa facetissima verborum attenuatione
commode versari, veniunt ad aridum et exangue genus orationis,
quod non alienum est exile nominari, cuiusmodi est hoc:
    'Nam istic in balineis accessit ad hunc; postea dicit: "Hic tuus
125 servus me pulsavit". Postea dicit hic illi: "Considerabo".
Post ille convicium fecit et magis magisque praesente multis
clamavit.' Frivolus hic quidem iam et inliberalis est sermo: non
enim est adeptus id quod habet attenuata figura, puris et electis
verbis conpositam orationem.
130 Omne genus orationis, et grave et mediocre et adtenuatum,
dignitate adficiunt exornationes, de quibus post loquemur; quae
si rarae disponentur, distinctam, sicuti coloribus, si crebrae
conlocabuntur, obliquam reddunt orationem. Sed figuram in
dicendo commutare oportet, ut gravem mediocris, mediocrem
135 excipiat attenuata, deinde identidem commutentur, ut facile
satietas varietate vitetur.

    1. **quae genera**: for the repeated antecedent see G–L § 615. Cf.
below, 55, 59.
figuras: here 'styles'.
    2. **consumitur**: 'is exhaustively divided' (*OLD* s.v. 8 c). The division
claims to account for all 'non-faulty' composition.
    4. **levi**: 'smooth'.
    8–9. Observe the mannered word order, unexpected in this technical
passage.
    10. **consumetur**: 'will be used'.
    11. **ornatissima verba**: the passage given below (17–41) displays
constant use of expressive (often emotive) vocabulary and many

superlatives. The vocabulary is not specially poetical; this is rather a characteristic of the turgid 'faulty' passage (101-4).

extranea: 'figurative'.

12. **graves sententiae**: ideas appropriate to *amplificatio* ('exaggeration') and *commiseratio* ('arousal of pity'). The author thinks, e.g., of the comparison (to its discredit) between treason and other serious crimes, and the picture of the captured city (29-36).

14. **exornationes sententiarum aut verborum**: figures of speech (e.g. the paronomasia 'poenam excogitare . . . patriam cogitarit' (18-19) and thought (rhetorical question, vivid description).

14-15. The author means to imply that certain sorts of figures are better adapted to grand seriousness than others.

17 ff. See Caplan, pp. 256-7. The heightened style brings weighty words to the end of sentences, and there is a clear striving for the double trochee clausula (*cogitarit, conparari, inveniri*). In general, we may compare Cic. *Verr.* 2. 2. 40 for a passage of similar tone.

26. **adfines**: 'involved in'.

35-6. Again, mannered interlacing.

45-72. The author does not comment on the style. We should observe that rational argument has taken the place of the mere arousal of emotion, and in consequence emotive vocabulary, obtrusive figures, and marked rhythmical effects play a smaller part than in the first example.

45. **gerimus**: indicative where subjunctive would be usual in indirect question: an archaic and also colloquial feature (G-L § 467).

63. **Fregellani**: Fregellae (in Latium, modern Ceperano) was destroyed by Rome in 125 BC. The present speech is set vaguely in the context of another rebellion; this is the quasi-fictitious history characteristic of declamation.

64. **discessent** = *discessissent*, a type of 'syncope' commoner in poetry (G-L § 131).

66. **hi**: resumes *rerum imperiti* after the relative clause.

72. **necessum** = *necesse*: probably a mark of the early date of the author rather than a deliberate archaism.

75-89. See Caplan, pp. 262-3. This extract from a judicial narrative tells a vivid story without lapsing into the triviality seen in the 'deviation' (124-7). Note *ecce tibi* (G-L § 351), *de traverso, heus, oriculas*.

75. **coepit**: Ciceronian use with a passive infinitive favours the passive of *coepi*. Here *coepit defricari* practically = *defricatus est*. Cf. Petronius 27. 1 with M. S. Smith's note.

76. **alveum**: 'the basin', 'the pool'.

78. **id aetatis**: G-L § 336 note 2.

79. **esset**: *qui* is used causally.

81. **clamare**: historic infinitive.

83. **solarium**: 'the sundial', a favourite meeting-place in the Forum.

87. **scurram**: here pejorative, 'scandal-monger'; the term was earlier used for a 'man about town', witty, pretentious, making up to the rich; 'urbani adsidui cives quos scurras vocant', Plautus, *Trinummus* 202.

93. The notion that some faults lie close to corresponding virtues is an ethical one, developed in Aristotle, and easily applied to style. See esp. Demetrius, περὶ ἑρμηνείας, 114.

97. **tumos** = *tumor* (cf. *honōs*, *colōs*, *pavōs* = *honor*, *color*, *pavor*). Palmer, 247.

98–100. 'New or archaic words, metaphors harshly transferred or words weightier than the subject requires.'

101–4. This illustrates all the points made in 97–100, except (so far as we know) 'new' words.

109–10. **ad confinii . . . generis**: 'to a manner belonging to the confines of this manner'. The example (113–16) has no clear periodic structure.

121. **illa facetissima verborum attenuatione**: 'that elegant verbal delicacy'.

123. **exile**: 'meagre', 'starved', 'emaciated'.

124–5. **postea . . . Postea . . . Post**: the repetition is colloquial and archaic.

126. **praesente multis** = *praesentibus multis* (*OLD* s.v. *praesens* 1 d).

CICERO

6. *The parricide's punishment*

M. Tullius Cicero (106-43 BC) is the greatest of Latin prose writers, and his work one of the great formative influences of European culture. Fifty-eight speeches survive, some 48 are lost; his philosophical works (mostly, but not all, dating from his latter years, when Caesar's dictatorship seemed to him to have removed the opportunities of free political life) and his letters form another large corpus. In his day, too, he was well thought of as a poet.

We begin with his first extant speech, the defence of Sextus Roscius of Ameria, accused in 80 BC of murdering his own father. This passage (*pro Sex. Roscio Amerino*, 69-73) is much influenced by the topics and exaggerations of declamation, but it has its persuasive point, as appears at the end of our extract. The prosecution, Cicero argues, has failed to establish a credible motive for a crime that merits this awful penalty. Cicero (*Orator* 107) later reflected that this passage showed the immaturity of his early efforts. Notice the insistent and powerful rhythms.

Itaque cum multis ex rebus intellegi potest maiores nostros non
modo armis plus quam ceteras nationes verum etiam consilio
sapientiaque potuisse, tum ex hac re vel maxime, quod in
impios singulare supplicium invenerunt. Qua in re quantum
prudentia praestiterint eis qui apud ceteros sapientissimi fuisse   5
dicuntur considerate. Prudentissima civitas Atheniensium,
dum ea rerum potita est, fuisse traditur; eius porro civitatis
sapientissimum Solonem dicunt fuisse, eum qui leges quibus
hodie quoque utuntur scripserit. Is cum interrogaretur cur
nullum supplicium constituisset in eum qui parentem necasset,   10
respondit se id neminem facturum putasse. Sapienter fecisse
dicitur, cum de eo nihil sanxerit quod antea commissum non
erat, ne non tam prohibere quam admonere videretur. Quanto
nostri maiores sapientius! qui cum intellegerent nihil esse tam
sanctum quod non aliquando violaret audacia, supplicium in   15

parricidas singulare excogitaverunt ut, quos natura ipsa retinere in officio non potuisset, ei magnitudine poenae a maleficio summoverentur. Insui voluerunt in culleum vivos atque ita in flumen deici.

20   O singularem sapientiam, iudices! Nonne videntur hunc hominem ex rerum natura sustulisse et eripuisse cui repente caelum solem aquam terramque ademerint, ut, qui eum necasset unde ipse natus esset, careret eis rebus omnibus ex quibus omnia nata esse dicuntur? Noluerunt feris corpus obicere
25   ne bestiis quoque quae tantum scelus attigissent immanioribus uteremur; non sic nudos in flumen deicere ne, cum delati essent in mare, ipsum polluerent quo cetera quae violata sunt expiari putantur; denique nihil tam vile neque tam volgare est cuius partem ullam reliquerint. Etenim quid tam est commune quam
30   spiritus vivis, terra mortuis, mare fluctuantibus, litus eiectis? Ita vivunt, dum possunt, ut ducere animam de caelo non queant, ita moriuntur ut eorum ossa terra non tangat, ita iactantur fluctibus ut numquam adluantur, ita postremo eiciuntur ut ne ad saxa quidem mortui conquiescant. Tanti malefici crimen, cui
35   maleficio tam insigne supplicium est constitutum, probare te, Eruci, censes posse talibus viris, si ne causam quidem malefici protuleris? Si hunc apud bonorum emptores ipsos accusares eique iudicio Chrysogonus praeesset, tamen diligentius paratius-que venisses. Vtrum quid agatur non vides, an apud quos agatur?
40   Agitur de parricidio quod sine multis causis suscipi non potest; apud homines autem prudentissimos agitur qui intellegunt neminem ne minimum quidem maleficium sine causa admittere.

7. **rerum potita est**: 'had control of affairs' i.e. held the hegemony in Greece. G–L § 407, note 2.

9. **scripserit**: subjunctive, because dependent on the *fuisse* of *oratio obliqua* though *utuntur* is indicative because it states a fact independent of what 'they say'.

13. **admonere**: 'prompt', 'suggest'.

14. **sapientius**: sc. *fecerunt*.

18–19. **Insui . . . deici**: the stark sentence contrasts with the fullness of what precedes, and thereby emphasizes the horrible and bizarre penalty. The parricide was joined in his sack (it is said) by a dog, a cock, a viper, and a monkey. The punishment sounds very primitive, but was said to have been first employed at the end of the second century BC (Livy, *Per.* 68).

20. O singularem sapientiam!: G-L § 343.

21. ex rerum natura: 'from the natural world', made up as it is of the four elements, air, fire, water, and earth (cf. below, 23-4).

24-6. The thought is that the animals might acquire the character-istics of the parricide if his body was fed to them.

26. non sic nudos . . . deicere: sc. *voluerunt.* sic = 'as they were'.

29-34. A particularly forceful example of balance and strong rhythm.

34-5. cui maleficio: for the repetition of the antecedent noun, see above, 5. 1.

38. Chrysogonus: Sulla's freedman, believed by Cicero to have instigated and profited by the death of the elder Roscius. Erucius is the prosecutor; Cicero complains that he should have prepared himself better, even if he had relied on the bias of the court.

39. venisses: 'You ought to have come'. Woodcock § 111, G-L § 272. 3.

7. *A pirate raid*

In 70 BC the young Cicero placed his reputation on a solid foundation by a successful prosecution of C. Verres for extortion as pro-praetor of Sicily. Most of the *Verrines* were never spoken, but Cicero wrote them up with unflagging vividness and polemical zest. In this passage (2. 5. 95-100) he enlarges on the disgrace of a piratical raid by Heracleo into the very harbour of Syracuse, when the governor was actually in residence. The history and geography are impressionistic. The focus is firmly on the defendant; it was *te praetore* that this scandal happened.

Vnam illam noctem solam praedones ad Helorum commorati, cum fumantis etiam nostras navis reliquissent, accedere incipiunt Syracusas; qui videlicet saepe audissent nihil esse pulchrius quam Syracusarum moenia ac portus, statuerant se, si ea Verre praetore non vidissent, numquam esse visuros. Ac primo ad 5

illa aestiva praetoris accedunt, ipsam illam ad partem litoris ubi
iste per eos dies tabernaculis positis castra luxuriae conlocarat.
Quem posteaquam inanem locum offenderunt et praetorem
commosse ex eo loco castra senserunt, statim sine ullo metu
10 in ipsum portum penetrare coeperunt. Cum in portum dico,
iudices—explanandum est enim diligentius eorum causa qui
locum ignorant—in urbem dico atque in urbis intimam partem
venisse piratas; non enim portu illud oppidum clauditur, sed
urbe portus ipse cingitur et continetur, ut non adluantur mari
15 moenia extrema, sed ipse influat in urbis sinum portus. Hic te
praetore Heracleo pirata cum quattuor myoparonibus parvis ad
arbitrium suum navigavit. Pro di immortales! piraticus myoparo,
cum imperi populi Romani nomen ac fasces essent Syracusis,
usque ad forum Syracusanorum et ad omnis crepidines urbis
20 accessit, quo neque Carthaginiensium gloriosissimae classes,
cum mari plurimum poterant, multis bellis saepe conatae
umquam aspirare potuerunt, neque populi Romani invicta ante
te praetorem gloria illa navalis umquam tot Punicis Siciliensibus-
que bellis penetrare potuit; qui locus eius modi est ut ante
25 Syracusani in moenibus suis, in urbe, in foro hostem armatum
ac victorem quam in portu ullam hostium navem viderint.
Hic, te praetore, praedonum naviculae pervagatae sunt quo
Atheniensium classis sola post hominum memoriam trecentis
navibus vi ac multitudine invasit; quae in eo ipso portu loci
30 ipsius portusque natura victa atque superata est. Hic primum
opes illius civitatis comminutae depressaeque sunt: in hoc
portu Atheniensium nobilitatis, imperi, gloriae naufragium
factum existimatur. Eone pirata penetravit quo simul atque
adisset non modo a latere sed etiam a tergo magnam partem
35 urbis relinqueret? Insulam totam praetervectus est, quae est
urbs Syracusis suo nomine ac moenibus, quo in loco maiores,
ut ante dixi, Syracusanum habitare vetuerunt, quod, qui illam
partem urbis tenerent, in eorum potestatem portum futurum
intellegebant.
40 At quem ad modum est pervagatus! Radices palmarum
agrestium, quas in nostris navibus invenerant, iactabant, ut
omnes istius improbitatem et calamitatem Siciliae possent

cognoscere. Siculosne milites, aratorumne liberos, quorum
patres tantum labore suo frumenti exarabant ut populo Romano
totique Italiae suppeditare possent, eosne in insula Cereris   45
natos, ubi primum fruges inventae esse dicuntur, eo cibo esse
usos a quo maiores eorum ceteros quoque frugibus inventis
removerunt! Te praetore Siculi milites palmarum stirpibus,
piratae Siculo frumento alebantur! O spectaculum miserum
atque acerbum! ludibrio esse urbis gloriam, populi Romani   50
nomen, omnium hominum conventum atque multitudinem
piratico myoparoni! In portu Syracusano de classe populi
Romani triumphum agere piratam, cum praetoris inertissimi
nequissimique oculos praedonum remi respergerent!

1. **ad Helorum**: 'off Helorus', a city (and river) some 25 miles S.
of Syracuse. *OLD* s.v. *ad* 13 d.

2. **etiam nostras**: Roman as well as Sicilian ships had been burnt.

3. **videlicet**: points the irony of what follows.
audissent: causal subjunctive.

6. **aestiva**: 'summer quarters'. The military vocabulary is used
ironically, cf. *castra luxuriae* 7.

9. **commosse** = *commovisse* (G-L § 131).

16. **myoparonibus**: a Greek word (μυοπαρών, also simply παρών)
for a light and fast-sailing ship, as used by pirates.

19. **crepidines**: i.e. the sea-walls of the town.

21. **cum . . . poterant**: 'at the time when they were in command
of the sea'. G-L § 580.

21. **aspirare**: *OLD* s.v. 8 a.

22-3. **ante te praetorem**: 'before your praetorship'.

22-4. Cic. refers to the capture of Syracuse from the land side by
the Romans in 211 BC.

28. **trecentis**: a vague number. The Athenian fleet was in action in
the Great Harbour in 414 and 413 BC, during the siege, but with
smaller numbers of ships than Cicero here says.

35. **Insulam**: i.e. Ortygia, which as Cicero says was 'a city at
Syracuse, with its own name and walls'.

38. **in . . . potestatem . . . futurum**: 'would come into their power'.
OLD s.v. *in* 2 a.

40. Cicero has explained above (§ 87) that the fleet sent to sea by
Verres was so ill-provided that the sailors had to gather palm-roots for

food. (The dwarf palm, *Chamaerops humilis*, unknown elsewhere in Europe, is common in S. Sicily.)

42. istius: i.e. 'Verres'.

43. The repeated *-ne* underlines the indignant exclamation (G–L § 534).

45. Sicily was famous for corn, its inhabitants were *aratores*. The island was deemed sacred to Ceres and Proserpina, and it was believed that wheat was first discovered there (Diodorus Siculus 5. 2).

46-8. Roots—like acorns—were thought of as primitive food.

54. i.e. the oars splashed water in Verres' face!

8. *Cato the Stoic*

Cicero, as consul in 63 BC, faced the conspiracy of Catiline. Before the arrest and execution of the leading conspirators in December, but while Catiline was away from Rome preparing armed rebellion, the consul-elect, L. Murena, was prosecuted for bribery by Servius Sulpicius Rufus and M. Porcius Cato. Cicero defended him. His speech was much concerned with the political situation and the problems that Murena's conviction would cause. He also set out to discredit the prosecutors, Sulpicius as a pettifogging lawyer, Cato as a rigid idealist whose principles prevented him from withdrawing from a prosecution whatever the disastrous consequences for the state. This passage (60-4) is Cicero's account of Cato. Despite the gravity of the hour, it is not without humour. Analysis of rhythm: Fraenkel, 63 ff.

Ego tuum consilium, Cato, propter singulare animi mei de tua virtute iudicium vituperare non possum; non nulla forsitan conformare et leviter emendare possim. 'Non multa peccas,' inquit ille fortissimo viro senior magister, 'sed peccas; te 5 regere possum.' At ego non te; verissime dixerim peccare te nihil neque ulla in re te esse huius modi ut corrigendus potius quam leviter inflectendus esse videare. Finxit enim te ipsa natura ad honestatem, gravitatem, temperantiam, magnitudinem animi, iustitiam, ad omnis denique virtutes magnum hominem et

excelsum. Accessit istuc doctrina non moderata nec mitis sed,   10
ut mihi videtur, paulo asperior et durior quam aut veritas aut
natura patitur. Et quoniam non est nobis haec oratio habenda
aut in imperita multitudine aut in aliquo conventu agrestium,
audacius paulo de studiis humanitatis quae et mihi et vobis nota
et iucunda sunt disputabo. In M. Catone, iudices, haec bona   15
quae videmus divina et egregia ipsius scitote esse propria; quae
nonnumquam requirimus, ea sunt omnia non a natura verum
a magistro. Fuit enim quidam summo ingenio vir, Zeno, cuius
inventorum aemuli Stoici nominantur. Huius sententiae sunt
et praecepta eius modi: sapientem gratia numquam moveri,   20
numquam cuiusquam delicto ignoscere; neminem misericordem
esse nisi stultum et levem; viri non esse neque exorari neque
placari; solos sapientes esse, si distortissimi sint, formosos,
si mendicissimi, divites, si servitutem serviant, reges; nos
autem qui sapientes non sumus fugitivos, exsules, hostis,   25
insanos denique esse dicunt; omnia peccata esse paria; omne
delictum scelus esse nefarium, nec minus delinquere eum qui
gallum gallinaceum, cum opus non fuerit, quam eum qui patrem
suffocaverit; sapientem nihil opinari, nullius rei paenitere,
nulla in re falli, sententiam mutare numquam. Hoc homo   30
ingeniosissimus, M. Cato, auctoribus eruditissimis inductus
adripuit, neque disputandi causa, ut magna pars, sed ita vivendi.
Petunt aliquid publicani; cave ne quicquam habeat momenti
gratia. Supplices aliqui veniunt miseri et calamitosi; sceleratus
et nefarius fueris, si quicquam misericordia adductus feceris.   35
Fatetur aliquis se peccasse et sui delicti veniam petit; 'nefarium
est facinus ignoscere.' At leve delictum est. 'Omnia peccata sunt
paria.' Dixisti quippiam: 'fixum et statutum est.' Non re ductus
es sed opinione; 'sapiens nihil opinatur.' Errasti aliqua in re; male
dici putat. Hac ex disciplina nobis illa sunt; 'Dixi in senatu me   40
nomen consularis candidati delaturum.' Iratus dixisti. 'Numquam'
inquit 'sapiens irascitur.' At temporis causa. 'Improbi' inquit
'hominis est mendacio fallere; mutare sententiam turpe est,
exorari scelus, misereri flagitium.' Nostri autem illi—fatebor
enim, Cato, me quoque in adulescentia diffisum ingenio meo   45
quaesisse adiumenta doctrinae—nostri, inquam, illi a Platone et

Aristotele, moderati homines et temperati, aiunt apud sapientem
valere aliquando gratiam; viri boni esse misereri; distincta
genera esse delictorum et disparis poenas; esse apud hominem
50 constantem ignoscendi locum; ipsum sapientem saepe aliquid
opinari quod nesciat, irasci nonnumquam, exorari eundem et
placari, quod dixerit interdum, si ita rectius sit, mutare, de
sententia decedere aliquando; omnis virtutes mediocritate
quadam esse moderatas. Hos ad magistros si qua te fortuna,
55 Cato, cum ista natura detulisset, non tu quidem vir melior esses
nec fortior nec temperantior nec iustior—neque enim esse
potes—sed paulo ad lenitatem propensior. Non accusares nullis
adductus inimicitiis, nulla lacessitus iniuria, pudentissimum
hominem summa dignitate atque honestate praeditum; putares,
60 cum in eiusdem anni custodia te atque L. Murenam fortuna
posuisset, aliquo te cum hoc rei publicae vinculo esse con-
iunctum; quod atrociter in senatu dixisti, aut non dixisses aut,
si potuisses, mitiorem in partem interpretarere.

3. **conformare**: 'bring into shape', 'put right'.

4. **senior magister**: Phoenix to Achilles, in a play, apparently.

5. **dixerim**: G-L § 257.

10. **Accessit istuc**: 'To this was added'.

13. Yet in *de finibus* 4. 74 Cicero writes: 'non ego tecum iam ita
iocabor ut isdem his de rebus cum L. Murenam te accusante defenderem.
Apud imperitos tum illa dicta sunt, aliquid etiam coronae datum.'

14. **de studiis humanitatis**: *OLD* s.v. *humanitas* 2 'civilized pursuits'.
A term current in Cicero's time (*pro Archia* 2), less familiar to Gellius
(13. 17).

17. **nonnumquam**: 'on occasion', 'from time to time'. Cato's failings
are due not to nature but to teaching.

18. **Zeno**: of Citium in Cyprus, 335-263 BC, founder of the Stoic
school.

19. **inventorum aemuli**: 'the followers of (his) discoveries'.

20. **eius modi**: 'of the following nature'.

20-30. The long series of *oratio obliqua* statements summarizes
and parodies Stoic ethical doctrine, stressing its paradoxes.

20. **sapientem**: 'the Wise Man', the ideal sage of the Stoics.

22. **viri**: 'a real man'.

24. **mendicissimi**: 'penniless beggars'.

servitutem serviant: G–L § 333. 2. An old legal phrase.

28. **gallum gallinaceum**: 'a cockerel'.

29. **nihil opinari**: 'never has an opinion'—but always *knows* for certain.

33. **publicani**:'tax-farmers'. Cicero presents a series of hypothetical situations without subordinating them in conditional clauses. This vivid idiom occurs both in Latin and in Greek. Cf. E–T, p. 386, and note Terence, *Adelphi* 120-1, cited by Cicero in *pro Caelio* (10. 22-3 below), Terence *Eun.* 252 'negat quis, nego; ait, aio' (if anyone says no, I say no; if they say yes, I say yes').

35. **fueris . . . feceris**: future perfects (G–L § 244. 4).

39-40. **male dici putat**: 'he thinks he is being insulted'—Cicero's comment on the Stoic's reaction.

40. **nobis**: G–L § 351. 'It is from this school that we get these remarks.' Cicero goes on to imply that Cato's prosecution of Murena is the outcome of his doctrinaire Stoicism.

42. **At temporis causa**: 'But you did for reasons of the moment'.

44-6. Cicero, in fact proud of his philosophical interests, here represents them as a weakness.

46-7. i.e. the Platonists. In Cicero's view, Plato and Aristotle held common ethical doctrines. Cf. Douglas, *Tusculans* 1, p. 11.

48-54. A further set of *oratio obliqua* statements, balancing the Stoic views above.

53-4. **mediocritate quadam**: 'a kind of mean', Aristotle's μεσότης.

57-8. It is implied that personal enmity might have been a proper ground for prosecution.

60. Cato, as tribune, had a share in responsibility for the state (*custodia*, 'guardianship').

63. **interpretarere**: 'would (now) be explaining it away' in a less radical sense. MSS have *aut seposuisses aut*, and the conjecture *si potuisses* is still not satisfactory.

9. *Against Piso*

L. Calpurnius Piso was consul in 58 BC. Formerly a friend of Cicero, he did nothing to prevent the attacks on Cicero's conduct which led to his exile. Enmity replaced friendship. Piso became proconsul of

Macedonia (57-55 BC), and Cicero, now back in Rome, sought revenge.
The speech known as *in Pisonem* is a polished version of an attack
delivered in the senate, calculated also to offend Piso's son-in-law,
Caesar. It displays many standard topics of invective and caricature
(see Nisbet's commentary, pp. 192-8). In this passage (63-7), having
finished a comparison of Piso and himself (cf. Demosthenes' comparison
of his own life with Aeschines' in *de corona*), Cicero paints a picture
of Piso at the games and at dinner. He makes much play with his
victim's Epicureanism.

Iam vides—quoniam quidem ita mihimet fui inimicus ut me
tecum compararem—et digressum meum et absentiam et
reditum ita longe tuo praestitisse ut mihi illa omnia immortalem
gloriam dederint, tibi sempiternam turpitudinem inflixerint.
5 Num etiam in hac cotidiana adsidua urbanaque vita splendorem
tuum, gratiam, celebritatem domesticam, operam forensem,
consilium, auxilium, auctoritatem, sententiam senatoriam nobis
aut, ut verius dicam, cuiquam es infimo ac despicatissimo
antelaturus? Age, senatus odit te—quod eum tu facere iure
10 concedis—adflictorem ac perditorem non modo dignitatis et
auctoritatis sed omnino ordinis ac nominis sui; videre equites
Romani non possunt, quo ex ordine vir praestantissimus et
ornatissimus, L. Aelius, est te consule relegatus; plebs Romana
perditum cupit, in cuius tu infamiam ea quae per latrones et
15 per servos de me egeras contulisti; Italia cuncta exsecratur, cuius
idem tu superbissime decreta et preces repudiasti.
    Fac huius odi tanti ac tam universi periculum, si audes. Instant
post hominum memoriam apparatissimi magnificentissimique
ludi, quales non modo numquam fuerunt, sed ne quo modo fieri
20 quidem posthac possint possum ullo pacto suspicari. Da te
populo, committe ludis. Sibilum metuis? Vbi sunt vestrae scholae?
Ne acclametur times? Ne id quidem est curare philosophi.
Manus tibi ne adferantur? Dolor enim est malum, ut tu disputas;
existimatio, dedecus, infamia, turpitudo verba atque ineptiae. Sed
25 de hoc non dubito; non audebit accedere ad ludos. Convivium
publicum non dignitatis causa inibit, nisi forte ut cum patribus
conscriptis, hoc est cum amatoribus suis, cenet, sed plane animi

sui causa; ludos nobis idiotis relinquet. Solet enim in disputationibus suis oculorum et aurium delectationi abdominis voluptates anteferre. Nam quod vobis iste tantum modo   30
improbus, crudelis, olim furunculus, nunc vero etiam rapax, quod sordidus, quod contumax, quod superbus, quod fallax, quod perfidiosus, quod impudens, quod audax esse videatur, nihil scitote esse luxuriosius, nihil libidinosius, nihil protervius, nihil nequius. Luxuriem autem nolite in isto hanc cogitare. Est   35
enim quaedam, quamquam omnis est vitiosa atque turpis, tamen ingenuo ac libero dignior. Nihil apud hunc lautum, nihil elegans, nihil exquisitum (laudabo inimicum), quin ne magno opere quidem quicquam praeter libidines sumptuosum. Toreuma nullum, maximi calices, et ei, ne contemnere suos videatur,   40
Placentini; exstructa mensa non conchyliis aut piscibus, sed multa carne subrancida. Servi sordidati ministrant, non nulli etiam senes; idem coquus, idem atriensis; pistor domi nullus, nulla cella; panis et vinum a propola atque de cupa; Graeci stipati quini in lectis, saepe plures; ipse solus; bibitur usque eo dum   45
de dolio ministretur. Vbi galli cantum audivit, avum suum revixisse putat; mensam tolli iubet.

4. **dederint . . . inflixerint**: G–L § 513.

5. **adsidua**: 'settled', 'steady'.

9–16. Note the structure: senatus . . . equites . . . plebs . . . Italia.

13. **L. Aelius Lamia**: a supporter and friend of Cicero.

15. **cuncta**: Everyone hates him.

17. **Fac . . . periculum**: 'test'.

19. **ludi**: the games given by Pompey at the dedication of his theatre in 55.

21. **scholae**: 'lessons', i.e. the philosophical lesson not to be troubled by common opinion.

22. **Ne . . . times?**: 'Are you afraid of hostile shouts?'

27. **amatoribus suis**: 'his lovers'—ironical, of course.

28. **idiotis**: 'laymen', i.e. non-philosophers.

30–3. **quod . . . videatur**: 'in case he seems to you . . .' (*OLD* s.v. *quod* 6 b: '*quod* with present subjunctive, presupposing a contingency and usually followed by a command'—here *scitote*).

31. furunculus: 'petty thief', a contemptuous way of referring to his alleged provincial malpractices.

35. hanc: 'of this kind', with forward reference.

38. laudabo inimicum: 'I'll find a good word for an enemy', viz. that he isn't extravagant in anything except his lusts.

quin: 'indeed' (*OLD* s.v. 2). 'Indeed, nothing even particularly expensive, apart from his lusts'.

39. Toreuma: 'embossed cup'.

41. Piso's grandfather came from Placentia.

conchyliis: 'shell-fish'.

44. a propola atque de cupa: 'from the shopkeeper (προπώλης) and out of the barrel'.

45. Three at a couch was normal.

46. dum de dolio ministretur: 'until it's served straight from the jar', i.e. without being mixed (?).

Vbi : Piso's grandfather (cf. 43) was supposed to be a Gaul and an auctioneer, so there is a pun on *gallus* ('cock' and 'Gaul'), and a *double entendre* in *cantum* ('cry').

47. revixisse: 'come back to life'.

10. *Defence of a young man*

In April 56 BC the young M. Caelius Rufus was prosecuted *de vi*. Cicero was a friend of his, and indeed had been a sort of guardian when Caelius came to Rome to learn the ways of the forum. The prosecution was part of a feud with the family of L. Calpurnius Bestia, but Cicero's main tactics consist in suggesting that the real driving force behind it was Clodia, whose *frater germanus* (19) was Cicero's enemy P. Clodius. This brilliantly entertaining speech exploits every opportunity to discredit Clodia as a whore, association with whom could hardly count as adultery. In this passage (37–8) Cicero invokes a pair of fathers out of Roman Comedy, whose contrasting advice to Caelius would be equally easily shrugged off.

Redeo nunc ad te, Caeli, vicissim ac mihi auctoritatem patriam severitatemque suscipio. Sed dubito quem patrem potissimum sumam, Caecilianumne aliquem vehementem atque durum:

Nunc enim demum mi animus ardet, nunc meum cor cumulatur ira,

aut illum: 5

O infelix, o sceleste!

Ferrei sunt isti patres:

Egone quid dicam, quid velim? quae tu omnia
Tuis foedis factis facis ut nequiquam velim,

vix ferendi. Diceret talis pater: 'Cur te in istam vicinitatem   10
meretriciam contulisti? cur inlecebris cognitis non refugisti?'

Cur alienam ullam mulierem nosti? Dide ac dissice;
Per me tibi licet. Si egebis, tibi dolebit, non mihi:
Mihi sat est qui aetatis quod relicuom est oblectem meae.

Huic tristi ac derecto seni responderet Caelius se nulla cupiditate   15
inductum de via decessisse. Quid signi? Nulli sumptus, nulla
iactura, nulla versura. At fuit fama. Quotus quisque istam
effugere potest, praesertim in tam maledica civitate? Vicinum
eius mulieris miraris male audisse cuius frater germanus sermones
iniquorum effugere non potuit? Leni vero et clementi patre   20
cuius modi ille est:

Fores ecfregit, restituentur; discidit
Vestem, resarcietur,

Caeli causa est expeditissima. Quid enim esset in quo se non
facile defenderet? Nihil iam in istam mulierem dico; sed, si esset   25
aliqua dissimilis istius quae se omnibus pervolgaret, quae
haberet palam decretum semper aliquem, cuius in hortos,
domum, Baias iure suo libidines omnium commearent, quae
etiam aleret adulescentis et parsimoniam patrum suis sumptibus
sustineret; si vidua libere, proterva petulanter, dives effuse,   30
libidinosa meretricio more viveret, adulterum ego putarem si
quis hanc paulo liberius salutasset?

3. The comic playwright Caecilius Statius (d. 168 BC) 'seems to have specialized in surly old men' (Austin).

4. **mi** = *mihi*.

8. **Egone** . . . ?: the *-ne* is superfluous with the following *quid* (*OLD* s.v. 1 b).

12. **dide ac dissice**: 'scatter and squander' (Austin).

14. **qui**: adv., 'whereby'.

16. **Quid signi?**: G-L § 369.

17. **iactura . . . versura**: 'waste . . . indebtedness'.
Quotus quisque . . . ?: *OLD* s.v. *quotus* 2 a.

19. **male audisse**: 'was ill spoken of'.

22. Terence, *Adelphi* 120-1; the kind father Micio speaks.

26-7. 'Who always had somebody clearly marked down', sc. as her lover.

28. **Baias**: i.e. her estate at the notorious resort in Campania, by the sea.

32. **paulo liberius salutasset**: 'used a certain amount of freedom in the way he greeted her'. A neat understatement (cf. Quintilian 8. 4. 1).

11. *Antony's outrageous behaviour*

In this celebrated passage from the *Second Philippic*—a written invective answering Antony's attack on Cicero in the Senate in September 44 BC—Cicero arouses indignation and pity by describing Antony's conduct at the auction of Pompey's house. We give §§ 64-9.

Caesar Alexandrea se recepit, felix, ut sibi quidem videbatur,
mea autem sententia, qui rei publicae sit infelix, felix esse nemo
potest. Hasta posita pro aede Iovis Statoris bona Cn. Pompei—
miserum me! consumptis enim lacrimis tamen infixus animo
5   haeret dolor—bona, inquam, Cn. Pompei Magni voci acerbissimae
subiecta praeconis. Vna in illa re servitutis oblita civitas ingemuit
servientibusque animis, cum omnia metu tenerentur, gemitus
tamen populi Romani liber fuit. Exspectantibus omnibus
quisnam esset tam impius, tam demens, tam dis hominibusque
10 hostis qui ad illud scelus sectionis auderet accedere, inventus
est nemo praeter Antonium, praesertim cum tot essent circum
hastam illam qui alia omnia auderent; unus inventus est qui id

auderet quod omnium fugisset et reformidasset audacia. Tantus
igitur te stupor oppressit vel, ut verius dicam, tantus furor ut
primum, cum sector sis isto loco natus, deinde cum Pompei   15
sector, non te exsecratum populo Romano, non detestabilem,
non omnis tibi deos, non omnis homines et esse inimicos et
futuros scias? At quam insolenter statim helluo invasit in eius
viri fortunas cuius virtute terribilior erat populus Romanus
exteris gentibus, iustitia carior! In eius igitur viri copias cum   20
se subito ingurgitasset, exsultabat gaudio persona de mimo,
modo egens, repente dives. Sed, ut est apud poetam nescio
quem 'male parta male dilabuntur'. Incredibile ac simile portenti
est quonam modo illa tam multa quam paucis non dico mensibus
sed diebus effuderit. Maximus vini numerus fuit, permagnum   25
optimi pondus argenti, pretiosa vestis, multa et lauta supellex
et magnifica multis locis, non illa quidem luxuriosi hominis,
sed tamen abundantis. Horum paucis diebus nihil erat. Quae
Charybdis tam vorax? Charybdin dico? quae si fuit, animal
unum fuit; Oceanus, me dius fidius, vix videtur tot res tam   30
dissipatas, tam distantibus in locis positas, tam cito absorbere
potuisse. Nihil erat clausum, nihil obsignatum, nihil scriptum.
Apothecae totae nequissimis hominibus condonabantur; alia
mimi rapiebant, alia mimae; domus erat aleatoribus referta,
plena ebriorum; totos dies potabatur atque id locis pluribus: 35
suggerebantur etiam saepe—non enim semper iste felix—damna
aleatoria; conchyliatis Cn. Pompei peristromatis servorum in
cellis lectos stratos videres. Quam ob rem desinite mirari haec
tam celeriter esse consumpta. Non modo unius patrimonium
quamvis amplum, ut illud fuit, sed urbis et regna celeriter tanta   40
nequitia devorare potuisset. At idem aedis etiam et hortos. O
audaciam immanem! tu etiam ingredi illam domum ausus es, tu
illud sanctissimum limen intrare, tu illarum aedium dis penatibus
os impurissimum ostendere? Quam domum aliquamdiu nemo
aspicere poterat, nemo sine lacrimis praeterire, hac te in   45
domo tam diu deversari non pudet? in qua, quamvis nihil
sapias, tamen nihil tibi potest esse iucundum. An tu illa in
vestibulo rostra cum aspexisti, domum tuam te introire putas?
Fieri non potest. Quamvis enim sine mente, sine sensu sis, ut es,

50   tamen et te et tua et tuos nosti. Nec vero te umquam neque
     vigilantem neque in somnis credo posse mente consistere.
     Necesse est, quamvis sis, ut es, violentus et furens, cum tibi
     obiecta sit species singularis viri, perterritum te de somno
     excitari, furere etiam saepe vigilantem. Me quidem miseret
55   parietum ipsorum atque tectorum. Quid enim umquam domus illa
     viderat nisi pudicum, quid nisi ex optimo more et sanctissima
     disciplina? Fuit enim ille vir, patres conscripti, sicuti scitis, cum
     foris clarus tum domi admirandus, neque rebus externis magis
     laudandus quam institutis domesticis. Huius in sedibus pro
60   cubiculis stabula, pro conclavibus popinae sunt. Etsi iam negat.
     Nolite quaerere; frugi factus est: illam suam suas res sibi habere
     iussit, ex duodecim tabulis clavis ademit, exegit. Quam porro
     spectatus civis, quam probatus! Cuius ex omni vita nihil est
     honestius quam quod cum mima fecit divortium.

   1. **se recepit**: Caesar arrived back in Rome in September 47 BC.
   3. **Hasta posita**: the sign of a public auction. *OLD* s.v. *hasta* 2 a.
pro aede Iovis Statoris: an ancient temple, believed to have been
founded to commemorate a victory of Romulus over the Sabines, or
some later victory, when the battle line was held, 'made to stand firm'.
   4. **miserum me!**: G-L § 343; cf. below, 41.
   5. **acerbissimae**: 'harsh', 'cruel'.
   6. **servitutis**: i.e. the subjection of Rome to the dictator Caesar.
   10. **sectionis**: 'auction'.
accedere: 'present himself', in effect 'come forward to bid'.
   11. **praesertim cum**: 'and that too although', *OLD* s.v. *prasertim* 2 b.
   15. **isto loco natus**: 'born in such a respectable position'—as to make
bidding for confiscated property disgraceful.
   19-20. **virtute . . . iustitia**: 'courage . . . justice'.
   21. **se . . . ingurgitasset**: 'had started to wallow in . . .'. The theme
of squandering and reckless consumption comes constantly in this
speech.
   22-3. **nescio quem**: Naevius, as Cicero well knew.
   27. Cicero carefully avoids making Pompey seem luxurious.
   30. **me dius fidius**: an oath by Jupiter, *OLD* s.v. *Fidius*.
   32. 'Nothing was closed, nothing sealed, nothing entered on the
inventory (?)'.
   33. **Apothecae**: 'wine-cellars'.

35. 'Drinking went on all day long, and in more than one place'.
36. **suggerebantur**: 'piled up'.
37. **conchyliatis . . . peristromatis**: 'purple bedspreads'.
41. **At idem . . . hortos**: sc. *devoravit*.
45. **sine lacrimis**: to be taken also with *aspicere*.
48. **rostra**: 'beaks' of ships, monuments presumably of Pompey's victory over the pirates in 67 BC.
60. **stabula**: 'brothels'.
popinae: 'taverns'.
61. **illam suam**: 'that lady of his', Antony's mistress, Cytheris, the mime-actress.
62-3. **suas . . . iussit**: formula of divorce.
62. The departing wife surrenders her keys.
exegit: 'drove out', i.e. divorced. *OLD* s.v. 1 c.

12. *Cicero to Atticus, 13 February 61 BC*

In 62 BC Publius Clodius was caught in disguise at the celebration of the women's cult of Bona Dea at Caesar's house. The consuls promulgated a bill (*rogatio*) for the appointment of an extraordinary commission to deal with the case; the praetor who was to preside was himself to select the jurors. Only one of the consuls, Valerius Messalla, was in earnest about the matter; the other, Pupius Piso, was not; there was also support for Clodius from survivors of Catiline's party, and *optimates* like Cato weighed in on the other side. Cicero describes all this to Atticus; he was himself involved in the subsequent trial as a witness against Clodius, who became his implacable enemy. The style, often elliptical and sprinkled with Greek, is typical of the letters to Atticus, which were never meant for publication. We give the beginning (1. 14. 1-5).

Vereor ne putidum sit scribere ad te quam sim occupatus, sed tamen ita distinebar ut vix huic tantulae epistulae tempus habuerim, atque id ereptum e summis occupationibus.
   Prima contio Pompei qualis fuisset scripsi ad te antea: non iucunda miseris, inanis improbis, beatis non grata, bonis non   5
gravis; itaque frigebat. Tum Pisonis consulis impulsu levissimus

tribunus pl. Fufius in contionem producit Pompeium; res
agebatur in circo Flaminio et erat in eo ipso loco illo die
nundinarum πανήγυρις. Quaesivit ex eo placeretne ei iudices a
10   praetore legi, quo consilio idem praetor uteretur; id autem erat
de Clodiana religione ab senatu constitutum. Tum Pompeius
μαλ' ἀριστοκρατικῶς locutus est senatusque auctoritatem sibi
omnibus in rebus maximi videri semperque visam esse respondit,
et id multis verbis. Postea Messalla consul in senatu de Pompeio
15   quaesivit quid de religione et de promulgata rogatione sentiret.
Locutus ita est in senatu ut omnia illius ordinis consulta γενικῶς
laudaret, mihique ut adsedit dixit se putare satis ab se etiam
de nostris rebus esse responsum. Crassus, postea quam vidit
illum excepisse laudem ex eo quod suspicarentur homines ei
20   consulatum meum placere, surrexit ornatissimeque de meo con-
sulatu locutus est, cum ita diceret, se, quod esset senator, quod
civis, quod liber, quod viveret, mihi acceptum referre; quotiens
coniugem, quotiens domum, quotiens patriam videret, totiens
se beneficium meum videre. Quid multa? totum hunc locum
25   quem ego varie meis orationibus, quarum tu Aristarchus es,
soleo pingere, de flamma, de ferro (nosti illas ληκύθους), valde
graviter pertexuit. Proxime Pompeium sedebam; intellexi
hominem moveri Crassum inire eam gratiam quam ipse praeter-
misisset, an esse tantas res nostras quae tam libenti senatu
30   laudarentur, ab eo praesertim qui mihi laudem illam eo minus
deberet quod meis omnibus litteris in Pompeiana laude perstrictus
esset. Hic dies me valde Crasso adiunxit, et tamen ab illo aperte
tecte quicquid est datum libenter accepi. Ego autem ipse, di
boni! quo modo ἐνεπερπερευσάμην novo auditori Pompeio! si
35   umquam mihi περίοδοι, si καμπαί, si ἐνθυμήματα, si κατασκευαὶ
suppeditaverunt, illo tempore. Quid multa? clamores. Etenim
haec erat ὑπόθεσις; de gravitate ordinis, de equestri concordia,
de consensione Italiae, de intermortuis reliquiis coniurationis,
de vilitate, de otio. Nosti iam in hac materia sonitus nostros;
40   tanti fuerunt ut ego eo brevior sim quod eos usque istinc
exauditos putem.
    Romanae autem se res sic habent. Senatus Ἄρειος πάγος:
nihil constantius, nihil severius, nihil fortius. Nam cum dies

venisset rogationi ex senatus consulto ferendae, concursabant
barbatuli iuvenes, totus ille grex Catilinae, duce filiola Curionis,   45
et populum ut antiquaret rogabant. Piso autem consul lator
rogationis idem erat dissuasor. Operae Clodianae pontis
occuparant; tabellae ministrabantur ita ut nulla daretur 'VTI
ROGAS'. Hic tibi in rostra Cato advolat, commulcium Pisoni
consuli mirificum facit, si id est commulcium, vox plena   50
gravitatis, plena auctoritatis, plena denique salutis. Accedit eodem
etiam noster Hortensius, multi praeterea boni; insignis vero opera
Favoni fuit. Hoc concursu optimatium comitia dimittuntur;
senatus vocatur. Cum decerneretur frequenti senatu, contra
pugnante Pisone, ad pedes omnium singillatim accidente   55
Clodio, ut consules populum cohortarentur ad rogationem
accipiendam, homines ad quindecim Curioni nullum senatus
consultum facienti adsenserunt; facile ex altera parte cccc
fuerunt. Acta res est; Fufius tribunus intercessit. Clodius
contiones miseras habebat, in quibus Lucullum Hortensium C.   60
Pisonem Messalam consulem contumeliose laedebat; me tantum
'comperisse' omnia criminabatur. Senatus et de provinciis
praetorum et de legationibus et de ceteris rebus decernebat ut
ante quam rogatio lata esset ne quid ageretur.

2. **distinebar**: the so-called epistolary imperfect, referring to the
time of writing (past by the time the letter is received), E–T, p. 227;
commonest with verbs of writing, or expressions of the writer's present
feelings (as here). Found mainly in Cicero, but also in Horace and Pliny.

3. **habuerim**: Woodcock § 164, G–L § 513.

8. **in circo Flaminio**: in the Campus Martius. The meeting could not
be held within the walls because Pompey, who still held command
of his army, could not come into the city.

9. πανήγυρις: 'festival', 'assembly', a grand word to apply to the
market.

11. **religione**: 'religious offence', 'sacrilege'.

12. μάλ' ἀριστοκρατικῶς: 'in a very aristocratic tone'.

13. **maximi**: G–L § 380. 1.

16. γενικῶς: 'in general terms'.

18. **de nostris rebus**: i.e. Cicero's part in putting down Catiline. MSS
have *de istis rebus*.

18. Crassus: the future 'triumvir', consul in 70 and 55. He was under suspicion of being implicated in the conspiracy of 63 BC, and his speech is meant to divert suspicion.

22. acceptum referre: 'put it down to me', a book-keeping metaphor.

25. Aristarchus: Atticus has been acting as a severe critic (as the Alexandrian scholar Aristarchus was of the text of Homer) of Cicero's more grandiose oratory. Cf. Horace, *Ars poet.* 450.

26. ληκύθους: 'paint-pots'.

27. Proxime: 'nearest', constructed as a preposition like *prope*.

28. moveri: governs the infinitives *inire* and *esse* which follow: *an* apparently = *vel*, simply introducing an alternative cause of Pompey's disturbance.

29. tantas . . . quae: G–L § 631.1.

31. litteris: Cicero has disparaged Crassus in praising Pompey in some published work (as e.g. in *pro lege Manilia*).

32–3. aperte tecte: 'by evident dark hints', i.e. half-openly (Shackleton Bailey), or else 'whether openly or covertly' (asyndeton).

34. ἐνεπερπερευσάμην: 'flaunted myself', cf. 1 Cor. 13: 5 for περπερεύομαι, an expressive word, rare in literature.

35. 'periods, clausulae, rhetorical syllogisms ('enthymemes'), confirmatory arguments'. All technical terms of rhetoric.

37. ὑπόθεσις: 'theme'.

ordinis: i.e. the senate, 'this house'.

39. vilitate: 'cheapness' (of the corn supply).

40. usque istinc: 'from where you are', i.e. far away in Epirus, the other side of the Adriatic.

42. Ἄρειος πάγος: 'a veritable Areopagus', i.e. a very serious and dignified council.

45. barbatuli: 'with little beards', pointing at the affectation of the young bloods.

filiola Curionis: i.e. C. Scribonius Curio (tribune 50 BC), here given a sex-change as a homosexual.

46. antiquaret: 'reject'.

47. Operae: 'gangs'.

pontis: the 'gangways' leading to the voting booths.

48–9. 'VTI ROGAS': tablets so marked were for a 'yes' vote. A (= *antiquo*) signified a 'no' vote.

49. tibi: ethic dative—'And now you have Cato rushing up to the rostra'.

49. commulcium: 'thrashing'.

52. **Hortensius**: a famous orator, Cicero's chief rival in the art.

53. **M. Favonius**, now in his late twenties, was later known as a follower of M. Cato, the stern Stoic and republican.

57. **ad quindecim**: 'about 15'.
Curioni: the father mentioned in 45.

59. **intercessit**: 'used his veto'.

60-2. The imperfects are 'epistolary'. *decernebat* (63) 'has decreed', is unexpected, perhaps influenced by the preceding imperfects.

62. **'comperisse'**: the implication is that Cicero had 'ferreted out' discreditable things about his opponents in 63.

63-4. **ut . . . ne quid**: G-L § 545, 546.

13. *A letter to a historian*

This is an extract (*ad fam.* 5. 12. 1-5) from Cicero's famous letter to the otherwise unknown historian L. Lucceius, written in April 55, and requesting a special monograph on Cicero's consulship, exile, and return. This flattering letter is written in a style worlds away from the personal and informal letters. Cicero would have thought it an example of the 'middle style', flowing, balanced, decorated.

M. CICERO S. D. L. LVCCEIO Q. F.

Coram me tecum eadem haec agere saepe conantem deterruit pudor quidam paene subrusticus quae nunc expromam absens audacius; epistula enim non erubescit.

Ardeo cupiditate incredibili neque, ut ego arbitror, repre-
hendenda nomen ut nostrum scriptis inlustretur et celebretur   5
tuis. Quod etsi mihi saepe ostendisti te esse facturum, tamen
ignoscas velim huic festinationi meae. Genus enim scriptorum
tuorum, etsi erat semper a me vehementer exspectatum, tamen
vicit opinionem meam meque ita vel cepit vel incendit ut
cuperem quam celerrime res nostras monumentis commendari   10
tuis; neque enim me solum commemoratio posteritatis ac spes
quaedam immortalitatis rapit sed etiam illa cupiditas, ut vel
auctoritate testimoni tui vel indicio benevolentiae vel suavitate
ingeni vivi perfruamur.

15   Neque tamen, haec cum scribebam, eram nescius quantis
oneribus premerere susceptarum rerum et iam institutarum;
sed quia videbam Italici belli et civilis historiam iam a te
paene esse perfectam, dixeras autem mihi te reliquas res ordiri,
deesse mihi nolui quin te admonerem ut cogitares coniunctene
20   malles cum reliquis rebus nostra contexere, an ut multi Graeci
fecerunt, Callisthenes Phocicum bellum, Timaeus Pyrrhi, Polybius Numantinum, qui omnes a perpetuis suis historiis ea quae
dixi bella separaverunt, tu quoque item civilem coniurationem
ab hostilibus externisque bellis seiungeres. Equidem ad nostram
25   laudem non multum video interesse, sed ad properationem
meam quiddam interest non te exspectare dum ad locum venias,
ac statim causam illam totam et tempus adripere; et simul, si
uno in argumento unaque in persona mens tua tota versabitur,
cerno iam animo quanto omnia uberiora atque ornatiora futura
30   sint.
   Neque tamen ignoro quam impudenter faciam qui primum tibi
tantum oneris imponam (potest enim mihi denegare occupatio
tua), deinde etiam ut ornes me postulem. Quid si illa tibi
non tanto opere videntur ornanda? Sed tamen, qui semel
35   verecundiae finis transierit, eum bene et naviter oportet esse
impudentem. Itaque te plane etiam atque etiam rogo ut et ornes
ea vehementius etiam quam fortasse sentis et in eo leges
historiae neglegas gratiamque illam de qua suavissime quodam
in prohoemio scripsisti, a qua te flecti non magis potuisse
40   demonstras quam Herculem Xenophontium illum a Voluptate,
eam, si me tibi vehementius commendabit, ne aspernere
amorique nostro plusculum etiam quam concedet veritas largiare.
   Quod si te adducemus ut hoc suscipias, erit, ut mihi persuadeo,
materies digna facultate et copia tua. A principio enim con-
45   iurationis usque ad reditum nostrum videtur mihi modicum
quoddam corpus confici posse, in quo et illa poteris uti civilium
commutationum scientia vel in explicandis causis rerum novarum
vel in remediis incommodorum, cum et reprehendes ea quae
vituperanda duces et quae placebunt exponendis rationibus
50   comprobabis et, si liberius, ut consuesti, agendum putabis,
multorum in nos perfidiam insidias proditionem notabis.

Multam etiam casus nostri varietatem tibi in scribendo sup-
peditabunt plenam cuiusdam voluptatis, quae vehementer
animos hominum in legendo te scriptore tenere possit; nihil
est enim aptius ad delectationem lectoris quam temporum   55
varietates fortunaeque vicissitudines. Quae etsi nobis optabiles
in experiendo non fuerunt, in legendo tamen erunt iucundae;
habet enim praeteriti doloris secura recordatio delectationem;
ceteris vero nulla perfunctis propria molestia, casus autem
alienos sine ullo dolore intuentibus, etiam ipsa misericordia est   60
iucunda. Quem enim nostrum ille moriens apud Mantineam
Epaminondas non cum quadam miseratione delectat? qui tum
denique sibi evelli iubet spiculum postea quam ei percontanti
dictum est clipeum esse salvum, ut etiam in vulneris dolore
aequo animo cum laude moreretur. Cuius studium in legendo   65
non erectum Themistocli fuga redituque retinetur? Etenim ordo
ipse annalium mediocriter nos retinet quasi enumeratione
fastorum; at viri saepe excellentis ancipites variique casus habent
admirationem exspectationem, laetitiam molestiam, spem
timorem; si vero exitu notabili concluduntur, expletur animus   70
iucundissima lectionis voluptate.

1. **Coram**: with *agere*. A letter is commonly regarded as a substitute
for conversation; here it has a certain advantage.

2. **subrusticus**: Cicero confesses to modesty which a real *urbanus*
wouldn't have felt. He in fact praises himself for the weakness.

6. **ostendisti**: 'you have promised'.

7. **ignoscas velim**: G-L § 546.

15. **scribebam, eram**: epistolary imperfects.

17. **Italici belli et civilis**: the Social War and the struggles leading
up to Sulla's victory, covering the period 91-81 BC.

20-3. The sense is clear—'as Callisthenes did with the Phocian
war . . .', etc.—but the syntax loose. Callisthenes, the historian of
Alexander, wrote separately on the Sacred War of 355-347 BC,
Timaeus of Tauromenium an account of Pyrrhus' campaigns in Italy
(281-275 BC), and Polybius one of the Numantine War, which ended
with the destruction of Numantia by Scipio Aemilianus in 133 BC.

27. **adripere**: 'get your hands on'.

28. **argumento**: 'subject'.

32. **imponam**: G–L § 626.

35. **bene et naviter**: 'well and truly'.

37–8. **leges historiae**: i.e. the requirement to tell the truth without fear or favour, cf. *de oratore* 2. 62.

39. **prohoemio**: 'preface' (προοίμιον).

40. **Herculem**: in Xenophon's report of Prodicus' story of the Choice of Heracles, *Mem.* 2. 1. 21 ff. (*AGP* 34).

41. **eam**: picks up *gratiamque illam*.

46. **corpus**: 'a volume' of moderate size (Greek σῶμα, σωμάτιον).

50. **liberius . . . agendum**: Lucceius is supposed not to mince his words when he records actions of which he disapproves.

54. **te scriptore**: abl. abs. (G–L § 410 note 5).

58. The sentiment of *Aeneid* 1. 203 'forsan et haec olim meminisse iuvabit'.

62. Epaminondas, the great Theban general, was killed in battle against the Spartans in 362 BC.

64. 'His shield was safe'. It would be a disgrace to have lost it.

66. Themistocles never returned, but died in exile. Cicero's memory slips? Some conjecture *interitu*, i.e. his dramatic death.

68. **fastorum**: 'the calendar'.

14. *Servius Sulpicius consoles Cicero*

This famous letter (*ad fam.* 4. 5) was written in 45 BC, after the death of Cicero's daughter Tullia. It is a storehouse of consolatory commonplaces, but also a moving piece of writing, popular with English writers (*Tristram Shandy*, book 5, ch. 3, Addison, *Spectator* 26, Byron, *Childe Harold* 4. 44).

Postea quam mihi renuntiatum est de obitu Tulliae, filiae tuae, sane quam pro eo ac debui graviter molesteque tuli communem-que eam calamitatem existimavi, qui, si istic adfuissem, neque tibi defuissem coramque meum dolorem tibi declarassem. Etsi
5   genus hoc consolationis miserum atque acerbum est, propterea quia, per quos ea confieri debet propinquos ac familiares, ii ipsi pari molestia adficiuntur neque sine lacrimis multis id conari possunt, uti magis ipsi videantur aliorum consolatione indigere

quam aliis posse suum officium praestare. Tamen quae in
praesentia in mentem mihi venerunt, decrevi brevi ad te   10
perscribere, non quo ea te fugere existimem, sed quod forsitan
dolore impeditus minus ea perspicias.

Quid est quod tanto opere te commoveat tuus dolor intestinus?
Cogita quem ad modum adhuc fortuna nobiscum egerit: ea
nobis erepta esse, quae hominibus non minus quam liberi cara   15
esse debent, patriam honestatem dignitatem honores omnes. Hoc
uno incommodo addito quid ad dolorem adiungi potuit? aut
qui non in illis rebus exercitatus animus callere iam debet atque
omnia minoris existimare? An illius vicem, cedo, doles? Quotiens
in eam cogitationem necesse est et tu veneris (et nos saepe   20
incidimus), hisce temporibus non pessime cum iis esse actum
quibus sine dolore licitum est mortem cum vita commutare! Quid
autem fuit quod illam hoc tempore ad vivendum magno opere
invitare posset? quae res? quae spes? quod animi solacium? Vt
cum aliquo adulescente primario coniuncta aetatem gereret?   25
Licitum est tibi, credo, pro tua dignitate ex hac iuventute
generum deligere cuius fidei liberos tuos te tuto committere
putares. An ut ea liberos ex sese pareret quos cum florentes
videret laetaretur, qui rem a parente traditam per se tenere
possent, honores ordinatim petituri essent, in re publica, in   30
amicorum negotiis libertate sua usuri? Quid horum fuit quod
non prius quam datum est ademptum sit? At vero malum est
liberos amittere. Malum: nisi hoc peius est, haec sufferre et
perpeti.

Quae res mihi non mediocrem consolationem attulit, volo tibi   35
commemorare, si forte eadem res tibi dolorem minuere possit.
Ex Asia rediens cum ab Aegina Megaram versus navigarem,
coepi regiones circumcirca prospicere. Post me erat Aegina,
ante me Megara, dextra Piraeus, sinistra Corinthus: quae oppida
quodam tempore florentissima fuerunt, nunc prostrata et diruta   40
ante oculos iacent. Coepi egomet mecum sic cogitare: 'Hem!
nos homunculi indignamur si quis nostrum interiit aut occisus
est, quorum vita brevior esse debet, cum uno loco tot oppidum
cadavera proiecta iacent? Visne tu te, Servi, cohibere et meminisse
hominem te esse natum?' Crede mihi, cogitatione ea non   45

mediocriter sum confirmatus. Hoc idem, si tibi videtur, fac ante oculos tibi proponas. Modo uno tempore tot viri clarissimi interierunt, de imperio populi Romani tanta deminutio facta est, omnes provinciae conquassatae sunt: in unius mulierculae
50 animula si iactura facta est, tanto opere commoveris? quae si hoc tempore non diem suum obisset, paucis post annis tamen ei moriendum fuit, quoniam homo nata fuerat. Etiam tu ab hisce rebus animum ac cogitationem tuam avoca atque ea potius reminiscere quae digna tua persona sunt: illam, quam diu ei opus
55 fuerit, vixisse: una cum re publica floruisse; te, patrem suum, praetorem consulem augurem vidisse: adulescentibus primariis nuptam fuisse; omnibus bonis prope perfunctam esse; cum res publica occideret, vita excessisse. Quid est quod tu aut illa cum fortuna hoc nomine queri possitis? Denique noli te oblivisci
60 Ciceronem esse et eum qui aliis consueris praecipere et dare consilium, neque imitare malos medicos, qui in alienis morbis profitentur tenere se medicinae scientiam, ipsi se curare non possunt, sed potius, quae aliis tute praecipere soles, ea tute tibi subiice atque apud animum propone. Nullus dolor est quem
65 non longinquitas temporis minuat ac molliat. Hoc te exspectare tempus tibi turpe est ac non ei rei sapientia tua te occurrere. Quod si qui etiam inferis sensus est, qui illius in te amor fuit pietasque in omnes suos, hoc certe illa te facere non vult. Da hoc illi mortuae, da ceteris amicis ac familiaribus, qui tuo dolore
70 maerent, da patriae ut, si qua in re opus sit, opera et consilio tuo uti possit. Denique, quoniam in eam fortunam devenimus ut etiam huic rei nobis serviendum sit, noli committere ut quisquam te putet non tam filiam quam rei publicae tempora et aliorum victoriam lugere.

75 Plura me ad te de hac re scribere pudet, ne videar prudentiae tuae diffidere: qua re, si hoc unum proposuero, finem faciam scribendi. Vidimus aliquotiens secundam pulcherrime te ferre fortunam magnamque ex ea re te laudem apisci: fac aliquando intellegamus adversam quoque te aeque ferre posse
80 neque id maius quam debeat tibi onus videri, ne ex omnibus virtutibus haec una tibi videatur deesse. Quod ad me attinet, cum te tranquilliore animo esse cognoro, de iis rebus quae hic

geruntur quemadmodumque se provincia habeat certiorem
faciam. Vale.

2. **sane quam**: 'greatly', 'extremely', a common idiom in the *Letters*,
presumably colloquial, found later in the archaizer Gellius.
pro eo ac debui: 'as I was bound', 'as much as I ought' (to have felt
it), *OLD* s.v. *atque* 13 b.
5. **genus hoc consolationis**: not 'this type of consolation', but 'this
type of thing, viz. consolation', and so 'consolation in general'.
6. **confieri** = *confici*.
11. **non quo**: G-L § 541.
14-16. Sulpicius shares Cicero's view that the dictatorship of Caesar
destroyed all liberties and honour.
18. **qui**: either adj. (with *animus*) or adv. ('how?').
callere: 'be hardened'.
19. **cĕdo**: 'pray', 'tell me'—Manutius' conjecture (1533) for *credo*.
An alternative is to change *an* to *at* (also Manutius, 1540), so that we
have an objection which will then be answered: 'But I suppose you
are grieving for her sake'.
21. **hisce temporibus**: again alludes to the political situation.
38. **circumcirca**: 'round about'.
39. Piraeus had been destroyed in the Mithridatic war, Corinth by
Mummius in 146 BC. Even if they and the other cities were reviving,
the contrast with their classical past was piquant.
42. **homunculi**: note the pathetic or dismissive diminutive (cf. Lucr.
3. 914 'brevis hic est fructus homullis'). Cf. 49-50 below, *mulierculae
animula*.
43. **oppidum** = *oppidorum*, G-L § 33.4.
44. **Visne**: *OLD* s.v. volo 8.
54-5. She had had three marriages, two ending in divorce; she had
now died in childbirth.
67-8. **qui . . . suos**: i.e. 'such was her love . . .', *OLD* s.v. *qui* A 12.
72. **huic rei . . . serviendum**: 'submit to this situation'.

15. *Orators and lawyers*

In this passage of Cicero's *de oratore* (1. 236-40), written in 55 BC,
M. Antonius (the grandfather of Mark Antony) is represented as arguing

that eloquence is more essential than mere legal knowledge for the successful conduct of a case.

Nam, si ita diceres, qui iuris consultus esset, esse eum oratorem, itemque qui esset orator, iuris eundem esse consultum, praeclaras duas artis constitueres atque inter se paris et eiusdem socias dignitatis. Nunc vero iuris consultum sine hac eloquentia de qua
5   quaerimus fateris esse posse, fuisseque plurimos; oratorem negas, nisi illam scientiam adsumpserit, esse posse. Ita est tibi iuris consultus ipse per se nihil nisi leguleius quidam cautus et acutus, praeco actionum, cantor formularum, auceps syllabarum; sed quia saepe utitur orator subsidio iuris in causis, idcirco istam
10 iuris scientiam eloquentiae tamquam ancillulam pedisequamque adiunxisti.
      Quod vero impudentiam admiratus es eorum patronorum qui aut, cum parva nescirent, magna profiterentur aut ea quae maxima essent in iure civili tractare auderent in causis, cum
15 ea nescirent numquamque didicissent, utriusque rei facilis est et prompta defensio. Nam neque illud est mirandum, qui quibus verbis coemptio fiat nesciat, eundem eius mulieris quae coemptionem fecerit causam posse defendere; nec, si parvi navigi et magni eadem est in gubernando scientia, idcirco qui
20 quibus verbis erctum cieri oporteat nesciat, idem erciscundae familiae causam agere non possit. Nam, quod maximas centum-viralis causas in iure positas protulisti, quae tandem earum causa fuit quae ab homine eloquenti iuris imperito non ornatissime potuerit dici? Quibus quidem in causis omnibus, sicut in ipsa
25 M'. Curi, quae abs te nuper est dicta, et in C. Hostili Mancini controversia atque in eo puero qui ex altera natus erat uxore non remisso nuntio superiori, fuit inter peritissimos homines summa de iure dissensio: quaero igitur quid adiuverit oratorem in his causis iuris scientia, cum hic iuris consultus superior fuerit
30 discessurus qui esset non suo artificio sed alieno, hoc est non iuris scientia sed eloquentia, sustentatus. Equidem hoc saepe audivi: cum aedilitatem P. Crassus peteret eumque maior natu et iam consularis Ser. Galba adsectaretur, quod Crassi filiam Gaio filio suo despondisset, accessisse ad Crassum consulendi causa

quendam rusticanum. Qui cum Crassum seduxisset atque ad 35
eum rettulisset responsumque ab eo verum magis quam ad suam
rem accommodatum abstulisset, ut eum tristem Galba vidit,
nomine appellavit quaesivitque qua de re ad Crassum rettulisset;
ex quo ut audivit commotumque ut vidit hominem, 'suspenso'
inquit 'animo et occupato Crassum tibi respondisse video', 40
deinde ipsum Crassum manu prehendit et 'heus tu', inquit 'quid
tibi in mentem venit ita respondere?' Tum ille fidenter homo
peritissimus confirmare ita se rem habere ut respondisset, nec
dubium esse posse; Galba autem adludens varie et copiose
multas similitudines adferre multaque pro aequitate contra ius 45
dicere; atque illum, cum disserendo par esse non posset—
quamquam fuit Crassus in numero disertorum, sed par Galbae
nullo modo—ad auctores confugisse et id quod ipse diceret et
in P. Muci fratris sui libris et in Sex. Aeli commentariis scriptum
protulisse ac tamen concessisse Galbae disputationem sibi 50
probabilem et prope veram videri.

4. **Nunc vero**: 'But as it is'.

7. **leguleius**: Cicero's word (cf. Quintilian 12. 3. 11) for a 'hack'
lawyer who knows the details of the law but has no grounding in
jurisprudence. 'A shrewd and careful legal technician.'

8. **praeco actionum . . . syllabarum**: 'an announcer of actions, a
reciter of formulas, a hunter of verbal minutiae'. Such a man knows
what *actio* is possible, what stock legal moves to make, and how to
quibble over the wording.

10. **ancillulam pedisequamque**: hendiadys, 'a maid to walk behind
her'.

12. **Quod**: 'As to the fact that', G–L § 525.

17. **coemptio**: a legal form of marriage, in which the man and
woman assure each other that they are willing to be respectively
paterfamilias and *materfamilias*: the woman then comes into the
control (*manus*) of her husband.

20. **erctum cieri oporteat**: 'a summons should be made for the
division of property'. *Erctum* is apparently supine, an archaic legal
word the derivation of which is unsure.

20-1. **erciscundae familiae causam**: 'an action for apportionment
of family property'. Again, legal terminology.

21-2. The *centumviri* were a court for civil cases; it was less important in Cicero's time as a place for orators to show their skill than it later became (the younger Pliny earned his reputation in this way).

25. The 'case of Curius' (93 BC) was a *cause célèbre*. A man had died leaving his wife (as he thought) pregnant and bequeathed his estate to his expected son, with one M'. Curius as guardian. No son was born. Was the estate to go to Curius or to the testator's nearest relative, M. Coponius? Cicero often refers to this affair; see esp. *Brutus* 195 ff. The affair of Mancinus was even more famous: he had been surrendered to the Numantines in expiation of the disowning of a treaty made with them under his command (137 BC), but subsequently came back into public life. The case here referred to was the tribune P. Rutilius' attempt (136 BC) to deny him citizen rights.

26. The case of the child was described in *de or.* 1. 183: a citizen left a wife pregnant in Spain, married another in Rome without troubling to divorce the first (*non remisso nuntio*), died intestate, and was found to have children by both.

29-30. **fuerit discessurus**: 'would have gone away' the victor, G-L § 597 Remark 5 (a).

36. **rettulisset**: 'had referred to him', i.e. had consulted him.

39. **suspenso**: 'anxious'.

43. **confirmare**: hist. infin. (and so below, *adferre, dicere*).

46. **atque illum . . .**: at this point, the story slips into indirect speech. The preceding hist. infin. perhaps suggested this change of construction.

16. *From Scipio's dream*

Cicero's *de republica* (54 BC) closed, in imitation of Plato, with a myth about life after death. In this, Scipio (the conqueror of Carthage and Numantia) relates a dream he had as a tribune in Africa in 140 BC, twenty years before the dramatic date of the dialogue. Though only portions of the main treatise survive, this dream is extant *in toto*, because it was the subject of an elaborate Neoplatonist commentary by Macrobius (early fifth century AD): see **84** below. In this passage (13-16), the elder Scipio (the victor of Zama) addresses his young kinsman and exhorts him to heroic action. Further explanations are given by the soul of the young man's natural father, L. Aemilius Paulus. The general doctrine is Stoic rather than Platonist—it emphasizes the relation between human societies and the one divinely governed society of the *kosmos*—but Cicero uses Plato a lot ('bonds of the body', obligation to stay in the body until bidden to leave it: cf. *Phaedo* 62 B, 67 D). The elevation of style is evident: poetical touches (*aevum, vim lacrimarum profudi*), solemn simplicity (*hinc profecti huc revertuntur*), alliteration (*concilia coetusque, luce lucebat*), homoeoteleuton (*conservarint adiuverint auxerint*).

'Sed quo sis, Africane, alacrior ad tutandam rem publicam, sic habeto: omnibus qui patriam conservarint adiuverint auxerint, certum esse in caelo definitum locum ubi beati aevo sempiterno fruantur. Nihil est enim illi principi deo qui omnem mundum regit, quod quidem in terris fiat acceptius, quam concilia   5
coetusque hominum iure sociati, quae civitates appellantur. Harum rectores et conservatores hinc profecti huc revertuntur.' Hic ego etsi eram perterritus non tam mortis metu quam insidiarum a meis, quaesivi tamen viveretne ipse et Paulus pater et alii quos nos extinctos esse arbitraremur. 'Immo vero'   10
inquit 'hic vivunt qui e corporum vinculis tanquam e carcere evolaverunt, vestra vero quae dicitur vita mors est. Quin tu aspicis ad te venientem Paulum patrem?' Quem ut vidi, equidem vim lacrimarum profudi, ille autem me complexus atque osculans flere prohibebat. Atque ego ut primum fletu represso loqui   15
posse coepi, 'Quaeso' inquam 'pater sanctissime atque optime, quoniam haec est vita ut Africanum audio dicere, quid moror in terris? Quin huc ad vos venire propero?' 'Non est ita' inquit ille 'nisi enim cum deus is cuius hoc templum est omne quod conspicis istis te corporis custodiis liberaverit, huc tibi aditus   20
patere non potest. Homines enim sunt hac lege generati, qui tuerentur illum globum quem in hoc templo medium vides, quae terra dicitur, iisque animus datus est ex illis sempiternis ignibus quae sidera et stellas vocatis, quae globosae et rotundae, divinis animatae mentibus, circulos suos orbesque conficiunt celeritate   25
mirabili. Quare et tibi, Publi, et piis omnibus retinendus animus est in custodia corporis, nec iniussu eius a quo ille est vobis

datus ex hominum vita migrandum est, ne munus humanum adsignatum a deo defugisse videamini. Sed sic, Scipio, ut avus

30 hic tuus, ut ego qui te genui, iustitiam cole et pietatem, quae cum magna in parentibus et propinquis, tum in patria maxima est. Ea vita via est in caelum et in hunc coetum eorum qui iam vixerunt et corpore laxati illum incolunt locum quem vides'— erat autem is splendidissimo candore inter flammas circus

35 elucens—'quem vos ut a Grais accepistis orbem lacteum nuncupatis.' Ex quo omnia mihi contemplanti praeclara cetera et mirabilia videbantur. Erant autem eae stellae quas numquam ex hoc loco vidimus et eae magnitudines omnium quas esse numquam suspicati sumus, ex quibus erat ea minima quae ultima

40 a caelo, citima terris luce lucebat aliena, stellarum autem globi terrae magnitudinem facile vincebant. Iam ipsa terra ita mihi parva visa est ut me imperi nostri quo quasi punctum eius attingimus paeniteret.

  1–2. sic habeto: 'reflect thus'. This 'future imperative' (strictly giving a command to be carried out in the future, and so common in laws and regulations) here has a present sense: so, commonly, *scito*, *memento*, *esto*.

  3. aevo sempiterno: 'everlasting life'. A poetic-sounding phrase.

  5. fiat: limiting subjunctive (G–L § 627).

  5–6. concilia coetusque: 'meetings and gatherings', but note alliteration.

  9. insidiarum: Scipio had prophesied (in the preceding paragraph) that his young kinsman would be dictator 'si impias propinquorum manus effugeris'. So this is what he now fears. It is a *vaticinium post eventum*: the younger Scipio was found dead in mysterious circumstances in 129 BC, i.e. soon after the dramatic date of the dialogue.

  9–10. L. Aemilius Paulus was his real father, but he had been adopted by P. Scipio, son of Africanus.

  10–12. A Platonic (? also Pythagorean) paradox, used by Cicero also at *Tusc.* 1. 75, *de sen.* 77.

  12–13. Quin tu aspicis . . .?: 'Why don't you . . .?', equivalent to an instruction. Cf. 18, an impatient self-question.

  13–14. equidem . . . ille autem: ἐγώ . . . ὁ δέ. But note that *equidem* is not confined to first-person statements.

19. **templum**: the idea here (common enough) is that the universe is the true temple of God, and we have charge of part of it (*tuerentur*, 22).

20. **istis . . . custodiis**: i.e. the bodily imprisonment that you endure. Cf. *Phaedo* 62 B for this view of the reasons against suicide.

22. **tuerentur**: G-L § 630.

24-25. It is Stoic doctrine that the soul is a fragment of the fiery substance of which the stars are made.

31. **in**: 'in relation to', 'towards'.

32. 'Such a life is the road to heaven . . .' Note the alliterative association of *vita* and *via*, common in Christian texts (from John 14: 6 'Ego sum via et veritas et vita').

35. The idea that the Milky Way (Γαλαξίας) was the home of souls was common to Pythagoreans and some Platonists, and no doubt represents an old popular notion.

40. **citima terris**: supply *a* from the first clause (but some think it should be added in text). *citimus*, 'nearest', is rare.

42. **punctum**: Greek στιγμή. This is a moralists' commonplace for the insignificance of the human world.

42-3. **me . . . paeniteret**: 'I felt ashamed of', 'humiliated by the thought of . . .' Cf. e.g. Horace, *Sat.* 1. 6. 89 'nil me paeniteat . . . patris huius'.

17. *The immortality of the soul*

Here (in *de republica* 6, *Somnium Scipionis* 27-8), Cicero translates the 'proof' given in Plato's *Phaedrus* 245 c (*AGP* 30); in *Tusculanae disputationes* 1. 53-4 (written nearly ten years later) he repeats the passage with few variations. Observe in particular his way of dealing with participles and compound adjectives by relative clauses. Discussion in Leeman 209 f.

Nam quod semper movetur, aeternum est; quod autem motum adfert alicui, quodque ipsum agitatur aliunde, quando finem habet motus, vivendi finem habeat necesse est. Solum igitur quod sese movet, quia numquam deseritur a se, numquam ne moveri quidem desinit. Quin etiam ceteris quae moventur 5

hic fons, hoc principium est movendi. Principii autem nulla est origo; nam ex principio oriuntur omnia, ipsum autem nulla ex re alia nasci potest; nec enim esset id principium quod gigneretur aliunde. Quod si numquam oritur, ne occidit quidem
10 umquam. Nam principium extinctum nec ipsum ab alio renascetur nec ex se aliud creabit, si quidem necesse est a principio oriri omnia. Ita fit ut motus principium ex eo sit quod ipsum a se movetur; id autem nec nasci potest nec mori; vel concidat omne caelum omnisque natura et consistat necesse est nec vim ullam
15 nanciscatur qua a primo impulsa moveatur.

Cum pateat igitur aeternum id esse quod a se ipso moveatur, quis est qui hanc naturam animis esse tributam neget? Inanimum est enim omne quod pulsu agitatur externo; quod autem est animal, id motu cietur interiore et suo. Nam haec est propria
20 natura animi atque vis; quae si est una ex omnibus quae sese moveat, neque nata certe est et aeterna est.

1. **quod semper movetur**: Cicero renders ἀεικίνητον, and not the ancient variant αὐτοκίνητον, 'self-moved', which some accept.

2-3. Note the *variatio* in *adfert, agitatur*, and the expansion of ἔχον as *quando habet* and of ἔχει as *habeat necesse est* (cf. 12-13, 16).

4-5. **numquam . . . desinit**: 'never stops moving either'. A not uncommon pleonasm of the negative: L-H-S, p. 803. Cf. 2 *Verr.* 1. 155 'non enim praetereundum est ne id quidem'.

6. **hic fons, hoc principium**: Cicero, as is normal, makes *hic* agree with each noun. Plato here has τοῦτο πηγὴ καὶ ἀρχή.

6-7. **principii nulla est origo**: paraphrase of Greek; Cicero does not invent an adjective to render ἀγένητον.

8. Cicero renders, it seems, οὐκ ἂν ἔτι ἀρχὴ γίγνοιτο, the reading of most ancient *testimonia* to Plato's text, but not of our principal mediaeval manuscripts (which have ἐξ ἀρχῆς, i.e. *a principio*).

14. **vim**: 'force', a concept not expressed in Plato's words.

17. Plato said: 'one need not be ashamed to call it . . .' **Inanimum**: probably a coinage to represent ἄψυχον, while *animal* = ἔμψυχον.

20. **natura . . . atque vis** = φύσις.

18. *An introductory conversation*

Written probably in 52 BC, *de legibus* is thus earlier than most of Cicero's philosophical works. Like Plato's *Laws* (cf. *AGP* 32), it begins with a country scene. Cicero and his brother, and their friend Atticus, are at home in Arpinum, where C. Marius also was born. Cicero's poetry and his thoughts about writing history are boldly advertised. Our passage is 1. 1–5.

ATTICVS. Lucus quidem ille et haec Arpinatium quercus agnoscitur, saepe a me lectus in Mario: si enim manet illa quercus, haec est profecto; etenim est sane vetus.

QVINTVS. Manet vero, Attice noster, et semper manebit: sata est enim ingenio. Nullius autem agricolae cultu stirps tam   5 diuturna quam poetae versu seminari potest.

ATTICVS. Quo tandem modo Quinte? Aut quale est istuc quod poetae serunt? Mihi enim videris fratrem laudando suffragari tibi.

QVINTVS. Sit ita sane; verum tamen dum Latinae loquentur litterae, quercus huic loco non deerit quae Mariana dicatur,   10 eaque, ut ait Scaevola de fratris mei Mario,

      canescet saeclis innumerabilibus,

nisi forte Athenae tuae sempiternam in arce oleam tenere potuerunt, aut quam Homericus Vlixes Deli se proceram et teneram palmam vidisse dixit, hodie monstrant eandem,   15 multaque alia multis locis diutius commemoratione manent quam natura stare potuerunt. Quare glandifera illa quercus, ex qua olim evolavit

      nuntia fulva Iovis miranda visa figura,

nunc sit haec. Sed cum eam tempestas vetustasve consumpserit,   20 tamen erit his in locis quercus quam Marianam quercum vocabunt.

ATTICVS. Non dubito id quidem. Sed hoc iam non ex te, Quinte, quaero, verum ex ipso poeta, tuine versus hanc quercum severint an ita factum de Mario ut scribis acceperis.   25

MARCVS. Respondebo tibi equidem, sed non ante quam mihi tu ipse responderis, Attice, certen non longe a tuis aedibus

inambulans post excessum suum Romulus Proculo Iulio dixerit
se deum esse et Quirinum vocari templumque sibi dedicari in
30   eo loco iusserit, et verumne sit ut Athenis non longe item a tua
illa antiqua domo Orithyiam Aquilo sustulerit; sic enim est
traditum.

ATTICVS. Quorsum tandem aut cur ista quaeris?

MARCVS. Nihil sane, nisi ne nimis diligenter inquiras in ea quae
35   isto modo memoriae sint prodita.

ATTICVS. Atqui multa quaeruntur in Mario fictane an vera sint,
et a nonnullis, quod et in recenti memoria et in Arpinati homine
versere, veritas a te postulatur.

MARCVS. Et mehercule ego me cupio non mendacem putari,
40   sed tamen nonnulli isti, Tite noster, faciunt imperite, qui in isto
periculo non ut a poeta sed ut a teste veritatem exigant, nec
dubito quin idem et cum Egeria conlocutum Numam et ab aquila
Tarquinio apicem impositum putent.

QVINTVS. Intellego te, frater, alias in historia leges observandas
45   putare, alias in poemate.

MARCVS. Quippe cum in illa ad veritatem, Quinte, cuncta
referantur, in hoc ad delectationem pleraque; quamquam et
apud Herodotum patrem historiae et apud Theopompum sunt
innumerabiles fabulae.

50   ATTICVS. Teneo quam optabam occasionem neque omittam.

MARCVS. Quam tandem, Tite?

ATTICVS. Postulatur a te iam diu vel flagitatur potius historia.
Sic enim putant, te illam tractante effici posse ut in hoc etiam
genere Graeciae nihil cedamus. Atque ut audias quid ego ipse
55   sentiam, non solum mihi videris eorum studiis qui litteris
delectantur, sed etiam patriae debere hoc munus, ut ea quae
salva per te est per te eundem sit ornata.

2. **lectus in Mario**: 'read about in the *Marius*', Cicero's youthful
poem of which he himself cites a passage in *de div.* 1. 106. An
eagle flew out of this oak, a divine sign to Marius of his future
glory.

5. **ingenio**: 'by genius'.

7. **istuc** = *istud*, combined with deictic *-ce* (G–L § 104).

8. videris . . . tibi: 'by praising your brother, you seem to be canvassing for yourself'.

10. quae Mariana dicatur: 'to be called Marius' oak'. Cicero means that the natives will always point one out, whether or not it is the same.

11. Scaevola: Q. Mucius Scaevola, a writer of light poetry, contemporary with Catullus; perhaps the author of *Anth. Pal.* 9. 217.

13. tuae: Atticus was a citizen of Athens. The olive tree of the Acropolis and the palm at Delos (*Odyssey* 6. 162) illustrate the tendency to keep in being something that represents a famous landmark, though not really original. *nisi forte* indicates irony; the immortality of Marius' oak must come from literature—*unless* you are prepared to believe that such monuments really do survive.

25. de Mario: with *factum*, not with *acceperis*.

28. Romulus: Livy 1. 16.

31. Orithyiam: alludes to the myth mentioned in Plato, *Phaedrus* 229 B, which sets Socrates off on a discussion of the reality of such stories.

33. Quorsum . . .?: 'For what purpose . . .?'. *Tandem* makes the question a rather impatient one. Cf. 51.

38. versere: Zumpt's conjecture for the meaningless *velse*: subjunctive because it states the reason alleged by Cicero's critics, who expect him to be truthful in a matter of recent history concerning a fellow-citizen of Arpinum.

42-3. For these stories see Livy 1. 21, 1. 34.

56-7. Alludes to Cicero's 'saving' his country from the conspiracy of Catiline.

19. *The hand*

De natura deorum was written in the summer of 45 BC. Book 2 is devoted to the Stoic view of a divinely controlled universe, in which all things are suited to the purpose intended for them. This teleological account of the human hand (2. 150-2) and its part in bringing about our divinely intended domination of the universe includes much traditional material. Aristotle, *Parts of Animals*, 4. 10, 687[a-b], may be compared—and contrasted. Clausulae very noticeable. Observe the frequency of abstract nouns and the use of lists, often with asyndeton, to convey the richness of the evidence for an all-embracing design.

Quam vero aptas quamque multarum artium ministras manus natura homini dedit! Digitorum enim contractio facilis facilisque porrectio propter molles commissuras et artus nullo in motu laborat. Itaque ad pingendum, fingendum, ad scalpendum,
5 ad nervorum eliciendos sonos, ad tibiarum, apta manus est admotione digitorum. Atque haec oblectationis, illa necessitatis, cultus dico agrorum extructionesque tectorum, tegumenta corporum vel texta vel suta omnemque fabricam aeris et ferri; ex quo intellegitur ad inventa animo percepta sensibus adhibitis
10 opificum manibus omnia nos consecutos, ut tecti ut vestiti ut salvi esse possemus, urbes muros domicilia delubra haberemus. Iam vero operibus hominum, id est manibus, cibi etiam varietas invenitur et copia. Nam et agri multa efferunt manu quaesita, quae vel statim consumantur vel mandentur condita vetustati, et
15 praeterea vescimur bestiis et terrenis et aquatilibus et volantibus partim capiendo partim alendo. Efficimus etiam domitu nostro quadripedum vectiones, quorum celeritas atque vis nobis ipsis adfert vim et celeritatem. Nos onera quibusdam bestiis, nos iuga inponimus; nos elephantorum acutissumis sensibus, nos sagacitate
20 canum ad utilitatem nostram abutimur; nos e terrae cavernis ferrum elicimus, rem ad colendos agros necessariam, nos aeris argenti auri venas penitus abditas invenimus et ad usum aptas et ad ornatum decoras. Arborum autem consectione omnique materia et culta et silvestri partim ad calficiendum corpus
25 igni adhibito et ad mitigandum cibum utimur, partim ad aedificandum, ut tectis saepti frigora caloresque pellamus; magnos vero usus adfert ad navigia facienda, quorum cursibus suppeditantur omnes undique ad vitam copiae; quasque res violentissimas natura genuit earum moderationem nos soli
30 habemus, maris atque ventorum, propter nauticarum rerum scientiam, plurimisque maritimis rebus fruimur atque utimur. Terrenorum item commodorum omnis est in homine dominatus: nos campis nos montibus fruimur, nostri sunt amnes nostri lacus, nos fruges serimus nos arbores; nos aquarum inductionibus

terris fecunditatem damus, nos flumina arcemus derigimus   35
avertimus; nostris denique manibus in rerum natura quasi
alteram naturam efficere conamur.

3. commissuras: 'connections'.
artus: 'joints' (*OLD* s.v. 1).
   4. laborat: 'strains', 'is in pain'.
   6. haec . . . illa: ταῦτα μὲν . . . ἐκεῖνα δέ.
   8. vel texta vel suta: 'whether woven or sewn'.
   9-10. ad inventa . . . manibus: 'by applying craftsmen's hands to
the discoveries of the mind and the perceptions of the senses'.
   12. Iam vero: 'moreover' (*OLD* s.v. *iam* 8 a).
   14. consumantur . . . mandentur: G-L § 630.
mandentur . . . vetustati: 'stored and entrusted to time'. *vetustas* is
the long period during which the crops are to be kept.
   17-18. celeritas . . . vis . . . vim . . . celeritatem: chiasmus like this
is a frequent figure in this elaborate style.
   20. abutimur: 'use' for our own ends, not necessarily 'abuse'.
   23. consectione: 'cutting up' (this reading seems better than
confectione 'working', which gives a tautology with the following
phrase).
   27. adfert: subject is *materia*.
   36-7. quasi alteram naturam: 'a sort of second nature'. That
acquired characteristics can attain this status is an idea already found
in Aristotle, which became (through Cicero and St Augustine) a
commonplace of later thought. See *OED* s.v. second.

20. Socrates' life and willing death

The *Tusculanae disputationes*, like *de natura deorum*, were part of
Cicero's rapid philosophical writing in 45-44 BC. In this passage
(1. 71-4) he develops the theme that life on earth is an imprisonment
from which death releases us. Much of the detail is based on Plato's
Phaedo (80 D-85 D).

His et talibus rationibus adductus Socrates nec patronum
quaesivit ad iudicium capitis nec iudicibus supplex fuit adhibuit-
que liberam contumaciam a magnitudine animi ductam, non
a superbia, et supremo vitae die de hoc ipso multa disseruit et
5 paucis ante diebus, cum facile posset educi e custodia, noluit,
et tum, paene in manu iam mortiferum illud tenens poculum,
locutus ita est ut non ad mortem trudi, verum in caelum
videretur escendere. Ita enim censebat itaque disseruit, duas
esse vias duplicesque cursus animorum e corpore excedentium:
10 nam qui se humanis vitiis contaminavissent et se totos libidinibus
dedissent, quibus caecati vel domesticis vitiis atque flagitiis se
inquinavissent vel re publica violanda fraudes inexpiabiles
concepissent, iis devium quoddam iter esse, seclusum a concilio
deorum; qui autem se integros castosque servavissent, quibusque
15 fuisset minima cum corporibus contagio seseque ab iis semper
sevocavissent essentque in corporibus humanis vitam imitati
deorum, iis ad illos a quibus essent profecti reditum facilem
patere. Itaque commemorat, ut cygni, qui non sine causa Apollini
dicati sint sed quod ab eo divinationem habere videantur, qua
20 providentes quid in morte boni sit cum cantu et voluptate
moriantur, sic omnibus bonis et doctis esse faciendum. Nec vero
de hoc quisquam dubitare posset, nisi idem nobis accideret
diligenter de animo cogitantibus, quod iis saepe usu venit qui
acriter oculis deficientem solem intuerentur, ut aspectum
25 omnino amitterent; sic mentis acies se ipsa intuens non numquam
hebescit, ob eamque causam contemplandi diligentiam amittimus.
Itaque dubitans circumspectans haesitans, multa adversa reverens
tamquam in rate in mari inmenso nostra vehitur oratio. Sed haec
et vetera et a Graecis; Cato autem sic abiit e vita ut causam
30 moriendi nactum se esse gauderet. Vetat enim dominans ille in
nobis deus iniussu hinc nos suo demigrare; cum vero causam
iustam deus ipse dederit, ut tunc Socrati, nunc Catoni, saepe
multis, ne ille me Dius Fidius vir sapiens laetus ex his tenebris in
lucem illam excesserit, nec tamen ille vincla carceris ruperit—
35 leges enim vetant—, sed tamquam a magistratu aut ab aliqua
potestate legitima, sic a deo evocatus atque emissus exierit. Tota
enim philosophorum vita, ut ait idem, commentatio mortis est.

1. **patronum**: 'advocate'. Alludes to Socrates' decision to defend himself.

3. **liberam contumaciam**: 'bold disrespect'; Cicero is thinking perhaps of Gk. παρρησία.

a magnitudine animi: Gk. μεγαλοφροσύνη. Plato and Xenophon both emphasize Socrates' abrasive independence. Cicero tones the judgement down by denying him *superbia*.

4-5. References are to *Phaedo*, in which Socrates discusses whether the soul is immortal, and *Crito*, in which his old friend Crito offers to get him out of prison, and he refuses to avail himself of the chance.

12. **re publica violanda**: this emphasis on the public kinds of offence seems to be Cicero's rather than Plato's.

18. **cygni**: *Phaedo* 85 B. The 'swansong' is often alluded to in ancient literature, first (in our evidence) in Aeschylus, *Ag.* 1444. A verb (e.g. *faciant*) has to be mentally supplied in the *ut*-clause.

24. **deficientem**: 'in eclipse'.

28. **in rate**: 'on a raft', from Plato's ἐπι σχεδίας (*Phaedo* 85 D). The idea seems to come from Odysseus' adventures in *Odyssey* 5.

oratio: λόγος, and here 'argument' rather than 'speech'.

29. **Cato**: the younger Cato, who killed himself at Utica, after the defeat of Thapsus in 46 BC. He read the *Phaedo* the night he died (Plutarch, *Cato Minor* 66-70).

33. **ne ille me Dius Fidius vir sapiens**: 'So help me, that wise man'. *nē* (= ναί) in a strong affirmation is always followed by a pronoun. For *me Dius Fidius*, often written as one word, see *OLD* s.v. *Fidius*.

37. **commentatio**: 'practice', 'rehearsal', μελέτη, again an idea used in the *Phaedo*.

21. *Fraudulent behaviour*

In *de officiis* (44 BC), Cicero uses the Greek treatises of the Stoics Panaetius and Posidonius, but adds much of his own. His theme is moral virtue (*honestum*), expediency (*utile*), and the conflict between them. Here (3. 58-60) he gives a Roman *exemplum*. The short sentences and vivid detail make an effective story out of an improving anecdote.

Quod si vituperandi qui reticuerunt, quid de iis existimandum
est qui orationis vanitatem adhibuerunt? C. Canius, eques
Romanus, nec infacetus et satis litteratus, cum se Syracusas
otiandi, ut ipse dicere solebat, non negotiandi causa contulisset,
5   dictitabat se hortulos aliquos emere velle, quo invitare amicos
et ubi se oblectare sine interpellatoribus posset. Quod cum
percrebruisset, Pythius ei quidam, qui argentariam faceret
Syracusis, venales quidem se hortos non habere, sed licere uti
Canio, si vellet, ut suis, et simul ad cenam hominem in hortos
10 invitavit in posterum diem. Cum ille promisisset, tum Pythius,
qui esset ut argentarius apud omnes ordines gratiosus, piscatores
ad se convocavit et ab iis petivit ut ante suos hortulos postridie
piscarentur, dixitque quid eos facere vellet. Ad cenam tempori
venit Canius; opipare a Pythio adparatum convivium, cumbarum
15 ante oculos multitudo: pro se quisque quod ceperat adferebat:
ante pedes Pythii pisces abiciebantur. Tum Canius 'Quaeso,'
inquit, 'quid est hoc, Pythi? tantumne piscium? tantumne
cumbarum?' Et ille 'Quid mirum?' inquit 'hoc loco est Syracusis
quidquid est piscium, hic aquatio, hac villa isti carere non
20 possunt.' Incensus Canius cupiditate contendit a Pythio ut
venderet. Gravate ille primo. Quid multa? impetrat. Emit
homo cupidus et locuples tanti quanti Pythius voluit, et emit
instructos. Nomina facit, negotium conficit. Invitat Canius postridie familiares suos, venit ipse mature, scalmum nullum videt.
25 Quaerit ex proximo vicino num feriae quaedam piscatorum
essent, quod eos nullos videret. 'Nullae, quod sciam,' inquit ille,
'sed hic piscari nulli solent: itaque heri mirabar quid accidisset.'
Stomachari Canius, sed quid faceret? Nondum enim Aquillius
collega et familiaris meus protulerat de dolo malo
30 formulas; in quibus ipsis, cum ex eo quaereretur quid esset dolus
malus, respondebat cum esset aliud simulatum, aliud actum.
Hoc quidem sane luculente, ut ab homine perito definiendi.
Ergo et Pythius et omnes aliud agentes aliud simulantes perfidi
improbi malitiosi. Nullum igitur eorum factum potest utile esse,
35 cum sit tot vitiis inquinatum.

2. **orationis vanitatem**: 'verbal falsehood'.

2. C. Canius: cf. *de or*. 2. 280. This witty advocate flourished early in the century, and may not have been known to Cicero himself.

4. otiandi: Cicero implies that Canius invented the word, based on *negotiandi*. It occurs in Horace, *Sat*. 1. 6. 128 (from Cicero?), and occasionally later.

5. hortulos: 'a pleasure garden', cf. 12. This is the usual sense of the plural.

6. interpellatoribus: 'interrupters'.

7. Pythius ei: sc. *dixit*.
faceret: subjunctive perhaps because this clause states the account Pythius gave Canius of himself (G–L § 628).

9. hominem: 'him', *OLD* s.v. 3 b.

10. promisisset: 'accepted the invitation', *OLD* s.v. 4 a.

11. esset: the relative clause has some causal force (G–L § 633).
gratiosus: 'popular', 'influential'.

13. tempori: G–L § 37.

17. piscium: G–L § 369.

19. aquatio: 'water-supply'.

21. Gravate: 'reluctantly'. Verb of saying again omitted. Cf. 7 above.
Quid multa?: 'Why (say) much?', i.e. 'To cut a long story short'.

22. tanti quanti: G–L § 380.

23. Nomina facit: 'lends the money', *OLD* s.v. *nomen* 22 b.

24. scalmum: 'thole-pin' (the peg to which the oar is fastened).

26. quod sciam: 'as far as I know', G–L § 627. A set phrase.

28. Stomachari: hist. infin.

29. Aquillius: praetor with Cicero in 66 BC.
de dolo malo: 'on criminal fraud'. The praetor devised forms of action, and in doing so defined the offence.

22. *The pleasures of old age*

De senectute was written in the spring of 44 BC, probably after Caesar's murder. It is one of Cicero's most accomplished pieces. Cato (the Censor) is the main speaker; the dramatic date is shortly before his death (149 BC). This extract (47–50) is characteristically rich in *exempla*, both Greek and Latin.

At non est voluptatum tanta quasi titillatio in senibus. Credo,
sed ne desideratio quidem: nihil autem est molestum quod non
desideres. Bene Sophocles, cum ex eo quidam iam adfecto
aetate quaereret utereturne rebus veneriis: 'di meliora:' inquit:
5   'libenter vero istinc sicut ab domino agresti ac furioso profugi.'
Cupidis enim rerum talium odiosum fortasse et molestum est
carere, satiatis vero et expletis iucundius est carere quam frui.
Quamquam non caret is qui non desiderat; ergo hoc non
desiderare dico esse iucundius. Quodsi istis ipsis voluptatibus
10 bona aetas fruitur libentius, primum parvulis fruitur rebus ut
diximus, deinde iis quibus senectus etiamsi non abunde potitur,
non omnino caret. Vt Turpione Ambivio magis delectatur qui
in prima cavea spectat, delectatur tamen etiam qui in ultima, sic
adulescentia voluptates propter intuens magis fortasse laetatur,
15 sed delectatur etiam senectus procul eas spectans tantum
quantum sat est. At illa quanti sunt, animum tamquam emeritis
stipendiis libidinis ambitionis contentionum inimicitiarum
cupiditatum omnium securum esse secumque ut dicitur vivere!
Si vero habet aliquod tamquam pabulum studii atque doctrinae,
20 nihil est otiosa senectute iucundius. Mori videbamus in studio
dimetiendi paene caeli atque terrae C. Galum familiarem patris
tui, Scipio; quotiens illum lux noctu aliquid describere ingressum,
quotiens nox oppressit, cum mane coepisset! Quam delectabat
eum defectiones solis et lunae multo ante nobis praedicere!
25 Quid in levioribus studiis, sed tamen acutis? Quam gaudebat
Bello suo Punico Naevius! quam Truculento Plautus, quam
Pseudolo! Vidi etiam senem Livium; qui cum sex annis ante
quam ego natus sum fabulam docuisset Centone Tuditanoque
consulibus, usque ad adulescentiam meam processit aetate.
30 Quid de P. Licini Crassi et pontificii et civilis iuris studio
loquar aut de huius P. Scipionis qui his paucis diebus pontifex
maximus factus est? Atque eos omnes quos commemoravi his
studiis flagrantes senes vidimus; M. vero Cethegum, quem recte
'Suadae medullam' dixit Ennius, quanto studio exerceri in
35 dicendo videbamus etiam senem! Quae sunt igitur epularum aut
ludorum aut scortorum voluptates cum his voluptatibus com-
parandae? Atque haec quidem studia doctrinae; quae quidem

prudentibus et bene institutis pariter cum aetate crescunt, ut
honestum illud Solonis sit quod ait versiculo quodam ut ante
dixi, senescere se multa in dies addiscentem, qua voluptate   40
animi nulla certe potest esse maior.

1. **At**: introduces an objection (*hypophora*), quickly answered by
credo, sed.

titillatio: 'tickling', 'titillation'. Cicero apologizes (*quasi*) and is apparently
rendering Epicurus' γαργαλισμός. Cf. *de fin*. 1. 39, *nat. deor*. 1. 113.

3. **desideres**: G–L § 631. 2.

Bene: sc. *dixit*. The story is from Plato (*Rep*. 1. 329 c).

4. **utereturne rebus veneriis**: 'whether he was still sexually active'.

di meliora!: sc. e.g. *duint*, 'may the Gods grant me better things!'

5. **agresti**: represents Plato's ἄγριον, 'savage'. Perhaps 'rough,
boorish', *OLD* s.v. 4 a.

8–9. **hoc non desiderare**: 'this lack of regret', G–L § 422.

10. **bona aetas**: 'the good time of life', i.e. 'youth' (*mala aetas* can
mean 'old age').

12. L. Ambivius Turpio was a famous actor of Cato's time. Cognomen
before nomen: perhaps an archaism, though this order was revived
in later literature.

13. **cavea**: the auditorium of the theatre, here divided into 'front'
and 'back'.

14. **propter intuens**: 'seeing at close quarters'. This adverbial
use of *propter* occurs in early Latin, once or twice in Cicero, very
occasionally elsewhere.

16. **illa**: looks forward to the clause *animum . . . vivere*.

quanti: G–L § 380.

16–18. 'As though it had served its campaigns of lust, ambition,
conflict, enmity, and desires of every kind'.

19. **aliquod**: 'some', i.e. some appreciable amount.

21. **C. Galum**: consul 157 BC, he predicted an eclipse before the
battle of Pydna, 168 BC.

22. **Scipio**: P. Cornelius Scipio Africanus the younger, adopted son
of the elder Africanus. At the dramatic date of the dialogue, he was
not yet consul, but was to be so in 147, when he besieged Carthage,
which fell in spring 146.

23. **quotiens . . . coepisset!**: note anaphora and involved order.
'How often did daylight overtake him when he had started to describe

something in writing at night, and night overtake him when he had started in the morning!'

26. Naevius was the first Roman epic poet. Cicero implies that his epic was a late work. See *CHCL* ii. 802.

26-7. The argument again shows that these were late plays. *Pseudolus* in fact was performed in 191 BC, and Cicero (*Brutus* 60) dates Plautus' death to 184 BC.

27. Livius Andronicus, a yet earlier poet, translated the *Odyssey* and adapted some Greek plays.

28. Cato was born in 234 BC.

28. docuisset: 'produced', a usage modelled on Greek διδάσκειν.

31. P. Scipionis: not the one present, but a kinsman.

34. Suadae medullam: 'the marrow of Persuasion', i.e. 'the quintessence . . .' Ennius, *Ann.* 308 Vahlen.

35. etiam senem: 'even when old'.

38-9. 'with the consequence that Solon's honourable saying comes true.' Solon, fr. 18 West (known from Plato): γηράσκω δ'αἰεὶ πολλὰ διδασκόμενος.

40. addiscentem: 'learning something new'.

CAESAR, SALLUST, AND SOME CONTEMPORARIES

23. *Caesar and Ariovistus*

All that remains of the literary work of the great general and statesman C. Julius Caesar (100-44 BC) is the set of *Commentarii* in which he records, first, his conquest of Gaul (*de bello Gallico*), and later his war against Pompeius (*de bello civili*). These are deliberately simple and magisterial in manner, unadorned by the literary trappings of history, but scrupulously pure in language: Caesar was an enthusiast for correct Latinity. Our first passage (*de bello Gallico* 1. 42-6) reports a meeting between Caesar and the German king Ariovistus in 58 BC. Ariovistus' people had settled about 71 BC in what is now Alsace, having been invited into Gaul by the Sequani as allies against the rival Aedui. The Aedui have now sought and obtained Caesar's help. Throughout the exchanges— here reported, as is usual in the *Commentarii*, in indirect speech, to give the impression of a faithful minute—Caesar represents himself as always willing to talk, and Ariovistus as haughty and insulting.

For the technique of *oratio obliqua* see G-L § 654 and § 661 (where part of this passage is transposed into direct speech), Woodcock, esp. § 284.

Cognito Caesaris adventu, Ariovistus legatos ad eum mittit; quod antea de colloquio postulasset, id per se fieri licere, quoniam propius accessisset, seque id sine periculo facere posse existimare. Non respuit condicionem Caesar, iamque eum ad sanitatem reverti arbitrabatur, cum id quod antea petenti   5
denegasset ultro polliceretur; magnamque in spem veniebat pro suis tantis populique Romani in eum beneficiis, cognitis suis postulatis, fore uti pertinacia desisteret. Dies colloquio dictus est, ex eo die quintus. Interim saepe ultro citroque cum legati inter eos mitterentur, Ariovistus postulavit ne quem peditem   10
ad colloquium Caesar adduceret: vereri se ne per insidias ab eo circumveniretur: uterque cum equitatu veniret: alia ratione

sese non esse venturum. Caesar, quod neque colloquium
interposita causa tolli volebat neque salutem suam Gallorum
15 equitatui committere audebat, commodissimum esse statuit,
omnibus equis Gallis equitibus detractis, eo legionarios milites
legionis decimae, cui quam maxime confidebat, imponere, ut
praesidium quam amicissimum, si quid opus facto esset,
haberet. Quod cum fieret, non irridicule quidam ex militibus
20 decimae legionis dixit: plus quam pollicitus esset Caesarem ei
facere; pollicitum se in cohortis praetoriae loco decimam
legionem habiturum, ad equum rescribere.

　　Planities erat magna et in ea tumulus terrenus satis grandis.
Hic locus aequo fere spatio ab castris Ariovisti et Caesaris aberat.
25 Eo, ut erat dictum, ad colloquium venerunt. Legionem Caesar
quam equis vexerat passibus ducentis ab eo tumulo constituit.
Item equites Ariovisti pari intervallo constiterunt. Ariovistus ex
equis ut colloquerentur et praeter se denos ut ad colloquium
adducerent postulavit. Vbi eo ventum est, Caesar initio orationis
30 sua senatusque in eum beneficia commemoravit, quod rex
appellatus esset a senatu, quod amicus, quod munera amplissime
missa; quam rem et paucis contigisse, et pro magnis hominum
officiis consuesse tribui docebat. Illum, cum neque aditum neque
causam postulandi iustam haberet, beneficio ac liberalitate
35 sua ac senatus ea praemia consecutum. Docebat etiam quam
veteres quamque iustae causae necessitudinis ipsis cum Aeduis
intercederent; quae senatus consulta, quotiens quamque
honorifica in eos facta essent; ut omni tempore totius Galliae
principatum Aedui tenuissent, prius etiam quam nostram
40 amicitiam appetissent. Populi Romani hanc esse consuetudinem,
ut socios atque amicos non modo sui nihil deperdere sed gratia
dignitate honore auctiores velit esse: quod vero ad amicitiam
populi Romani attulissent, id eis eripi quis pati posset? Postulavit
deinde eadem quae legatis in mandatis dederat: ne aut Aeduis
45 aut eorum sociis bellum inferret; obsides redderet; si nullam
partem Germanorum domum remittere posset, at ne quos
amplius Rhenum transire pateretur.

　　Ariovistus ad postulata Caesaris pauca respondit, de suis
virtutibus multa praedicavit: transisse Rhenum sese non sua

sponte sed rogatum et accersitum a Gallis; non sine magna spe 50
magnisque praemiis domum propinquosque reliquisse; sedes
habere in Gallia ab ipsis concessas, obsides ipsorum voluntate
datos; stipendium capere iure belli quod victores victis imponere
consuerint. Non sese Gallis sed Gallos sibi bellum intulisse;
omnis Galliae civitates ad se oppugnandum venisse ac contra 55
se castra habuisse; eas omnis copias a se uno proelio pulsas ac
superatas esse. Si iterum experiri velint, se interim paratum esse
decertare; si pace uti velint, iniquum esse de stipendio recusare
quod sua voluntate ad id tempus pependerint. Amicitiam populi
Romani sibi ornamento et praesidio, non detrimento, esse 60
oportere, idque se ea spe petisse. Si per populum Romanum
stipendium remittatur et dediticii subtrahantur, non minus
libenter sese recusaturum populi Romani amicitiam quam
appetierit. Quod multitudinem Germanorum in Galliam traducat,
id se sui muniendi, non Galliae impugnandae causa facere: 65
eius rei testimonium esse quod nisi rogatus non venerit, et
quod bellum non intulerit sed defenderit. Se prius in Galliam
venisse quam populum Romanum. Numquam ante hoc tempus
exercitum populi Romani Galliae provinciae finibus egressum.
Quid sibi vellet? Cur in suas possessiones veniret? Provinciam 70
suam hanc esse Galliam, sicut illam nostram. Vt ipsi con-
cedi non oporteret si in nostros finis impetum faceret, sic
item nos esse iniquos quod in suo iure se interpellaremus.
Quod fratres Aeduos appellatos diceret, non se tam barbarum
neque tam imperitum esse rerum ut non sciret neque bello 75
Allobrogum proximo Aeduos Romanis auxilium tulisse neque
ipsos in eis contentionibus quas Aedui secum et cum Sequanis
habuissent auxilio populi Romani usos esse. Debere se suspicari
simulata Caesarem amicitia, quod exercitum in Gallia habeat,
sui opprimendi causa habere. Qui nisi decedat atque exercitum 80
deducat ex his regionibus, sese illum non pro amico sed hoste
habiturum. Quod si eum interfecerit, multis sese nobilibus
principibusque populi Romani gratum esse facturum: id se ab
ipsis per eorum nuntios compertum habere, quorum omnium
gratiam atque amicitiam eius morte redimere posset. Quod si 85
discessisset et liberam possessionem Galliae sibi tradidisset,

magno se illum praemio remuneraturum et quaecumque bella
geri vellet sine ullo eius labore et periculo confecturum.

Multa ab Caesare in eam sententiam dicta sunt quare negotio
90 desistere non posset: neque suam neque populi Romani consuetudinem pati uti optime merentis socios desereret, neque
se iudicare Galliam potius esse Ariovisti quam populi Romani.
Bello superatos esse Arvernos et Rutenos ab Q. Fabio Maximo
quibus populus Romanus ignovisset neque in provinciam
95 redegisset neque stipendium imposuisset. Quod si antiquissimum
quodque tempus spectari oporteret, populi Romani iustissimum
esse in Gallia imperium: si iudicium senatus observari oporteret,
liberam debere esse Galliam, quam bello victam suis legibus uti
voluisset.

100 Dum haec in colloquio geruntur, Caesari nuntiatum est
equites Ariovisti propius tumulum accedere et ad nostros
adequitare, lapides telaque in nostros coicere. Caesar loquendi
finem facit seque ad suos recepit suisque imperavit ne quod
omnino telum in hostis reicerent. Nam etsi sine ullo periculo
105 legionis delectae cum equitatu proelium fore videbat, tamen
committendum non putabat ut, pulsis hostibus, dici posset eos
ab se per fidem in colloquio circumventos. Posteaquam in
vulgus militum elatum est qua arrogantia in colloquio Ariovistus
usus omni Gallia Romanis interdixisset, impetumque in nostros
110 eius equites fecissent, eaque res colloquium ut diremisset, multo
maior alacritas studiumque pugnandi maius exercitui iniectum
est.

2-4. quod . . . existimare: *oratio obliqua* introduced without a
formal verb of saying (G–L § 649). Historic present *mittit* allows
secondary tenses in the sequel (G–L § 509).

7. beneficiis: Ariovistus had been named 'amicus populi Romani'
in 59, with the consent of Caesar, then consul.

8. fore uti . . . desisteret: G–L § 248. The periphrasis is used here
because *desisto* forms no future participle.

16. eo: 'on them': i.e. on the horses. The adverbs *eo*, *inde*, and the
like may be used in place of pronouns, especially in early Latin and
in legal texts (Fr. *en* comes from *inde* in this sense) L–H–S, p. 208.

18. si quid opus facto esset: 'if there was anything needing to be done', G-L § 406.

19. non irridicule: litotes for 'amusingly'. The joke is that they are being made *equites*, 'knights', not just treated, as Caesar had promised, as a *cohors praetoria*, 'bodyguard'.

23-7. Note short sentences setting the scene, and the connections made simply by pronouns (*hic, eo*). Very much *genus tenue*.

27-8. ex equis: 'from horseback'.

28. Postponed *ut* is again a feature seen in early, legal, and colloquial Latin (L-H-S, p. 399).

38. ut: 'how'. Cf. 110 below.

39. nostram: i.e. Rome's. *suam* would be ambiguous. Cf. 71 below.

42. velit: one of the commoner reasons for the use of a present tense in historic-sequence *oratio obliqua* is that the clause expresses a general truth, and this clearly applies here.

43. posset: rhetorical questions in *oratio obliqua* are often represented by accusative and infinitive, but *oratio recta* subjunctives (as here) tend to be retained (G-L § 651).

46. at: 'at least'. For this use in apodosis after a negative conditional clause see *OLD* s.v. 13 b.

48. Note the asyndeton between the two antithetical halves of this sentence.

54. consuerint: represents *consuerunt*. Primary tense perhaps again preferred because the proposition is a general one.

57-8. velint . . . velint: a good instance of the original tense preserved because Ariovistus' point of view is maintained (*repraesentatio*, G-L § 654). This goes on for much of this passage.

60. ornamento . . . praesidio . . . detrimento: predicative datives (G-L § 356).

62. Ariovistus had imposed tribute on the Aedui (and others?) and held hostages (*BG* 1. 35. 3). He now rejects Roman pressure to abandon these advantages.

64. He had entered Gaul as early as 71 BC.

70-1. Ariovistus claims everything except the Roman *provincia* (Narbonensis) as his domain, and arrogantly uses the term *provincia* of it. Caesar's report of these words is calculated to put Ariovistus decisively in the wrong in Roman eyes.

71-3. Just as it would be wrong if one were to yield to him, if he invaded our (cf. 39 above) territory, so we were being unfair in interfering with him in his jurisdiction.

75-6. bello Allobrogum: the revolt of 61 BC. The Romans, though hospitable to the Aeduan envoy Diviciacus, made no real effort to protect the Aedui.

85-8. Historic tenses resume, because Caesar wants to represent Ariovistus' conditional promises less vividly than he does the threats offered above.

93. Q. Fabio Maximo: in 121 BC.

103. facit . . . recepit: notice how easily historic present alternates with perfect—unless indeed *facit* is a corruption for *fecit*.

24. *Caesar's Britain*

This description (*BG* 5. 12-14) interrupts Caesar's narrative of his second expedition to Britain (54 BC). It is a simple and concise piece of geographical writing: cf. Herodotus 4. 5 on Scythia, Sallust, *Jug.* 17-19 on Africa, and contrast Tacitus (*Agricola* 10-13) and Mela on Britain (61 and 43 below).

Britanniae pars interior ab eis incolitur quos natos in insula ipsi memoria proditum dicunt, maritima pars ab eis qui praedae ac belli inferendi causa ex Belgio transierant, qui omnes fere eis nominibus civitatum appellantur quibus orti ex civitatibus eo
5   pervenerunt et bello inlato ibi permanserunt atque agros colere coeperunt. Hominum est infinita multitudo creberrimaque aedificia fere Gallicis consimilia, pecorum magnus numerus. Vtuntur aut aere aut nummo aureo aut taleis ferreis ad certum pondus examinatis pro nummo. Nascitur ibi plumbum album
10   in mediterraneis regionibus, in maritimis ferrum, sed eius exigua est copia; aere utuntur importato. Materia cuiusque generis ut in Gallia est, praeter fagum atque abietem. Leporem et gallinam et anserem gustare fas non putant; haec tamen alunt animi voluptatisque causa. Loca sunt temperatiora quam in Gallia,
15   remissioribus frigoribus.
    Insula natura triquetra, cuius unum latus est contra Galliam. Huius lateris alter angulus, qui est ad Cantium, quo fere omnes ex Gallia naves appelluntur, ad orientem solem, inferior ad

meridiem spectat. Hoc pertinet circiter milia passuum quingenta.
Alterum vergit ad Hispaniam atque occidentem solem; qua   20
ex parte est Hibernia, dimidio minor, ut existimatur, quam
Britannia, sed pari spatio transmissus atque ex Gallia est in
Britanniam. In hoc medio cursu est insula quae appellatur Mona:
complures praeterea minores subiectae insulae existimantur, de
quibus insulis non nulli scripserunt dies continuos xxx sub bruma   25
esse noctem. Nos nihil de eo percontationibus reperiebamus
nisi certis ex aqua mensuris breviores esse quam in continenti
noctes videbamus. Huius est longitudo lateris, ut fert illorum
opinio, septingentorum milium. Tertium est contra septentriones,
cui parti nulla est obiecta terra; sed eius angulus lateris maxime   30
ad Germaniam spectat. Hoc milia passuum octingenta in longitudinem esse existimatur. Ita omnis insula est in circuitu vicies
centum milium passuum.

Ex eis omnibus longe sunt humanissimi qui Cantium incolunt,
quae regio est maritima omnis, neque multum a Gallica differunt   35
consuetudine. Interiores plerique frumenta non serunt, sed lacte
et carne vivunt pellibusque sunt vestiti. Omnes vero se Britanni
vitro inficiunt, quod caeruleum efficit colorem, atque hoc
horridiores sunt in pugna aspectu; capilloque sunt promisso
atque omni parte corporis rasa, praeter caput et labrum superius.   40
Vxores habent deni duodenique inter se communis, et maxime
fratres cum fratribus parentesque cum liberis; sed qui sunt ex
eis nati eorum habentur liberi quo primum virgo quaeque
deducta est.

1-2. **quos . . . dicunt**: 'who themselves say that it is their tradition
that they are natives of the island'—i.e. an indigenous people, not
invaders from outside.

3. **ex Belgio**: tribes collectively known as Belgae spread into Britain
both before and after Caesar's invasion.

eis: logic would require *earum*. Note the repetition *civitatum . . .
civitatibus*, and cf. the fairly common repetition of antecedent within
rel. clause (G-L § 615; 24-5 below), a feature both of colloquial and
of legal Latin. The Atrebates are an example of a tribal name found
on both sides of the Channel; so also Belgae (Venta Belgarum =
Winchester).

8. taleis ferreis: 'iron bars'. Many such have been found: S.Frere, *Britannia* (London, 1967) 32.

9. plumbum album: 'tin', in fact mined principally in Cornwall. Iron was mined in the Sussex Weald. Caesar's point of view is that of one landing in SE Britain.

11. Materia: 'timber'.

cuiusque: 'every', *OLD* s.v. *quisque* 7.

13-14. 'for amusement and pleasure'.

19. 'This (side) extends . . .'

22. transmissus: genitive: 'at the same distance of passage as there is from Gaul to Britain'. For *atque*, G-L § 643.3.

23. Mona: Man, though the name is also used of Anglesey.

25. sub bruma: 'around the winter solstice', G-L § 418. 2 (b).

26-8. 'We were unable to discover anything about this by inquiring except that we observed by means of exact water-measurements (i.e. by the water-clock) that the nights were shorter than on the continent.' For this use of *nisi*, *OLD* s.v. 5.

34. humanissimi: 'most civilized'.

38. vitro: 'woad'.

43. quo: 'to whom'.

44. deducta est: 'was taken in marriage'.

25. *The Druids*

Caesar's classic description of the society of Gaul comes in Book 6 of *de bello Gallico*, in connection with a contrasting account of the Germans. This passage (6. 13-14) is about the druids—always an interesting theme, as they seemed to be a barbarian equivalent of Greek philosophers (cf. Diogenes Laertius, *Lives of the Philosophers*, 1 Preface 6). Caesar will not have relied wholly on his own information. Posidonius of Apamea may have been an important source (see fr. 272-5 Edelstein-Kidd). For background, see e.g. T. G. E. Powell, *The Celts* (London, 1958) 74-84, 155-9, also Tacitus, *Ann.* 14. 30 (Druids in Mona) with editors' notes.

In omni Gallia eorum hominum qui aliquo sunt numero atque
honore genera sunt duo. Nam plebes paene servorum habetur
loco, quae nihil audet per se, nullo adhibetur consilio. Plerique,
cum aut aere alieno aut magnitudine tributorum aut iniuria
potentiorum premuntur, sese in servitutem dicant nobilibus,   5
quibus in hos eadem omnia sunt iura quae dominis in servos.
Sed de his duobus generibus alterum est druidum, alterum
equitum. Illi rebus divinis intersunt, sacrificia publica ac
privata procurant, religiones interpretantur: ad hos magnus
adulescentium numerus disciplinae causa concurrit, magnoque   10
hi sunt apud eos honore. Nam fere de omnibus controversiis
publicis privatisque constituunt et, si quod est admissum
facinus, si caedes facta, si de hereditate, de finibus controversia
est, idem decernunt, praemia poenasque constituunt; si qui
aut privatus aut populus eorum decreto non stetit, sacrificiis   15
interdicunt. Haec poena apud eos est gravissima. Quibus ita est
interdictum, hi numero impiorum ac sceleratorum habentur,
his omnes decedunt, aditum sermonemque defugiunt, ne quid
ex contagione incommodi accipiant, neque his petentibus
ius redditur, neque honos ullus communicatur. His autem   20
omnibus druidibus praeest unus, qui summam inter eos habet
auctoritatem. Hoc mortuo, aut si qui ex reliquis excellit dignitate
succedit, aut, si sunt plures pares, suffragio druidum, non
numquam etiam armis, de principatu contendunt. Hi certo anni
tempore in finibus Carnutum, quae regio totius Galliae media   25
habetur, considunt in loco consecrato. Huc omnes undique qui
controversias habent conveniunt eorumque decretis iudiciisque
parent. Disciplina in Britannia reperta atque inde in Galliam
translata esse existimatur, et nunc qui diligentius eam rem
cognoscere volunt plerumque illo discendi causa proficiscuntur. 30
Druides a bello abesse consuerunt, neque tributa una cum
reliquis pendunt; militiae vacationem omniumque rerum habent
immunitatem. Tantis excitati praemiis et sua sponte multi
in disciplinam conveniunt et a parentibus propinquisque
mittuntur. Magnum ibi numerum versuum ediscere dicuntur.   35
Itaque annos non nulli xx in disciplina permanent. Neque fas
esse existimant ea litteris mandare, cum in reliquis fere rebus,

26. *Caesar in Spain: The relief of Ulia*

Caesar's *Commentarii* were continued by some of his officers. *De bello Hispaniensi*, dealing with the events surrounding Caesar's final victory at Munda in 45 BC, is one such continuation. Caesar's manner is imitated, but this chapter (3) shows that the average level of literary skill was far below his elegance or purity of language.

Erat idem temporis Sex. Pompeius frater qui cum praesidio Cordubam tenebat, quod eius provinciae caput esse existimabatur; ipse autem Cn. Pompeius adulescens Vliam oppidum oppugnabat et fere iam aliquot mensibus ibi detinebatur. Quo ex oppido cognito Caesaris adventu legati clam praesidia Cn. 5 Pompei Caesarem cum adissent, petere coeperunt uti sibi primo quoque tempore subsidium mitteret. Caesar eam civitatem omni tempore optime de populo Romano meritam esse; celeriter sex cohortis secunda vigilia iubet proficisci, pari equites numero. Quibus praefecit hominem eius provinciae notum et non parum 10 scientem, L. Vibium Paciaecum. Qui cum ad Cn. Pompei praesidia venisset, incidit idem temporis ut tempestate adversa vehementique vento adflictaretur; aditusque vis tempestatis ita obscurabat ut vix proximum agnoscere possent. Cuius incommodum summam utilitatem ipsis praebebat. Ita cum ad 15 eum locum venerunt, iubet binos equites conscendere, et recta per adversariorum praesidia ad oppidum contendunt. Mediisque eorum praesidiis cum essent, cum quaereretur qui essent, unus ex nostris respondit ut sileat verbum facere: nam id temporis conari ad murum accedere, ut oppidum capiant; et 20 partim tempestate impediti vigiles non poterant diligentiam praestare, partim illo responso deterrebantur. Cum ad portam appropinquassent, signo dato ab oppidanis sunt recepti, et pedites dispositi partim ibi remanserunt, equites clamore facto eruptionem in adversariorum castra fecerunt. Sic in illo facto, 25 cum inscientibus accidisset, existimabant prope magna pars hominum qui in his castris fuissent se prope captos esse.

1. **idem temporis**: 'at the same time'. This adverbial accusative (here and 12 below (cf. *id aetatis, id temporis*, 19-20 below) is a feature of older Latin, rare in classical prose or poetry (G–L § 336 note 2).

3. **adulescens**: this was the eldest son of Pompeius Magnus, Sextus being the younger.

Vliam: now Montilla, between Cordova and Cadiz.

5. **clam praesidia**: G-L § 416. 8 for *clam* and acc., again early Latin, also in legal texts.

7-8. If the text is right, *eam . . . esse* is *oratio obliqua* with no introductory verb (G-L § 649). But this is so harsh that we should perhaps read e.g. 'Caesar <cognito> eam . . .'

10-11. **non parum scientem** = *non inscientem*, litotes for 'very experienced'.

15. **ipsis** = *iis*. This unstressed sense of *ipse* does not become common till late Latin, but there are some classical instances (L-H-S 190).

16. **venerunt**: *venissent* would be normal (G-L § 585, and cf. 12 above), but such *cum*-clauses sometimes follow the pattern of *ubi* and *postquam*, and have indicatives; again this is likeliest in early or unliterary texts (comedy, private letters of Cicero). Woodock § 231, E-T, p. 367.

recta: sc. *via*, 'straight'. This usage is found in Plautus and Cicero's letters.

17-18. **Mediis . . . praesidiis**: 'in the middle of the guards'. Ablative in locatival sense; no preposition, since *medius* (like *totus*) dispenses with one. Livy 1. 33. 8 'carcer . . . media urbe aedificatur.'

19. **ut sileat verbum facere**: 'that he'd better stop talking'. Reported command; and *sileat* (uniquely?) is followed by a prolative infinitive.

20. **conari**: *se* is omitted, as occasionally even in classical prose (G-L § 527. 3).

26. **existimabant prope magna pars**: G-L § 211. *Magna pars* = 'the majority'.

27. *Rome's corruption*

C. Sallustius Crispus (86-35 BC) wrote two historical monographs, one on the conspiracy of Catiline (63 BC) and one on the war with Jugurtha (112-104 BC), and then attempted a continuous history (lost apart from excerpts) of the period 78-66 BC. All this was done in the last eight or nine years of his life. His style is distinctive: archaizing but pointed, constantly aiming at emotional or ironic effect. His archaism was famous in later times; and his text offers many 'archaic' spellings (*quoi, quom, strenuos, plurumum,* and the like) which are not found in our texts of Cicero, but which he too may well have used. Sallust was Tacitus' chief model. We give first a part of the preface of the monograph on Catiline (10–11), in which he traces the decline of Roman morality and political cohesion to the point when such a person as Catiline could come to the front.

Sed ubi labore atque iustitia res publica crevit, reges magni bello domiti, nationes ferae et populi ingentes vi subacti, Carthago aemula imperi Romani ab stirpe interiit, cuncta maria terraeque patebant, saevire fortuna ac miscere omnia coepit. Qui labores, pericula, dubias atque asperas res facile toleraverant, iis otium   5 divitiaeque, optanda alias, oneri miseriaeque fuere. Igitur primo pecuniae, deinde imperi cupido crevit: ea quasi materies omnium malorum fuere. Namque avaritia fidem probitatem ceterasque artis bonas subvortit; pro his superbiam, crudelitatem, deos neglegere, omnia venalia habere edocuit, ambitio multos   10 mortalis falsos fieri subegit, aliud clausum in pectore, aliud in lingua promptum habere, amicitias inimicitiasque non ex re sed ex commodo aestumare, magisque voltum quam ingenium bonum habere. Haec primo paulatim crescere, interdum vindicari; post ubi contagio quasi pestilentia invasit, civitas   15 inmutata, imperium ex iustissumo atque optumo crudele intolerandumque factum.

Sed primo magis ambitio quam avaritia animos hominum exercebat, quod tamen vitium propius virtutem erat. Nam gloriam honorem imperium bonus et ignavos aeque sibi   20 exoptant; sed ille vera via nititur, huic quia bonae artes desunt, dolis atque fallaciis contendit. Avaritia pecuniae studium habet, quam nemo sapiens concupivit: ea quasi venenis malis inbuta corpus animumque virilem effeminat, semper infinita et insatiabilis est, neque copia neque inopia minuitur. Sed   25 postquam L. Sulla armis recepta re publica bonis initiis malos eventus habuit, rapere omnes, trahere, domum alius, alius agros cupere, neque modum neque modestiam victores habere, foeda crudeliaque in civis facinora facere. Huc accedebat quod L. Sulla

30 exercitum quem in Asia ductaverat, quo sibi fidum faceret,
contra morem maiorum luxuriose nimisque liberaliter habuerat.
Loca amoena, voluptaria facile in otio ferocis militum animos
molliverant: ibi primum insuevit exercitus populi Romani amare
potare, signa tabulas pictas vasa caelata mirari, ea privatim et
35 publice rapere, delubra spoliare, sacra profanaque omnia
polluere. Igitur ii milites, postquam victoriam adepti sunt, nihil
relicui victis fecere. Quippe secundae res sapientium animos
fatigant: ne illi conruptis moribus victoriae temperarent.

4. **miscere omnia**: 'put all things into confusion'.

6. **oneri miseriaeque**: predicative datives, G–L § 356 ('dative of the
object for which'). See on 40. 48 below.

9. **artis bonas**: 'honourable ways', cf. 21.

10–11. **multos mortalis**: a favourite expression of Sallust, alliterative
and elevated in tone.

14–15. **crescere . . . vindicari**: historic infinitives, again a favoured
turn. See on **28.25**.

19. **propius virtutem**: 'nearer to virtue'. Like Aristotle, Sallust
envisages the right conduct as lying between two extremes, not
necessarily equidistant from the due mean.

36–7. **nihil . . . fecere**: 'left nothing to the vanquished'.

38. **ne . . . temperarent**: 'still less would men of corrupt character
be moderate in victory' (*ne = nedum*, *OLD* s.v. 11 c).

28. *Jugurtha*

Here (*Bell. Jug.* 5–7) Sallust introduces the subject and the chief
character of his second book.

Bellum scripturus sum quod populus Romanus cum Iugurtha
rege Numidarum gessit, primum quia magnum et atrox variaque
victoria fuit, dehinc quia tunc primum superbiae nobilitatis
obviam itum est. Quae contentio divina et humana cuncta
5 permiscuit, eoque vecordiae processit ut studiis civilibus bellum
atque vastitas Italiae finem faceret. Sed priusquam huiuscemodi

rei initium expedio, pauca supra repetam, quo ad cognoscundum omnia inlustria magis magisque in aperto sint.

Bello Punico secundo, quo dux Carthaginiensium Hannibal post magnitudinem nominis Romani Italiae opes maxume adtriverat, Masinissa rex Numidarum in amicitiam receptus a P. Scipione, quoi postea Africano cognomen ex virtute fuit, multa et praeclara rei militaris facinora fecerat. Ob quae victis Carthaginiensibus et capto Syphace, quoius in Africa magnum atque late imperium valuit, populus Romanus quascumque urbis et agros manu ceperat regi dono dedit. Igitur amicitia Masinissae bona atque honesta nobis permansit, sed imperi vitaeque eius finis idem fuit. Dein Micipsa filius regnum solus obtinuit. Mastanabale et Gulussa fratribus morbo absumptis. Is Adherbalem et Hiempsalem ex sese genuit Iugurthamque filium Mastanabalis fratris, quem Masinissa, quod ortus ex concubina erat, privatum dereliquerat, eodem cultu quo liberos suos domi habuit.

Qui ubi primum adolevit, pollens viribus decora facie sed multo maxume ingenio validus, non se luxu neque inertiae conrumpendum dedit, sed uti mos gentis illius est, equitare iaculari, cursu cum aequalibus certare, et quom omnis gloria anteiret, omnibus tamen carus esse; ad hoc pleraque tempora in venando agere, leonem atque alias feras primus aut in primis ferire, plurumum facere minumum ipse de se loqui. Quibus rebus Micipsa tametsi initio laetus fuerat, existumans virtutem Iugurthae regno suo gloriae fore, tamen postquam hominem adulescentem exacta sua aetate et parvis liberis magis magisque crescere intellegit, vehementer eo negotio permotus, multa cum animo suo volvebat. Terrebat eum natura mortalium avida imperi et praeceps ad explendam animi cupidinem, praeterea opportunitas suae liberorumque aetatis, quae etiam mediocris viros spe praedae transvorsos agit; ad hoc studia Numidarum in Iugurtham accensa, ex quibus, si talem virum dolis interfecisset, ne qua seditio aut bellum oriretur anxius erat. His difficultatibus circumventus ubi videt neque per vim neque insidiis opprimi posse hominem tam acceptum popularibus, quod erat Iugurtha manu promptus et adpetens gloriae militaris, statuit eum obiectare periculis et eo modo fortunam temptare. Igitur bello

10

15

20

25

30

35

40

Numantino Micipsa cum populo Romano equitum atque peditum
45   auxilia mitteret, sperans vel ostentando virtutem vel hostium
saevitia facile eum occasurum, praefecit Numidis quos in
Hispaniam mittebat. Sed ea res longe aliter ac ratus erat evenit.
Nam Iugurtha, ut erat inpigro atque acri ingenio, ubi naturam
P. Scipionis, qui tum Romanis imperator erat, et morem hostium
50   cognovit, multo labore multaque cura, praeterea modestissume
parendo et saepe obviam eundo periculis, in tantam claritudinem
brevi pervenerat ut nostris vehementer carus, Numantinis
maxumo terrori esset. Ac sane, quod difficillumum in primis
est, et proelio strenuos erat et bonus consilio, quorum alterum
55   ex providentia timorem, alterum ex audacia temeritatem adferre
plerumque solet. Igitur imperator omnis fere res asperas per
Iugurtham agere, in amicis habere, magis magisque eum in dies
amplecti, quippe quoius neque consilium neque inceptum ullum
frustra erat. Huc adcedebat munificentia animi et ingeni sollertia,
60   quis rebus sibi multos ex Romanis familiari amicitia coniunxerat.

1. **scripturus sum**: this periphrastic future gives the only use in early
Latin for the participle in *-urus*. Woodcock § 104, Laughton, *The
Participle in Cicero* (Oxford, 1964) 118 ff.

3. **dehinc**: 'next', like *dein*, *deinde*. *OLD* s.v. 2.

4. **obviam itum est**: G–L § 208.2.

5. **eoque vecordiae**: 'and to such a degree of madness', G–L § 372 n. 3.

7. **expedio**: G–L § 575.

7–8. **quo . . . sint**: 'so that everything may be clearer and more open
to knowledge'.

10. **post . . . Romani**: 'since Rome became great'.

12. **Africano**: for the dative. G–L § 349.

13. **facinora fecerat**: *facinus* has no derogatory sense here. The
alliteration and the *figura etymologica* (*facinus* is from *facio*) give
an impression of archaic, simple dignity.

24. **luxu**: dative. G–L § 61. Some MSS give *luxui*.

25–9. **equitare . . . loqui**: the series of historic infinitives (G–L
§ 647, E–T § 282) is characteristic of Sallust. Though found earlier (esp.
in Terence) this idiom, which 'reduces the statement to the bare verbal
notion', is favoured mostly by Sallust and Tacitus, and appears
sometimes even in subordinate (temporal) clauses.

33. intellegit: may be perfect (cf. Lucretius 6.17), though *postquam* may take present (*OLD* s.v.), as *ubi* does in 40.

37. transvorsos agit: 'leads astray'. The indic. shows that Sallust regards this as his own gloss on Micipsa's thinking.

51. claritudinem: a recherché synonym of *claritas*, known from early historians (Cato, Sisenna) and later taken up by Tacitus.

52. vehementer: 'very', *OLD* s.v. 4 b.

53-6. The combination of courage and wisdom is an old ideal; the idea that virtues degenerate into 'corresponding' vices is a moral commonplace.

58-9. quippe quoius . . . erat: G-L § 626. Sallust here follows the earlier fashion of using indicative: from Cicero onwards, the subjunctive is normal.

59. ingeni sollertia: 'resourcefulness of mind'.

29. *Marius as consul*

This speech, of which we give only a portion (*Bell. Jug.* 85. 10-25), is an address to the people by Marius as consul in 107 BC, when he is about to take command of the campaign against Jugurtha. After the failures of senatorial generals, Marius, the *novus homo*, is confident of putting things right. Sallust, in composing the speech, used echoes of the oratory of Cato, who also spoke of his achievements as a *novus homo*.

Bellum me gerere cum Iugurtha iussistis, quam rem nobilitas aegerrume tulit. Quaeso, reputate cum animis vostris num id mutare melius sit, si quem ex illo globo nobilitatis ad hoc aut aliud tale negotium mittatis, hominem veteris prosapiae ac multarum imaginum et nullius stipendi: scilicet ut in tanta re   5
ignarus omnium trepidet festinet sumat aliquem ex populo monitorem offici sui. Ita plerumque evenit ut quem vos imperare iussistis is sibi imperatorem alium quaerat. Atque ego scio, Quirites, qui, postquam consules facti sunt, et acta maiorum et Graecorum militaria praecepta legere coeperint: praeposteri   10
homines, nam gerere quam fieri tempore posterius, re atque

usu prius est. Comparate nunc, Quirites, cum illorum superbia
me hominem novom. Quae illi audire aut legere solent, eorum
partem vidi, alia egomet gessi; quae illi litteris, ea ego militando
15 didici. Nunc vos existumate facta an dicta pluris sint. Contemnunt
novitatem meam, ego illorum ignaviam; mihi fortuna, illis probra
obiectantur. Quamquam ego naturam unam et communem
omnium existumo, sed fortissumum quemque generosissumum.
Ac si iam ex patribus Albini aut Bestiae quaeri posset, mene an
20 illos ex se gigni maluerint, quid responsuros creditis nisi sese
liberos quam optumos voluisse? Quod si iure me despiciunt,
faciant item maioribus suis, quibus, uti mihi, ex virtute nobilitas
coepit. Invident honori meo: ergo invideant labori, innocentiae,
periculis etiam meis, quoniam per haec illum cepi. Verum
25 homines corrupti superbia ita aetatem agunt quasi vostros
honores contemnant; ita hos petunt quasi honeste vixerint. Ne
illi falsi sunt qui divorsissumas res pariter expectant, ignaviae
voluptatem et praemia virtutis. Atque etiam, quom apud vos
aut in senatu verba faciunt, pleraque oratione maiores suos
30 extollunt; eorum fortia facta memorando clariores sese putant.
Quod contra est. Nam quanto vita illorum praeclarior, tanto
horum socordia flagitiosior. Et profecto ita se res habet: maiorum
gloria posteris quasi lumen est, neque bona neque mala eorum
in occulto patitur. Huiusce rei ego inopiam fateor, Quirites,
35 verum, id quod multo praeclarius est, meamet facta mihi dicere
licet. Nunc videte quam iniqui sint. Quod ex aliena virtute sibi
adrogant, id mihi ex mea non concedunt, scilicet quia imagines
non habeo et quia mihi nova nobilitas est, quam certe peperisse
melius est quam acceptam corrupisse.

2. **Quaeso**: 'I beg you', 'pray', *OLD* s.v. 3 a.
3. **globo**: 'band', 'gang', 'clique': a pejorative word, suggesting violent ruffians (cf. Tac. *Ann.* 2. 64).
4. **prosapiae**: 'lineage'. Archaic word, known from Cato. Ironical here.
5. **stipendi**: 'service'. For the genitives, G–L § 365.
7. **monitorem**: 'adviser', 'consultant', as Marius himself had been to Metellus.

8-10. Atque ego scio . . . qui . . . coeperint: 'I actually know of some who started', G-L § 631.

10-11. praeposteri homines: 'men who do everything the wrong way round'. Sallust adapts Demosthenes, 3 *Olynth.* 15: 'action comes second in order after speaking and passing a vote, but in fact it comes before and is more important'.

14. partem . . . alia: note the *variatio*; Sallust avoids *partem . . . partem* and *alia . . . alia*. He is perhaps being 'Thucydidean'.

18. fortissumum quemque generosissumum: 'that the bravest is always the noblest', G-L § 318. 2. True *nobilitas*, in Marius' eyes, is courage. In a similar vein, philosophers revalue εὐγένεια, *nobilitas*, as a virtue.

19. Albinus (consul 110) and Bestia (consul 112) were unsuccessful (and corrupt) generals in the early stages of the war.

20. maluerint: 'whether they would have preferred.'

21. quam optumos: G-L § 303.

22. 'Let them do likewise to their ancestors', i.e. despise them as they do me.

26-7. Ne illi falsi sunt: 'They are indeed deceived'. This *ne* is like Greek ναί, and marks a strong assertion. It is usually (as here) followed by *ille* (or *iste*).

30. fortia facta memorando: abl. of gerund with a direct object is less common than the gerundive construction, but is often found where the object is a neuter plural adj. This instance is similar, since *facta* is a very colourless noun. Euphony militates against *fortibus factis memorandis*.

35. meamet: 'my very own', G-L § 102.

30. *Legal problems*

This extract (*Digest* 9. 2. 52) discusses problems of damages: the Lex Aquilia (perhaps introduced by P. Aquilius Gallus, *tribunus plebis* 55 BC) had attempted to put the law on these issues into order, but clearly led to many questions of interpretation. We have here, it seems, the opinions of P. Alfenus Varus, consul 39 BC, the recipient of Virgil's

Sixth Eclogue, a pupil of the great Servius Sulpicius, who wrote
extensive legal textbooks which were anthologized by later writers,
so that some portions survive in Justinian's great compilation, made
nearly six centuries later. This, we are told, is from *libro secundo
Digestorum*. The clear, careful style is certainly classical. Traffic
accidents on the hills of Rome must have been commonplace, and were
no doubt often fatal.

Si ex plagis servus mortuus esset neque id medici inscientia aut
domini neglegentia accidisset, recte de iniuria occiso eo agitur.
    Tabernarius in semita noctu supra lapidem lucernam posuerat;
quidam praeteriens eam sustulerat; tabernarius eum consecutus
5   lucernam reposcebat et fugientem retinebat; ille flagello quod
in manu habebat, in quo dolor inerat, verberare tabernarium
coeperat, ut se mitteret; ex eo maiore rixa facta tabernarius ei
qui lucernam sustulerat oculum effoderat. Consulebat num
damnum iniuria non videretur dedisse, quoniam prior flagello
10 percussus esset. Respondi, nisi data opera effodisset oculum,
non videri damnum iniuria fecisse, culpam enim penes eum qui
prior flagello percussit residere; sed si ab eo non prior vapulasset
sed cum ei lucernam eripere vellet rixatus esset, tabernarii culpa
factum videri.
15   In clivo Capitolino duo plostra onusta mulae ducebant; prioris
plostri muliones conversum plostrum sublevabant, quo facile
mulae facerent iter; superius plostrum cessim ire coepit, et
cum muliones qui inter duo plostra fuerunt e medio exissent,
posterius plostrum a priore percussum retro redierat et puerum
20 cuiusdam obtriverat. Dominus pueri consulebat cum quo se
agere oporteret. Respondi in causa ius esse positum: nam si
muliones qui superius plostrum sustinuissent sua sponte se
subduxissent et ideo factum esset ut mulae plostrum retinere
non possent atque onere ipso retraherentur, cum domino
25 mularum nullam esse actionem, cum hominibus qui conversum
plostrum sustinuissent lege Aquilia agi posse; nam nihilo minus
eum damnum dare qui quod sustineret mitteret sua voluntate,
ut id aliquem feriret: veluti si quis asellum cum agitasset
non retinuisset, aeque si quis ex manu telum aut aliud quid

immisisset, damnum iniuria daret. Sed si mulae quia aliquid   30
reformidassent et muliones timore permoti ne opprimerentur
plostrum reliquissent, cum hominibus actionem nullam esse, cum
domino mularum esse. Quodsi neque mulae neque homines in
causa essent, sed mulae retinere onus nequissent aut cum
coniterentur lapsae concidissent et ideo plostrum cessim redisset   35
atque hi quod conversum fuisset onus sustinere nequissent,
neque cum domino mularum neque cum hominibus esse
actionem. Illud quidem certum esse, quoquo modo res se
haberet, cum domino posteriorum mularum agi non posse,
quoniam non sua sponte sed percussae retro redissent.   40

Quidam boves vendidit ea lege uti daret experiundos; postea
dedit experiundos; emptoris servus in experiundo percussus
ab altero bove cornu est. Quaerebatur num venditor emptori
damnum praestare deberet. Respondi si emptor boves emptos
haberet, non debere praestare; sed si non haberet emptos, tum,   45
si culpa hominis factum esset ut a bove feriretur, non debere
praestare, si vitio bovis, debere.

Cum pila complures luderent, quidam ex his servulum, cum
pilam percipere conaretur, impulit, servus cecidit et crus fregit.
Quaerebatur an dominus servuli lege Aquilia cum eo cuius   50
impulsu ceciderat agere potest. Respondi non posse, cum casu
magis quam culpa videretur factum.

7. **mitteret**: 'let go', like dimitteret. Cf. 27 below.

15. **plostra**: *plaustra*.

17. **cessim**: 'backwards', a word found in early texts and later in
Apuleius.

51. **potest**: if the reading is right, the indicative is retained in the
indirect question.

31. *De re rustica*

M. Terentius Varro, the most learned man of his age, whose works
included encyclopaedic works on the liberal arts and on antiquities
(not to mention his original and entertaining *Saturae Menippeae*) wrote
his three books *de re rustica* when he was about 80, in 36 BC. Virgil

used them extensively for the *Georgics*. They are a series of dialogues, with prefaces and long speeches (i.e. on the Hellenistic and Aristotelian model, not like Plato), and occasional intrusions of narrative. We give (*a*) the end of Book 1 (69.2-3), where a conversation in the temple of Tellus ends amazingly with news of the sacristan's murder, and (*b*) the preface (§§ 1-6) of Book 2, which is about cattle-breeding. Varro's style is unrhetorical and old-fashioned.

(*a*) Cum haec diceret, venit libertus aeditumi ad nos flens et rogat ut ignoscamus quod simus retenti, et ut ei in funus postridie prodeamus. Omnes consurgimus ac simul exclamamus, 'Quid? in funus? quod funus? quid est factum?' Ille flens narrat
5   ab nescio quo percussum cultello concidisse, quem qui esset animadvertere in turba non potuisse, sed tantum modo exaudisse vocem, perperam fecisse. Ipse cum patronum domum sustulisset et pueros dimisisset ut medicum requirerent ac mature adducerent, quod potius illut administrasset quam ad nos venisset,
10 aecum esse sibi ignosci. Nec si eum servare non potuisset quin non multo post animam efflaret, tamen putare se fecisse recte. Non moleste ferentes descendimus de aede, et de casu humano magis querentes quam admirantes id Romae factum, discedimus omnes.

(*b*) Viri magni nostri maiores non sine causa praeponebant rusticos Romanos urbanis; ut ruri enim qui in villa vivunt ignaviores quam qui in agro versantur in aliquo opere faciendo, sic qui in oppido sederent quam qui rura colerent desidiosiores
5   putabant. Itaque annum ita diviserunt, ut nonis modo diebus urbanas res usurparent, reliquis septem ut rura colerent. Quod dum servaverunt institutum, utrumque sunt consecuti, ut et cultura agros fecundissimos haberent et ipsi valetudine firmiores essent, ac ne Graecorum urbana desiderarent gymnasia. Quae
10 nunc vix satis singula sunt, nec putant se habere villam, si non multis vocabulis retineant graecis, quom vocent particulatim loca, procoetona, palaestram, apodyterion, peristylon, ornithona, peripteron, oporothecen. Igitur quod nunc intra murum fere patres familiae correpserunt relictis falce et aratro, et manus
15 movere maluerunt in theatro ac circo quam in segetibus ac

vinetis, frumentum locamus qui nobis advehat qui saturi fiamus
ex Africa et Sardinia, et navibus vindemiam condimus ex insula
Coa et Chia. Itaque in qua terra culturam agri docuerunt pastores
progeniem suam, qui condiderunt urbem, ibi contra progenies
eorum propter avaritiam contra leges ex segetibus fecit prata,   20
ignorantes non idem esse agri culturam et pastionem. Alius
enim opilio et arator, nec, si possunt in agro pasci armenta,
armentarius non aliut ac bubulcus. Armentum enim id quod in
agro natum non creat sed tollit dentibus. Contra bos domitus
causa fit ut commodius nascatur frumentum in segete et   25
pabulum in novali. Alia, inquam, ratio ac scientia coloni,
alia pastoris: coloni ea quae agri cultura factum ut nascerentur
e terra, contra pastoris ea quae nata ex pecore. Quarum quoniam
societas inter se magna, propterea quod pabulum in fundo
conpascere quam vendere plerumque magis expedit domino   30
fundi et stercoratio ad fructus terrestres aptissima et maxume
ad id pecus adpositum, qui habet praedium habere utramque
debet disciplinam, et agri culturae et pecoris pascendi, et etiam
villaticae pastionis. Ex ea enim quoque fructus tolli possunt non
mediocres, ex ornithonibus ac leporariis et piscinis. E quis   35
quoniam de agricultura librum Fundaniae uxori propter eius
fundum feci, tibi, Niger Turrani noster, qui vehementer delectaris
pecore, propterea quod te empturientem in campos Macros ad
mercatum adducunt crebro pedes, quo facilius sumptibus multa
poscentibus ministres, quod eo facilius faciam, quod et ipse   40
pecuarias habui grandes, in Apulia oviarias et in Reatino equarias,
de re pecuaria breviter ac summatim percurram ex sermonibus
nostris collatis cum iis qui pecuarias habuerunt in Epiro magnas,
tum cum piratico bello inter Delum et Siciliam Graeciae classibus
praeessem.   45

(*a*) 1. **aeditumi**: 'sacristan', 'temple-warden'. Varro consciously
prefers this form to the more modern *aedituus* (1. 2. 1).

  2. **ei**: i.e. to help him. G–L § 350.

  5. **quem**: equivalent to *et eum*, so that *potuisse* is parallel to *concidisse*.

  7. **perperam fecisse**: the assassin's words were 'I've made a mistake',
i.e. 'got the wrong man'. G–L § 527. 3 for omission of *se*: rare in Cicero,
commoner both earlier and later.

7-11. Still *oratio obliqua*.

9. **illut**: G-L § 104.

12. **Non moleste ferentes**: i.e. 'not being angry with him'.

(*b*) 1. **Viri magni nostri maiores**: 'our great ancestors', *OLD* s.v. *vir* 4.

2. **ruri**: G-L § 37. 5.

5. **nonis . . . diebus**: the *nundina*, market day, is the 'ninth day'. **usurparent**: 'carry out', *OLD* s.v. 3.

7. **dum servaverunt**: 'So long as they retained', G-L § 569.

9-10. **Quae . . . sunt**: 'one of these now hardly suffices'.

10-11. 'If they don't keep it under many Greek names . . .' (?).

12-13. i.e. antechamber, wrestling-floor, changing room, peristyle (i.e. courtyard with columns), aviary, peripteros (building with single row of surrounding columns: but some read *peristereona*, 'dovecot'), fruit-store.

14. **correpserunt**: 'have crept'.

14-15. **manus movere**: 'bestir their hands' in applauding entertainers rather than working their land.

16-17. 'We hire someone to bring us corn from Africa and Sardinia on which (*qui*, abl.) we can get fat'.

17-18. **insula Coa et Chia** = Co et Chio.

20. **contra leges**: presumably the Lex Licinia and the Gracchan law limiting the size of holdings and forbidding sales.

22. **opilio**: 'shepherd'.

22-3. 'Even if sheep [but *armenta* covers sheep and goats] can be pastured on the farm, it does not follow that a shepherd is the same as a cowherd'.

26. **in novali**: 'on fallow'.

27-8. 'To the farmer belong things whose emergence from the earth is the result of cultivation of the land, to the shepherd those that come from the animals'.

27. **factum**: sc. *est*.

30. **conpascere**: 'use as grazing', *OLD* s.v. 3.

32. **adpositum**: 'suitable', *OLD* s.v. *appositus* 2.

34. **villaticae pastionis**: 'villa husbandry', i.e. poultry, bees, rabbits, dormice, snails, fishponds (all the subject of Book 3).

38. **empturientem**: 'anxious to buy'. Desiderative: G-L § 191. **campos Macros**: not a town but an area (between Reggio and Modena) where a cattle fair was regularly held.

39-40. quo facilius . . . ministres: this clause depends on *percurram* (42), to which also the clause *quod . . . equarias* (40-1) refers by anticipation.

43. collatis cum . . .: (conversations) 'held with . . .', *OLD* s.v. *conferre* 12 c.

44-5. In 67 BC Varro (probably as praetor) served in this campaign and earned a *corona rostrata* for action against the pirates.

32. *Atticus*

Cornelius Nepos, a younger contemporary of Cicero, composed a set of biographies of famous men, part of which is extant, and other historical compilations. His plain and generally unadorned Latin, together with the historical information he conveys, has often made him a popular school author. The life of T. Pomponius Atticus is an encomiastic biography of a friend and contemporary; it adds to our knowledge of a fascinating character whom we know also from the correspondence of Cicero. Atticus (110-32 BC) was a successful man of business who avoided trouble throughout the disturbances of the late Republic. As an employer or owner of copyists, he was, in some sense, Cicero's 'publisher'. We give Nepos' description of his private life (13-15).

Neque vero ille vir minus bonus pater familias habitus est quam civis. Nam cum esset pecuniosus, nemo illo minus fuit emax, minus aedificator. Neque tamen non in primis bene habitavit omnibusque optimis rebus usus est. Nam domum habuit in colle Quirinali Tamphilianam, ab avunculo hereditate relictam, cuius   5
amoenitas non aedificio sed silva constabat: ipsum enim tectum antiquitus constitutum plus salis quam sumptus habebat: in quo nihil commutavit, nisi si quid vetustate coactus est. Vsus est familia, si utilitate iudicandum est, optima, si forma, vix mediocri. Namque in ea erant pueri litteratissimi, anagnostae   10
optimi et plurimi librarii, ut ne pedisequus quidem quisquam esset qui non utrumque horum pulchre facere posset, pari modo artifices ceteri quos cultus domesticus desiderat, apprime boni.

Neque tamen horum quemquam nisi domi natum domique
15 factum habuit: quod est signum non solum continentiae sed
etiam diligentiae. Nam et non intemperanter concupiscere quod
a plurimis videas continentis debet duci, et potius diligentia
quam pretio parare non mediocris est industriae. Elegans, non
magnificus, splendidus, non sumptuosus: omnisque diligentia
20 munditiam, non affluentiam affectabat. Supellex modica, non
multa, ut in neutram partem conspici posset. Nec praeteribo,
quamquam nonnullis leve visum iri putem, cum in primis lautus
esset eques Romanus et non parum liberaliter domum suam
omnium ordinum homines invitaret, non amplius quam terna
25 milia peraeque in singulos menses ex ephemeride eum expensum
sumptui ferre solitum. Atque hoc non auditum sed cognitum
praedicamus: saepe enim propter familiaritatem domesticis
rebus interfuimus.

Nemo in convivio eius aliud acroama audivit quam anagnosten,
30 quod nos quidem iucundissimum arbitramur; neque umquam
sine aliqua lectione apud eum cenatum est, ut non minus animo
quam ventre convivae delectarentur: namque eos vocabat
quorum mores a suis non abhorrerent. Cum tanta pecuniae facta
esset accessio, nihil de cotidiano cultu mutavit, nihil de vitae
35 consuetudine, tantaque usus est moderatione ut neque in
sestertio viciens, quod a patre acceperat, parum se splendide
gesserit, neque in sestertio centiens affluentius vixerit quam
instituerat, parique fastigio steterit in utraque fortuna. Nullos
habuit hortos, nullam suburbanam aut maritimam sumptuosam
40 villam, neque in Italia, praeter Arretinum et Nomentanum,
rusticum praedium, omnisque eius pecuniae reditus constabat
in Epiroticis et urbanis possessionibus. Ex quo cognosci potest
usum eum pecuniae non magnitudine, sed ratione metiri
solitum.
45 Mendacium neque dicebat neque pati poterat. Itaque eius
comitas non sine severitate erat neque gravitas sine facilitate,
ut difficile esset intellectu utrum eum amici magis vererentur
an amarent. Quidquid rogabatur, religiose promittebat, quod
non liberalis sed levis arbitrabatur polliceri quod praestare non
50 posset. Idem in nitendo quod semel annuisset tanta erat cura

ut non mandatam sed suam rem videretur agere. Numquam
suscepti negotii eum pertaesum est: suam enim existimationem
in ea re agi putabat, qua nihil habebat carius. Quo fiebat ut
omnia Ciceronum, M. Catonis, Q. Hortensi, Auli Torquati,
multorum praeterea equitum Romanorum negotia procuraret.   55
Ex quo iudicari poterat non inertia sed iudicio fugisse rei
publicae procurationem.

1. **pater familias**: G–L § 29 Remark 1.

3. **aedificator**: 'given to building'—a form of extravagance.
in primis bene: 'specially well'.

4. **optimis**: predicative.

4–5. **domum . . . Tamphilianam**: i.e. a house belonging to some
member of the family of the Baebii Tamphili, a distinguished family
in the political and military life of the later Republic.

6. **silva**: 'garden', cf. *OLD* s.v. 1 b.

7. **salis**: 'character', *OLD* s.v. 6 a.

9. i.e. the good looks of his slaves didn't matter to him.

10. **anagnostae**: 'readers'.

11. **librarii**: 'scribes'.
pedisequus: 'footman', 'attendant'.

15. **continentiae**: 'restraint', 'self-control'. N. is anxious to attribute
all the virtues to his hero.

17. **videas**, sc. *concupisci*.
continentis: G–L § 366 Remark 2.

18–21. Atticus avoids extremes, keeps to the virtuous mean. So (21)
his furnishings are not remarkable for extravagance or for shabbiness
(*in neutram partem*).

23. **non parum liberaliter**: 'generously'.

24–5. **terna milia**: 3000 *sestertii*, a small sum for monthly domestic
expenditure.

25. **ephemeride**: 'day-book', 'journal'.

29. **acroama**: 'entertainment'.

35–6. **in sestertio viciens**: 2,000,000 *sestertii*.

39. **hortos**: 'park'. The *silva* (6) of his town house was a small area
with trees.

38–42. Atticus had realized his assets in Italy about 85 BC, in view
of the disturbed times, and moved to Athens. He often lived on his
property in Epirus.

LIVY AND OTHER AUGUSTANS

33. *Three letters of Augustus*

We owe two of these letters to the biographer Suetonius, who had
access to Augustus' own copies ('litterae . . . autographae', *Aug.* 87)
and one to Aulus Gellius. But books of them were in circulation earlier;
the emperor had the reputation of an entertaining letter-writer. We
give (*a*) a letter (Suet. *Claudius* 3) to his wife Livia on an important
family matter, the career of the future emperor Claudius; (*b*) a note
to his favourite grandson Gaius (Aulus Gellius 15. 7); (*c*) a letter to the
poet Horace (Suet. *vita Horati*) (cf. E. Fraenkel, *Horace* (Oxford, 1957)
20).

(*a*) Collocutus sum cum Tiberio, ut mandasti, mea Livia, quid
nepoti tuo Tiberio faciendum esset ludis Martialibus. Consentit
autem uterque nostrum semel nobis esse statuendum quod
consilium in illo sequamur. Nam si est artius, ut ita dicam,
holocleros, quid est quod dubitemus quin per eosdem articulos   5
et gradus producendus sit per quos frater eius productus sit?
sin autem ἠλαττῶσθαι sentimus eum et βεβλάφθαι καὶ εἰς
τὴν τοῦ σώματος καὶ εἰς τὴν τῆς ψυχῆς ἀρτιότητα, praebenda
materia deridendi et illum et nos non est hominibus τὰ τοιαῦτα
σκώπτειν καὶ μυκτηρίζειν εἰωθόσιν. Nam semper aestuabimus, si   10
de singulis articulis temporum deliberabimus, μὴ προϋποκειμένου
ἡμῖν posse arbitremur eum gerere honores necne. In praesentia
tamen quibus de rebus consulis, curare eum ludis Martialibus
triclinium sacerdotum non displicet nobis, si est passurus se ab
Silvani filio, homine sibi affini, admoneri ne quid faciat quod   15
conspici et derideri possit. Spectare eum circenses ex pulvinari
non placet nobis; expositus enim in fronte prima spectaculorum
conspicietur. In Albanum montem ire eum non placet nobis aut
esse Romae Latinarum diebus. Cur enim non praeficitur urbi,
si potest sequi fratrem suum in montem? Habes nostras, mea   20
Livia, sententias, quibus placet semel de tota re aliquid constitui,

ne semper inter spem et metum fluctuemur. Licebit autem, si voles, Antoniae quoque nostrae des hanc partem epistulae huius legendam.

(*b*) IX. Kal. Octobris.
Ave, mi Gai, meus asellus iucundissimus, quem semper medius fidius desidero cum a me abes. Sed praecipue diebus talibus qualis est hodiernus oculi mei requirunt meum Gaium, quem,
5   ubicumque hoc die fuisti, spero laetum et bene valentem celebrasse quartum et sexagesimum natalem meum. Nam, ut vides, κλιμακτῆρα communem seniorum omnium, tertium et sexagesimum annum, evasimus. Deos autem oro ut mihi, quantumcumque superest temporis, id salvis nobis traducere
10 liceat in statu rei publicae felicissimo, ἀνδραγαθούντων ὑμῶν καὶ διαδεχομένων stationem meam.

(*c*) Pertulit ad me Onysius libellum tuum, quem ego ut excusantem, quantuluscumque est, boni consulo. Vereri autem mihi videris ne maiores libelli tui sint quam ipse es; sed tibi statura deest, corpusculum non deest. Itaque licebit in sextariolo
5   scribas, quo circuitus voluminis tui sit ὀγκωδέστατος, sicut est ventriculi tui.

(*a*) 2. **nepoti tuo Tiberio**: Claudius (b. 10 BC), the youngest son of the elder Drusus, Augustus' step-son, and Antonia, the daughter of Octavia and M. Antonius the triumvir.
ludis Martialibus: perhaps the games in honour of Mars Ultor, introduced 2 BC.
4-5. **artius ... holocleros**: 'really "all there" ' (ὁλόκληρος: 'whole', 'entire').
6. **frater eius**: Germanicus (b. 15 BC).
7. ἠλαττῶσθαι: 'to be below par'.
7-8. βεβλάφθαι ... ἀρτιότητα: 'impaired in physical and mental soundness.'
9-10. τὰ τοιαῦτα ... εἰωθόσιν: 'accustomed to mock and turn up their noses at that sort of thing'.
10-12. 'For we shall always be in doubt, if we deliberate about every individual stage, if we do not have a prior understanding as to

whether we think he is capable of holding honours or not'. *utrum* is omitted before *posse*: G-L § 459.

14. **triclinium sacerdotum**: a dining-room for a public dinner of the priests.

15. **Silvani**: this seems to be M. Plautius Silvanus, consul 2 BC, and later proconsul of Asia.

19. **Latinarum diebus**: the Feriae Latinae were in April, the ceremonies taking place on the Alban Mount.

(*b*) 2. **meus . . . iucundissimus**: nominative for vocative in apposition: G-L § 321 (but they wrongly state it is not found in prose before Pliny).

2-3. **medius fidius**: see on **20**. 33 above.

6. Augustus' 64th birthday, 23 September AD 2.

7. The 'climacteric' year is 63 ($= 9 \times 7$).

10-11. 'So long as you all (i.e. my grandson and other family) are brave fellows and take over my watch'.

(*c*) 2. **boni consulo**: 'I take in good part'.

4. **in sextariolo**: 'on a pint pot'.

5. ὀγκωδέστατος: 'of maximum bulk'.

34. *The rape and death of Lucretia*

T. Livius (*c*.60 BC–*c*.AD 15?) wrote a history of Rome from the beginnings (*ab urbe condita*) to 9 BC in 142 books; extant are 1-10, 21-45, and brief summaries of the rest. Style and manner naturally vary with the period described; the early history, full of legend, is the most colourful. We begin with one of his most famous stories, coming at the close of Book 1 (57. 4-59. 2), written between 27 and 25 BC. The Roman army is besieging Ardea. A chance conversation among the young noblemen in the camp sets in train events which end in the expulsion of King Tarquin. The first scene of the drama is set in the camp. The second is at Collatia, where the chaste Lucretia excites the desires of the villain, Sextus Tarquinius, the son and loyal instrument of the king. The third is the brutal rape; then follows Lucretia's death. Cf. Ovid, *Fasti* 2. 721-852; Shakespeare, *The Rape of Lucrece*.

In his stativis, ut fit longo magis quam acri bello, satis liberi
commeatus erant, primoribus tamen magis quam militibus; regii
quidem iuvenes interdum otium conviviis comisationibusque
inter se terebant. Forte potantibus his apud Sex. Tarquinium,
5   ubi et Collatinus cenabat Tarquinius, Egeri filius, incidit de
uxoribus mentio. Suam quisque laudare miris modis; inde
certamine accenso Collatinus negat verbis opus esse; paucis id
quidem horis posse sciri quantum ceteris praestet Lucretia sua.
'Quin, si vigor iuventae inest, conscendimus equos invisimusque
10 praesentes nostrarum ingenia? Id cuique spectatissimum sit
quod necopinato viri adventu occurrerit oculis.' Incaluerant
vino; 'Age sane' omnes; citatis equis avolant Romam. Quo cum
primis se intendentibus tenebris pervenissent, pergunt inde
Collatiam, ubi Lucretiam haudquaquam ut regias nurus, quas
15 in convivio lusuque cum aequalibus viderant tempus terentes,
sed nocte sera deditam lanae inter lucubrantes ancillas in medio
aedium sedentem inveniunt. Muliebris certaminis laus penes
Lucretiam fuit. Adveniens vir Tarquiniique excepti benigne;
victor maritus comiter invitat regios iuvenes. Ibi Sex. Tarquinium
20 mala libido Lucretiae per vim stuprandae capit; cum forma tum
spectata castitas incitat. Et tum quidem ab nocturno iuvenali
ludo in castra redeunt.
     Paucis interiectis diebus Sex. Tarquinius inscio Collatino cum
comite uno Collatiam venit. Vbi exceptus benigne ab ignaris
25 consilii cum post cenam in hospitale cubiculum deductus
esset, amore ardens, postquam satis tuta circa sopitique omnes
videbantur, stricto gladio ad dormientem Lucretiam venit
sinistraque manu mulieris pectore oppresso 'Tace, Lucretia'
inquit; 'Sex. Tarquinius sum; ferrum in manu est; moriere, si
30 emiseris vocem.' Cum pavida ex somno mulier nullam opem,
prope mortem imminentem videret, tum Tarquinius fateri
amorem, orare, miscere precibus minas, versare in omnes partes
muliebrem animum. Vbi obstinatam videbat et ne mortis quidem
metu inclinari, addit ad metum dedecus: cum mortua iugulatum
35 servum nudum positurum ait, ut in sordido adulterio necata
dicatur. Quo terrore cum vicisset obstinatam pudicitiam velut
victrix libido, profectusque inde Tarquinius ferox expugnato

decore muliebri esset, Lucretia maesta tanto malo nuntium
Romam eundem ad patrem Ardeamque ad virum mittit, ut cum
singulis fidelibus amicis veniant; ita facto maturatoque opus   40
esse; rem atrocem incidisse. Sp. Lucretius cum P. Valerio Volesi
filio, Collatinus cum L. Iunio Bruto venit, cum quo forte Romam
rediens ab nuntio uxoris erat conventus. Lucretiam sedentem
maestam in cubiculo inveniunt. Adventu suorum lacrimae
obortae, quaerentique viro 'Satin salve?' 'Minime' inquit; 'quid   45
enim salvi est mulieri amissa pudicitia? Vestigia viri alieni.
Collatine, in lecto sunt tuo; ceterum corpus est tantum violatum,
animus insons; mors testis erit. Sed date dexteras fidemque haud
impune adultero fore. Sex. est Tarquinius qui hostis pro hospite
priore nocte vi armatus mihi sibique, si vos viri estis, pestiferum   50
hinc abstulit gaudium.' Dant ordine omnes fidem; consolantur
aegram animi avertendo noxam ab coacta in auctorem delicti:
mentem peccare, non corpus, et unde consilium afuerit culpam
abesse. 'Vos' inquit 'videritis quid illi debeatur: ego me etsi
peccato absolvo, supplicio non libero; nec ulla deinde impudica   55
Lucretiae exemplo vivet.' Cultrum, quem sub veste abditum
habebat, eum in corde defigit, prolapsaque in volnus moribunda
cecidit. Conclamat uir paterque.

Brutus illis luctu occupatis, cultrum ex volnere Lucretiae
extractum manante cruore prae se tenens, 'Per hunc' inquit   60
'castissimum ante regiam iniuriam sanguinem iuro, vosque, di,
testes facio me L. Tarquinium Superbum cum scelerata coniuge
et omni liberorum stirpe ferro igni quacumque dehinc vi possim
exsecuturum, nec illos nec alium quemquam regnare Romae
passurum.' Cultrum deinde Collatino tradit, inde Lucretio ac   65
Valerio, stupentibus miraculo rei, unde novum in Bruti pectore
ingenium. Vt praeceptum erat iurant; totique ab luctu versi in
iram Brutum iam inde ad expugnandum regnum vocantem
sequuntur ducem.

1. **stativis**: sc. *castris*, 'permanent camp'.
2. **commeatus**: 'leave'.
3. **comisationibus**: 'revelry', from the verb *comisari*, representing
Greek κωμάζειν.

6. laudare: hist. infin. Cf. 32 below.

miris modis: an archaic-sounding phrase (cf. Lucretius 1. 123).

9. Quin . . . conscendimus . . . ? 'Why don't we mount . . . ?' *OLD* s.v. *quin* A 1.

12. 'Age sane': sc. *inquiunt*, 'Come on, then'.

16. nocte sera: 'late at night'.

deditam lanae: the conventional occupation of the Roman *matrona*, a symbol of the chaste household (cf. Suet. *Aug.* 64. 2).

24-30. Note the long sentence in which the sinister attack is described. It contrasts sharply with the short sentences which predominate in the preceding passage.

26-7. 'When all seemed safe and everyone asleep'.

36-7. velut victrix libido: if the text is right, 'his supposedly victorious lust', as though the victory was an unreal one. But the collocation *vicisset . . . victrix* seems very unlikely. *ultrix* has been suggested: he was, as it were, punishing her for her obstinacy.

37-8. ferox . . . muliebri: 'proud of his successful storming of a woman's honour'.

40-1. ita . . . esse: 'They must act, and act quickly', G-L § 406.

42. Bruto: it is Brutus' appearance—accidental, it seems (*forte*)—that leads to the denouement, since he is to reveal his true nature and become the leader of the movement to overthrow the king.

45. 'Satin salve?': 'Are you all right?' (*salve* is adv.).

48-9. haud impune adultero fore: 'the adulterer will not get off with impunity.' *OLD* s.v. *sum* B 13 b.

49. hostis pro hospite: the original connection between the words (both mean primarily 'stranger') makes the rhetorical point sharper.

50. viri: *OLD* s.v. 3.

52. aegram animi: G-L § 374 note 7.

54. Vos . . . videritis: 'You must see . . .' Roby § 1503: he takes this as fut. perfect, but it may also be jussive subjunctive, E-T § 268. Cf. G-L § 245.

57. eum: note the addition of the (unnecessary) pronoun. 'The knife she had hidden under her clothing—she plunged it in her heart'.

60-1. 'By this blood that was perfectly chaste until the prince did wrong'.

66-7. 'Whence came this new spirit in Brutus' breast.'

35. *The Gauls in Rome*

Livy's account of the capture of Rome by the Gauls in 390 BC and their subsequent withdrawal forms the close and climax of his first five books. We give (5. 41–2) the story of the senators who stayed in the forum to be killed (probably religiously motivated *devotio*, but represented by Livy as stark courage) and the description (poetical and imaginative) of the Gaulish occupation of the city, of which only the Capitol now held out.

Romae interim satis iam omnibus, ut in tali re, ad tuendam arcem compositis, turba seniorum domos regressi adventum hostium obstinato ad mortem animo exspectabant. Qui eorum curules gesserant magistratus, ut in fortunae pristinae honorumque ac virtutis insignibus morerentur, quae augustissima vestis est   5
tensas ducentibus triumphantibusve, ea vestiti in medio aedium eburneis sellis sedere. Sunt qui M. Folio pontifice maximo praefante carmen devovisse eos se pro patria Quiritibusque Romanis tradant. Galli et quia interposita nocte a contentione pugnae remiserant animos et quod nec in acie ancipiti usquam   10
certaverant proelio nec tum impetu aut vi capiebant urbem, sine ira, sine ardore animorum ingressi postero die urbem patente Collina porta in forum perveniunt, circumferentes oculos ad templa deum arcemque solam belli speciem tenentem. Inde, modico relicto praesidio ne quis in dissipatos ex arce aut   15
Capitolio impetus fieret, dilapsi ad praedam vacuis occursu hominum viis, pars in proxima quaeque tectorum agmine ruunt, pars ultima, velut ea demum intacta et referta praeda, petunt; inde rursus ipsa solitudine absterriti, ne qua fraus hostilis vagos exciperet, in forum ac propinqua foro loca conglobati redibant;   20
ubi eos, plebis aedificiis obseratis, patentibus atriis principum, maior prope cunctatio tenebat aperta quam clausa invadendi; adeo haud secus quam venerabundi intuebantur in aedium vestibulis sedentes viros, praeter ornatum habitumque humano augustiorem, maiestate etiam quam voltus gravitasque oris prae   25
se ferebat simillimos dis. Ad eos velut ad simulacra versi cum starent, M. Papirius, unus ex iis, dicitur Gallo barbam suam (ut tum omnibus promissa erat) permulcenti scipione eburneo in

caput incusso iram movisse, atque ab eo initium caedis ortum,
30 ceteros in sedibus suis trucidatos; post principum caedem nulli
deinde mortalium parci, diripi tecta, exhaustis inici ignes.

 Ceterum, seu non omnibus delendi urbem libido erat, seu ita
placuerat principibus Gallorum et ostentari quaedam incendia
terroris causa, si compelli ad deditionem caritate sedum suarum
35 obsessi possent, et non omnia concremari tecta ut quodcumque
superesset urbis, id pignus ad flectendos hostium animos
haberent, nequaquam perinde atque in capta urbe primo die
aut passim aut late vagatus est ignis. Romani ex arce plenam
hostium urbem cernentes vagosque per vias omnes cursus, cum
40 alia atque alia parte nova aliqua clades oreretur, non mentibus
solum concipere sed ne auribus quidem atque oculis satis
constare poterant. Quocumque clamor hostium, mulierum
puerorumque ploratus, sonitus flammae et fragor ruentium
tectorum avertisset, paventes ad omnia animos oraque et oculos
45 flectebant, velut ad spectaculum a fortuna positi occidentis
patriae nec ullius rerum suarum relicti praeterquam corporum
vindices, tanto ante alios miserandi magis qui umquam obsessi
sunt quod interclusi a patria obsidebantur, omnia sua cernentes
in hostium potestate. Nec tranquillior nox diem tam foede actum
50 excepit; lux deinde noctem inquietam insecuta est, nec ullum erat
tempus quod a novae semper cladis alicuius spectaculo cessaret.
Nihil tamen tot onerati atque obruti malis flexerunt animos quin,
etsi omnia flammis ac ruinis aequata vidissent, quamvis inopem
parvumque quem tenebant collem libertati relictum virtute
55 defenderent; et iam cum eadem cottidie acciderent, velut adsueti
malis abalienaverant ab sensu rerum suarum animos, arma tantum
ferrumque in dextris velut solas reliquias spei suae intuentes.

 2. **turba . . . regressi**: *constructio ad sensum* (G–L § 211).
 3. **obstinato . . . animo**: 'with their minds set upon death'.
 6. **tensas**: the wagons carrying images of the gods. The 'august dress'
is the purple toga with gold embroidery, the dress of triumphators
and, traditionally, of the kings of Rome.
 8. **praefante carmen**: 'saying the ritual words before them'.
 14. 'and the citadel which alone had the appearance of war.'
 18. **ultima**: sc. *in ultima quaeque tectorum*.

28. promissa: 'long'. The Gaul strokes his beard. Papirius hits him with his ivory baton (another part of the insignia of the triumphator).

31. parci, diripi . . . **inici**: historic infinitives, the influence of *dicitur* (27) extending only to *movisse, ortum, trucidatos* (sc. *esse*).

34-5. si . . . **possent**: 'in case they could . . .'. *et* (35) answers *et* (33).

37-8. 'on the first day, the fire did not spread at all generally or widely, as in a captured city.'

40-1. non . . . **solum** = *non solum non*: G–L § 482 Remark 1. 'They failed not only to form a mental picture of it all, but to feel any consistent impression on ears or eyes.'

44. avertisset: subj. in general relative clause, cf. G–L § 567 note.

45-7. 'as though they had been set there by fortune to witness their country's fall and were left to avenge nothing that was theirs save their own bodies.'

52. Nihil: 'in no way'.

55. defenderent: depends on *quin* (52).

55-7. 'by now . . . they had distanced themselves from any sense of their situation . . .'

36. *Torquatus and the Gaul*

Livy (7. 9. 8-10. 14) here re-writes the story told by Quadrigarius (4 above).

Tum eximia corporis magnitudine in vacuum pontem Gallus
processit et quantum maxima voce potuit 'quem nunc' inquit
'Roma virum fortissimum habet, procedat agedum ad pugnam,
ut noster duorum eventus ostendat utra gens bello sit melior.'
Diu inter primores iuvenum Romanorum silentium fuit, cum   5
et abnuere certamen vererentur et praecipuam sortem periculi
petere nollent; tum T. Manlius L. filius, qui patrem a vexatione
tribunicia vindicaverat, ex statione ad dictatorem pergit; 'iniussu
tuo' inquit, 'imperator, extra ordinem numquam pugnaverim,
non si certam victoriam videam: si tu permittis, volo ego illi   10
beluae ostendere, quando adeo ferox praesultat hostium signis,
me ex ea familia ortum quae Gallorum agmen ex rupe Tarpeia
deiecit.' Tum dictator 'macte virtute' inquit 'ac pietate in patrem

patriamque, T. Manli, esto. Perge et nomen Romanum invictum
15   iuvantibus dis praesta.' Armant inde iuvenem aequales; pedestre
scutum capit, Hispano cingitur gladio ad propiorem habili
pugnam. Armatum adornatumque adversus Gallum stolide
laetum et—quoniam id quoque memoria dignum antiquis visum
est—linguam etiam ab inrisu exserentem producunt. Recipiunt
20   inde se ad stationem; et duo in medio armati spectaculi magis
more quam lege belli destituuntur, nequaquam visu ac specie
aestimantibus pares. Corpus alteri magnitudine eximium,
versicolori veste pictisque et auro caelatis refulgens armis; media
in altero militaris statura modicaque in armis habilibus magis
25   quam decoris species; non cantus, non exsultatio armorumque
agitatio vana sed pectus animorum iraeque tacitae plenum;
omnem ferociam in discrimen ipsum certaminis distulerat. Vbi
constitere inter duas acies tot circa mortalium animis spe
metuque pendentibus, Gallus velut moles superne imminens
30   proiecto laeva scuto in advenientis arma hostis vanum caesim
cum ingenti sonitu ensem deiecit; Romanus mucrone subrecto,
cum scuto scutum imum perculisset totoque corpore interior
periculo volneris factus insinuasset se inter corpus armaque,
uno alteroque subinde ictu ventrem atque inguina hausit et in
35   spatium ingens ruentem porrexit hostem. Iacentis inde corpus
ab omni alia vexatione intactum uno torque spoliavit, quem
respersum cruore collo circumdedit suo. Defixerat pavor cum
admiratione Gallos: Romani alacres ab statione obviam militi suo
progressi, gratulantes laudantesque ad dictatorem perducunt.
40   Inter carminum prope modo incondita quaedam militariter
ioculantes Torquati cognomen auditum; celebratum deinde
posteris etiam familiae honori fuit. Dictator coronam auream
addidit donum mirisque pro contione eam pugnam laudibus tulit.

     8. **iniussu**: later he was to execute his own son for fighting without
orders.
     9. **pugnaverim**: G–L § 257.
     13. **macte virtute . . . ac pietate**: 'Be blessed for your courage . . .'
macte is apparently voc. of *mactus*, 'honoured', though there is no
evidence for any other case of this adjective. See *OLD* s.v.

18-19. Note Livy's apology for the rude detail.

27. distulerat: 'had reserved'.

32-3. interior periculo volneris: 'too close to be in danger of a wound'.

40-1. 'Among those who, after the way of soldiers, made rough jokes, almost as a sort of song, there was heard the nickname "Torquatus".'

43. pro contione: 'before the assembly', *OLD* s.v. *pro* 2 b.

37. *Hannibal in the Alps*

Hannibal's crossing of the Alps into Italy, in 218 BC, was described by Polybius (3. 53 ff.), and Livy largely follows him, adding some picturesque details (e.g. the splitting of rocks with vinegar, cf. Juvenal 10. 153). We give 21. 36-37.

Ventum deinde ad multo angustiorem rupem atque ita rectis saxis ut aegre expeditus miles temptabundus manibusque retinens virgulta ac stirpes circa eminentes demittere sese posset. Natura locus iam ante praeceps recenti lapsu terrae in pedum mille admodum altitudinem abruptus erat. Ibi cum velut ad   5
finem viae equites constitissent, miranti Hannibali quae res moraretur agmen nuntiatur rupem inviam esse. Digressus deinde ipse ad locum visendum. Haud dubia res visa quin per invia circa nec trita antea, quamvis longo ambitu, circumduceret agmen. Ea vero via insuperabilis fuit; nam cum super veterem   10
nivem intactam nova modicae altitudinis esset, molli nec praealtae facile pedes ingredientium insistebant; ut vero tot hominum iumentorumque incessu dilapsa est, per nudam infra glaciem fluentemque tabem liquescentis nivis ingrediebantur. Taetra ibi luctatio erat, glacie non recipiente vestigium et in   15
prono citius pedes fallente, ut, seu manibus in adsurgendo seu genu se adiuvissent, ipsis adminiculis prolapsis iterum corruerent; nec stirpes circa radicesve ad quas pede aut manu quisquam eniti posset erant; ita in levi tantum glacie tabidaque nive volutabantur. Iumenta secabant interdum etiam infimam   20
ingredientia nivem et prolapsa iactandis gravius in conitendo

ungulis penitus perfringebant, ut pleraque velut pedica capta
haererent in dura et alta concreta glacie. Tandem nequiquam
iumentis atque hominibus fatigatis castra in iugo posita, aegerrime
25   ad id ipsum loco purgato: tantum nivis fodiendum atque
egerendum fuit.
      Inde ad rupem muniendam per quam unam via esse poterat
milites ducti, cum caedendum esset saxum, arboribus circa
immanibus deiectis detruncatisque struem ingentem lignorum
30   faciunt eamque, cum et vis venti apta faciendo igni coorta esset,
succendunt ardentiaque saxa infuso aceto putrefaciunt. Ita
torridam incendio rupem ferro pandunt molliuntque anfractibus
modicis clivos ut non iumenta solum sed elephanti etiam deduci
possent. Quadriduum circa rupem consumptum, iumentis
35   prope fame absumptis; nuda enim fere cacumina sunt et, si quid
est pabuli, obruunt nives. Inferiora vallis apricos quosdam colles
habent rivosque prope silvas et iam humano cultu digniora
loca. Ibi iumenta in pabulum missa et quies muniendo fessis
hominibus data. Triduo inde ad planum descensum et iam locis
40   mollioribus et accolarum ingeniis.

    1. **Ventum**: G–L § 208.
    2. **expeditus**: 'lightly-equipped'.
temptabundus: 'testing every step'. The word is found only in Livy,
who likes *-bundus* forms (*cunctabundus*, *deliberabundus*, etc., also
found in older writers: cf. Quadrigarius, 4. 16 above).
    4–5. 'to a depth of a full thousand feet', *OLD* s.v. *admodum* 5 a.
    9. **circumduceret**: 'would have to lead round'. Cf. 3. 4. 2 'haud
dubium erat quin cum Aequis alter consulum bellum gereret', 'there
was no doubt that one consul would have to fight the Aequi'. The
imperfect subjunctive here has a future reference: S. A. Handford,
The Latin Subjunctive (London, 1947) § 168.
    14. **tabem**: 'slush'.
    15. **Taetra . . . luctatio**: 'a horrible struggle'.
    15–16. **in prono**: 'on a down slope'.
    17. **adminiculis**: 'support', i.e. the supporting hand or knee.
    19. **quisquam**: 'anyone', in an effectively negative clause. G–L § 317.
    19–20. 'And so they simply rolled about on smooth ice or wet
snow.'

20. **secabant:** 'cut into', rendering Polybius' διέκοπτε.

21-2. **iactandis . . . ungulis:** 'as they drove their hoofs in more forcefully in their efforts'.

22. **pedica:** 'trap'.

25. **purgato:** 'being cleared'.

25-6. **tantum . . . fuit:** 'so much snow was there to be dug and carried away'. This turn (common with *tantum, adeo,* etc.) is an alternative way of saying 'there was so much snow . . . *ut aegerrime locum purgarent*'.

27. **muniendam:** 'making passable'; cf. the common *viam munire*.

30. **et vis venti:** 'a violent wind also'.

32-3. **molliuntque anfractibus modicis clivos:** 'smoothed the slopes by making easy bends', i.e. making a zigzag path.

36. **Inferiora vallis:** 'the lower part of the valley'.

38. **muniendo fessis:** 'fatigued by the road-making'.

39. **descensum:** sc. *est.*

39-40. 'both the country and the inhabitants becoming gentler.' Ablative absolute (G-L §§ 409-10, esp. § 410 note 5).

38. *The repeal of the Lex Oppia*

In 195 BC a sumptuary law dating from 215 BC, when the Punic War was at its height, came under attack. The Lex Oppia forbade women to have more than a certain amount of gold, to wear multicoloured clothing, or to ride in carriages in the city except for religious processions. M. Porcius Cato, now consul, defends the law. Livy (34. 2-4) reports his speech at length, and also the opposing speech of L. Valerius (34. 5-7), which won the day, though not till the women had 'demonstrated' (34. 8. 1). We give the closing part of Cato's speech (34. 4). How far it reproduces Cato's own words is hard to say, but Livy at least includes a few archaic and characteristic touches.

'Saepe me querentem de feminarum, saepe de virorum nec de privatorum modo sed etiam magistratuum sumptibus audistis, diversisque duobus vitiis, avaritia et luxuria, civitatem laborare, quae pestes omnia magna imperia everterunt. Haec ego, quo melior laetiorque in dies fortuna rei publicae est, quo magis   5

imperium crescit—et iam in Graeciam Asiamque transcendimus
omnibus libidinum inlecebris repletas et regias etiam adtrectamus
gazas—, eo plus horreo ne illae magis res nos ceperint quam
nos illas. Infesta, mihi credite, signa ab Syracusis inlata sunt huic
10 urbi. Iam nimis multos audio Corinthi et Athenarum ornamenta
laudantes mirantesque et antefixa fictilia deorum Romanorum
ridentes. Ego hos malo propitios deos et ita spero futuros, si
in suis manere sedibus patiemur. Patrum nostrorum memoria
per legatum Cineam Pyrrhus non virorum modo sed etiam
15 mulierum animos donis temptavit. Nondum lex Oppia ad
coercendam luxuriam muliebrem lata erat; tamen nulla accepit.
Quam causam fuisse censetis? Eadem fuit quae maioribus
nostris nihil de hac re lege sanciundi: nulla erat luxuria quae
coerceretur. Sicut ante morbos necesse est cognitos esse quam
20 remedia eorum, sic cupiditates prius natae sunt quam leges quae
iis modum facerent. Quid legem Liciniam excitavit de quingentis
iugeribus nisi ingens cupido agros continuandi? Quid legem
Cinciam de donis et muneribus nisi quia vectigalis iam et
stipendiaria plebs esse senatui coeperat? Itaque minime mirum
25 est nec Oppiam nec aliam ullam tum legem desideratam esse
quae modum sumptibus mulierum faceret, cum aurum et
purpuram data et oblata ultro non accipiebant. Si nunc cum illis
donis Cineas urbem circumiret, stantes in publico invenisset
quae acciperent. Atque ego nonnullarum cupiditatium ne
30 causam quidem aut rationem inire possum. Nam ut quod alii
liceat tibi non licere aliquid fortasse naturalis aut pudoris aut
indignationis habeat, sic aequato omnium cultu quid unaquaeque
vestrum veretur ne in se conspiciatur? Pessimus quidem pudor
est vel parsimoniae vel paupertatis; sed utrumque lex vobis
35 demit cum id quod habere non licet non habetis. "Hanc"inquit
"ipsam exaequationem non fero" illa locuples. "Cur non
insignis auro et purpura conspicior? Cur paupertas aliarum sub
hac legis specie latet, ut quod habere non possunt, habiturae
si liceret fuisse videantur?" Vultis hoc certamen uxoribus vestris
40 inicere, Quirites, ut divites id habere velint quod nulla alia
possit, pauperes ne ob hoc ipsum contemnantur supra vires se
extendant? Ne eas simul pudere quod non oportet coeperit,

quod oportet non pudebit. Quae de suo poterit, parabit: quae
non poterit, virum rogabit. Miserum illum virum, et qui exoratus
et qui non exoratus erit, cum quod ipse non dederit datum ab   45
alio videbit! Nunc volgo alienos viros rogant et, quod maius est,
legem et suffragia rogant et a quibusdam impetrant. Adversus
te et rem tuam et liberos tuos exorabilis es: simul lex modum
sumptibus uxoris tuae facere desierit, tu numquam facies.
Nolite eodem loco existimare, Quirites, futuram rem quo fuit   50
antequam lex de hoc ferretur. Et hominem improbum non
accusari tutius est quam absolvi, et luxuria non mota tolerabilior
esset quam erit nunc, ipsis vinculis sicut ferae bestiae inritata,
deinde emissa. Ego nullo modo abrogandam legem Oppiam
censeo: vos quod faxitis, deos omnes fortunare velim.'   55

3. **laborare**: depends on *querentem*. For the destructive effect of
'avarice and luxury', cf. Sall. *Cat.* 12.

8. **gazas**: 'treasures', an Oriental word for an Oriental thing.

8-9. **eo . . . illas**: 'I am all the more terrified that these things may have
got hold of us rather than we of them'. So Horace's famous 'Graecia
capta ferum victorem cepit' (*Epist.* 2. 1. 156). C. O. Brink, *Horace on
Poetry: Epistles Book II* (Cambridge, 1982) 200 thinks it likely that
our passage reproduces an epigrammatic statement of Cato's own.

9. **signa**: since the word means both 'standards' and 'statues' or
'pictures', there seems to be a pun here. *Infesta* is applicable to
'standards', but what actually came from Syracuse (in 211 BC) was
artistic plunder.

11. **antefixa fictilia**: 'earthenware images'.

14. **Pyrrhus**: king of Epirus, at war with Rome 280-275 BC, sent
his ambassador Cineas on more than one occasion to treat with or trick
the Romans.

18. **sanciundi**: for the archaic form, G-L § 130. 8.

21. A Lex Licinia Sextia (367 BC) is said to have limited the amount
of *ager publicus* which any individual could occupy.

22. **agros continuandi**: 'linking estate with estate'.

22-3. The Lex Cincia (204 BC) forbade payments to advocates.

26-7. **cum . . . accipiebant**: 'at a time when . . .', a purely temporal
clause, G-L § 580.

28. **stantes in publico**: 'standing around in public places'. The words
suggest the behaviour of prostitutes (*OLD* s.v. *sto* I c).

30–3. 'For, while there may perhaps be some natural shame or indignation in not being allowed to do something that others may do, what is there that any individual among you fears may be conspicuous in her, when everyone's dress is standardized?'

38–9. 'so that it seems they would have had what they cannot have, if only it were allowed.' G–L § 597. 4.

42. Ne: see on 29. 26 above.

42–3. 'Indeed, as soon as they begin to be ashamed of what they ought not to be ashamed of, they will stop being ashamed of what they ought.'

44. Miserum illum virum: G–L § 343. 1.

48. te . . . tuam . . .: this use of the second person singular to express an indefinite subject (one, *on*, *man*) is common in Latin in all styles, though most often with potential subjunctives. This is quite a striking instance.

51. ferretur: G–L § 577.

55. faxitis: G–L § 131. The archaic form suits the solemnity of the peroration and Cato's character.

39. *Archimedes*

Vitruvius' *de architectura* dates from the reign of Augustus. A book of great influence (especially in the Renaissance), it has little stylistic polish. Syntax and morphology show features which seem colloquial, and there is much obscurity. At the same time, Vitruvius displays a good deal of literary learning, and some pretentiousness. Here (9 praef. 9–12) we have a well-known anecdote about Archimedes at the court of Hiero.

Archimedis vero cum multa miranda inventa et varia fuerint, ex omnibus etiam infinita sollertia id quod exponam videtur esse expressum. Nimium Hiero enim Syracusis auctus regia potestate, rebus bene gestis cum auream coronam votivam
5   diis inmortalibus in quodam fano constituisset ponendam, manupretio locavit faciendam et aurum ad sacomam adpendit redemptori. Is ad tempus opus manu factum subtiliter regi

adprobavit et ad sacomam pondus coronae visus est praestitisse. Posteaquam indicium est factum dempto auro tantundem argenti in id coronarium opus admixtum esse, indignatus Hiero se contemptum esse neque inveniens qua ratione id furtum reprehenderet, rogavit Archimeden uti in se sumeret sibi de eo cogitationem. Tunc is, cum haberet eius rei curam, casu venit in balineum, ibique cum in solium descenderet animadvertit quantum corporis sui in eo insideret, tantum aquae extra solium effluere. Itaque cum eius rei rationem explicationis ostendisset, non est moratus, sed exiluit gaudio motus de solio et nudus vadens domum verius significabat clara voce invenisse, quod quaereret. Nam currens identidem graece clamabat εὕρηκα εὕρηκα. Tum vero ex eo inventionis ingressu duas fecisse dicitur massas aequo pondere quo etiam fuerat corona, unam ex auro et alteram ex argento. Cum ita fecisset, vas amplum ad summa labra implevit aquae, in quo demisit argenteam massam. Cuius quanta magnitudo in vasum depressa est, tantum aquae effluxit. Ita exempta massa quanto minus factum fuerat refudit sextario mensus, ut eodem modo quo prius fuerat ad labra aequaretur. Ita ex eo invenit quantum ad certum pondus argenti ad certam aquae mensuram responderet.

Cum id expertus esset, tum auream massam similiter pleno vaso demisit et ea exempta eadem ratione mensura addita invenit ex aquae numero non tantum sed minus, quanto minus magno corpore eodem pondere auri massa esset quam argenti. Postea vero repleto vaso in eadem aqua ipsa corona demissa invenit plus aquae defluxisse in coronam quam in auream eodem pondere massam, et ita ex eo quod fuerit plus aquae in corona quam in massa ratiocinatus reprehendit argenti in auro mixtionem et manifestum furtum redemptoris.

2-3. **infinita sollertia . . . expressum**: 'worked out with outstanding care'.

3. **Nimium . . . auctus**: 'exceedingly exalted', *OLD* s.v. *nimium* 2.

6-7. **manupretio . . . redemptori**: 'he contracted out the work for a fee and weighed the gold out by measure to the contractor'.

6. sacomam: a Greek neuter (Doric σάκωμα, Attic σήκωμα, 'weight') has become a Latin feminine. Vitruvius displays a tendency (which developed greatly in later Latin) to displace the neuter by other genders: anything ending in -*a* tended to be feminine.

9. indicium: 'information'.

12. in se sumeret sibi: 'take upon himself'. The pleonasm is again colloquial: L-H-S p. 94. Cf. Plautus, *Capt.* 5 'suo sibi patri', 'his own father'.

14. solium: 'the pool'.

18. verius: 'the truth'. Cf. *ocius, diutius, saepius, minus*—all sometimes used with no special comparative sense. K-S ii. 476.

23. implevit aquae: G-L § 383. 1.

24. vasum: alternative form for *vas* (used 22!). Plural is always *vasa, vasorum*. We have *vaso* also (33).

25. factum fuerat: 'had become'. This form of pluperfect is not uncommon (though rare in Cicero, except in letters, and not found in Virgil or Horace) and is the predominant one in Vitruvius, and common in Livy. G-L § 250 Remark 1.

sextario: 'with a pint measure' (a sixth of a *congius*, which is about 6 pints).

30-2. '. . .having taken it out, adding a measure of water in the same way, discovered that it was not so much but less, just the amount that a lump of gold was less in volume than a lump of silver of the same weight.'

40. *Fabianus*

Annaeus Seneca from Corduba in Spain (?*c*.55 BC–*c*. AD 40), the father of the philosopher Seneca and of two other sons, was a great admirer of the famous *declamatores* of his youth, rhetors who exhibited their skills in mock forensic and deliberative cases (*controversiae, suasoriae*). In his old age, he compiled a selection of extracts from their speeches, interspersed with criticisms. Here (*Controversiae* 2 praefatio) he discusses Papirius Fabianus, part rhetor, part philosopher (cf. Sen. *Epist.* 100), and addresses himself particularly to his own youngest son, Mela, the father of the poet Lucan, who has philosophical rather than political ambitions.

SENECA NOVATO, SENECAE, MELAE FILIIS SALVTEM

Cum repeterem quos umquam bene declamantes audissem,
occurrit mihi inter alios Fabianus philosophus, qui adulescens
admodum tantae opinionis in declamando quantae postea in
disputando fuit. Exercebatur apud Arellium Fuscum, cuius genus
dicendi imitatus plus deinde laboris impendit ut similitudinem   5
eius effugeret quam inpenderat ut exprimeret. Erat explicatio
Fusci Arelli splendida quidem sed operosa et implicata, cultus
nimis adquisitus, conpositio verborum mollior quam ut illam
tam sanctis fortibusque praeceptis praeparans se animus pati
posset; summa inaequalitas orationis, quae modo exilis erat,   10
modo nimia licentia vaga et effusa: principia, argumenta,
narrationes aride dicebantur, in descriptionibus extra legem
omnibus verbis, dummodo niterent, permissa libertas; nihil
acre, nihil solidum, nihil horridum; splendida oratio et magis
lasciva quam laeta.   15
   Ab hac cito se Fabianus separavit, et luxuriam quidem cum
voluit abiecit, obscuritatem non potuit evadere; haec illum
usque in philosophiam prosecuta est. Saepe minus quam
audienti satis est eloquitur, et in summa eius ac simplicissima
facultate dicendi antiquorum tamen vitiorum remanent vestigia. 20
Quaedam tam subito desinunt ut non brevia sint sed abrupta.
Dicebat autem Fabianus fere dulces sententias, et, quotiens
inciderat aliqua materia quae convicium saeculi reciperet,
inspirabat magno magis quam acri animo. Deerat illi oratorium
robur et ille pugnatorius mucro, splendor vero velut voluntarius 25
non elaboratae orationi aderat. Vultus dicentis lenis et pro
tranquillitate morum remissus; vocis nulla contentio, nulla
corporis adseveratio, cum verba velut iniussa fluerent. Iam
videlicet conpositus et pacatus animus; cum veros conpressisset
adfectus et iram doloremque procul expulisset, parum bene   30
imitari poterat quae effugerat. Suasoriis aptior erat; locorum
habitus fluminumque decursus et urbium situs moresque
populorum nemo descripsit abundantius. Numquam inopia
verbi substitit, sed velocissimo ac facillimo cursu omnes res
beata circumfluebat oratio.   35

108   SENECA THE ELDER

Haec eo libentius, Mela, fili carissime, refero, quia video
animum tuum a civilibus officiis abhorrentem et ab omni ambitu
aversum hoc unum concupiscentem, nihil concupiscere. Tu
eloquentiae tantum studeas. Facilis ab hac in omnes artes
40 discursus est; instruit etiam quos non sibi exercet. Nec est quod
insidias tibi putes fieri, quasi id agam ut te bene cedentis studii
favor teneat. Ego vero non sum bonae mentis impedimentum:
perge quo inclinat animus, et paterno contentus ordine subduc
fortunae magnam tui partem. Erat quidem tibi maius ingenium
45 quam fratribus tuis, omnium bonarum artium capacissimum:
est et hoc ipsum melioris ingenii pignus, non corrumpi bonitate
eius, ut illo male utaris. Sed quoniam fratribus tuis ambitiosa
curae sunt foroque se et honoribus parant, in quibus ipsa quae
sperantur timenda sunt, ego quoque eius alioqui processus
50 avidus et hortator laudatorque vel periculosae dum honestae
modo industriae duobus filiis navigantibus te in portu retineo.
    Sed proderit tibi in illa quae tota mente agitas declamandi
exercitatio, sicut Fabiano profuit: qui aliquando, cum Sextium
audiret, nihilominus declamitabat, et tam diligenter ut putares
55 illum illi studio parari, non per illud alteri praeparari. Habuit
et Blandum rhetorem praeceptorem, qui primus eques Romanus
Romae docuit; ante illum intra libertinos praeceptores pulcher-
rimae disciplinae continebantur, et minime probabili more
turpe erat docere quod honestum erat discere. Nam primus
60 omnium Latinus rhetor Romae fuit puero Cicerone Plotius.
Apud Blandum diutius quam apud Fuscum Arellium studuit, sed
cum iam transfugisset, eo tempore quo eloquentiae studebat
non eloquentiae causa.

3. **admodum**: with *adulescens*, 'when still quite a youngster'.
tantae opinionis: 'of as great repute', G–L § 365, *OLD* s.v. *opinio* 5.
3–4. **in disputando**: i.e. in the philosophical debates he later took up.
4. **Arellium Fuscum**: a well-known declaimer, much used by
Seneca.
6. **exprimeret**: 'reproduce'.
explicatio: 'exposition', unfolding of a theme or problem.
7. **implicata**: 'involved', 'complicated'.

7-8. cultus nimis adquisitus: 'ornamentation too recherché'.

8. mollior: 'effeminate'. Certain rhythms (*compositio* involves this) were commonly so described (cf. below 49, on Maecenas' *mollitia*), and Fabianus, as a future philosopher, needed a more 'virile' model.

11-12. principia, argumenta, narrationes: 'prologues, argumentation, narratives'. These are regular parts of any forensic speech, real or scholastic. But *narratio* usually precedes *argumentatio*.

12. Descriptions, ἐκφράσεις, are naturally 'purple patches'.

13. 'Any word was at liberty to be used, so long as it was a brilliant one.' *Nitor* implies elegance, and also colourfulness.

14. acre . . . solidum . . . horridum: 'abrasive . . . weighty . . . rough'.

15. lasciva . . . laeta: 'rampant . . . rich'. Metaphor perhaps from growing crops (cf. *luxuriam* 16 below).

21. abrupta: 'abrupt'. This is the vice into which *brevitas* may fall.

23. convicium saeculi: 'attack on the times we live in', a cant term of moralists, cf. 'this day and age'.
reciperet: for subj., see G-L § 631.

24. inspirabat . . . animo: 'it was greatness of mind rather than vehemence that inspired him'.

25. ille pugnatorius mucro: 'the fighter's sharp edge'. *ille* connotes 'we all know what this means'.

25. voluntarius: 'unforced'.

28. corporis adseveratio: 'assertiveness of gesture'.
Iam: 'by now', because Fabianus had become a philosopher.

30-1. parum . . . poterat: 'he couldn't imitate well'. Ancient rhetorical and poetical theory urged that you need to feel emotions in order to represent them well: Horace, *Ars poet.* 100 ff.

31-2. locorum habitus: 'geographical conditions'.

35. beata: 'rich', 'abundant'.

38. Tu: MSS give *ut*, but there is no good explanation of this, and we print Thomas's conjecture (adopted by Winterbottom).

40. Nec est quod: 'There is no reason why'. This is a common idiom in the younger Seneca, and the subjunctive is usual.

41-2. 'As though my purpose was that the gratification you get from a successful course of study should anchor you down' (sc. 'and keep you away from philosophy').

42. bonae mentis: 'the Good Attitude'. A cliché with the younger Seneca, meaning a morally well-adjusted personality. But Mens Bona was also a goddess with a cult at Rome (Ovid, *Fasti* 6. 241 ff.).

43-4. subduc fortunae: 'take out of fortune's reach'. By remaining an *eques* like his father (so *paterno ordine*), Mela will avoid tempting fortune.

48. curae: 'predicative' dative. Cf. G-L § 356. Fullest discussion in Roby, ii. xxv-lvi: *curae* (p. xliv) is one of the commonest nouns so used.

49. alioqui: 'in other respects'.

50. vel periculosae: 'even if perilous, so long as it is but honourable'.

53. Sextium: Q. Sextius, an eclectic philosopher of the time of Augustus.

56. Blandum: Rubellius Blandus from Tibur (Tac. *Ann.* 6. 27).

58. minime probabili more: 'in a custom one cannot approve'.

60. Plotius: L. Plotius Gallus, whose teaching of rhetoric attracted a ban by the censors in 92 BC.

62. transfugisset: 'had gone over to the other side', i.e. when he had abandoned rhetoric for philosophy, and so no longer studied style for its own sake.

FROM TIBERIUS TO NERO

41. *The accession of Tiberius*

Velleius Paterculus served under Tiberius in Germany in Augustus'
reign, and became praetor in AD 15. He was a loyal and enthusiastic
supporter of Tiberius, and subsequently of Sejanus. His compendium
of history, in two books, survives only in part: what we have consists
of a brief piece on early Greek history, and then the Roman history
from 168 BC to his own time, becoming more detailed as his own
experience comes in. It is fulsome and flattering towards Tiberius. In
this passage (2. 123-4) we have the hero's accession to power. Compare
the very different account in Tacitus (*Ann.* 1. 4-15).

Venitur ad tempus, in quo fuit plurimum metus. Quippe
Caesar Augustus cum Germanicum nepotem suum reliqua belli
patraturum misisset in Germaniam, Tiberium autem filium
missurus esset in Illyricum ad firmanda pace quae bello subegerat,
prosequens eum simulque interfuturus athletarum certamini   5
ludicro, quod eius honori sacratum a Neapolitanis est, processit
in Campaniam. Quamquam iam motus imbecillitatis inclinataeque
in deterius principia valetudinis senserat, tamen obnitente vi
animi prosecutus filium digressusque ab eo Beneventi ipse
Nolam petiit: et ingravescente in dies valetudine, cum sciret   10
quis volenti omnia post se salva remanere accersendus foret,
festinanter revocavit filium; ille ad patrem patriae expectato
revolavit maturius. Tum securum se Augustus praedicans
circumfususque amplexibus Tiberii sui, commendans illi sua
atque ipsius opera nec quicquam iam de fine, si fata poscerent,   15
recusans, subrefectus primo conspectu alloquioque carissimi
sibi spiritus, mox, cum omnem curam fata vincerent, in sua
resolutus initia Pompeio Apuleioque consulibus septuagesimo
et sexto anno animam caelestem caelo reddidit.
   Quid tunc homines timuerint, quae senatus trepidatio, quae   20
populi confusio, quis urbis metus, in quam arto salutis exitiique

fuerimus confinio, neque mihi tam festinanti exprimere vacat
neque cui vacat potest. Id solum voce publica dixisse satis
habeo: cuius orbis ruinam timueramus, eum ne commotum
25　quidem sensimus, tantaque unius viri maiestas fuit ut nec bonis
neque contra malos opus armis foret. Vna tamen veluti luctatio
civitatis fuit, pugnantis cum Caesare senatus populique Romani
ut stationi paternae succederet, illius ut potius aequalem civem
quam eminentem liceret agere principem. Tandem magis
30　ratione quam honore victus est, cum quidquid tuendum non
suscepisset periturum videret; solique huic contigit paene
diutius recusare principatum quam ut occuparent eum alii armis
pugnaverant.

Post redditum caelo patrem et corpus eius humanis honoribus,
35　nomen divinis honoratum, primum principalium eius operum
fuit ordinatio comitiorum, quam manu sua scriptam divus
Augustus reliquerat. Quo tempore mihi fratrique meo, candidatis
Caesaris, proxime a nobilissimis ac sacerdotalibus viris destinari
praetoribus contigit, consecutis ut neque post nos quemquam
40　divus Augustus neque ante nos Caesar commendaret Tiberius.

1. **Venitur**: impersonal passive (G–L § 208. 2).

7–8. **motus**: prob. acc. plur. (*OLD* s.v. 1 d seems to take it so)—
'Was conscious of the advance of weakness and the beginnings of a
deterioration in his health'.

16. **subrefectus**: 'somewhat revived'.

17–18. **in sua resolutus initia**: 'breaking up into his original
elements.' Velleius perhaps means that the soul goes back to join
the fiery element from which it came: a sort of popular Stoicism.
Woodman suggests Velleius heard and used Tiberius' funeral oration
on Augustus.

21–2. 'how narrow was our margin between safety and ruin.'

29. **agere**: 'play the part of'.

35. **nomen**: alludes to Augustus' new title as *divus*.

38. **proxime a**: 'immediately after'. Velleius and his brother gain
prestige from being in the same list as these *nobiles*.

40. **commendaret**: *commendatio* by the princeps (in effect nomi-
nation) was practised by Augustus and Tiberius for magistracies up to
the praetorship. *Commendatio* of consuls comes later.

42. *Regime for the weak in health*

The *de medicina* of A. Cornelius Celsus, written under Tiberius, is the only surviving section of an encyclopaedia covering also agriculture, rhetoric, and other fields. It was written by a layman for laymen; its elegant and simple Latin made it very popular in the Renaissance. This passage (1. 2) throws much light on the daily routine of the well-to-do and leisured.

At imbecillis (quo in numero magna pars urbanorum omnesque paene cupidi litterarum sunt) observatio maior necessaria est, ut quod vel corporis vel loci vel studii ratio detrahit cura restituat. Ex his igitur qui bene concoxit mane tuto surget; qui parum, quiescere debet et, si mane surgendi necessitas fuerit,   5
redormire: qui non concoxit, ex toto conquiescere ac neque labori se neque exercitationi neque negotiis credere; qui crudum sine praecordiorum dolore ructat, is ex intervallo aquam frigidam bibere et se nihilominus continere. Habitare vero aedificio lucido, perflatum aestivum, hibernum solem habente;   10
cavere meridianum solem, matutinum et vespertinum frigus, itemque auras fluminum atque stagnorum; minimeque nubilo caelo soli aperienti se committere, ne modo frigus modo calor moveat, quae res maxime gravedines destillationesque concitat. Magis vero gravibus locis ista servanda sunt, in quibus etiam   15
pestilentiam faciunt.

Scire autem licet integrum corpus esse cum quotidie mane urina alba, dein rufa est; illud concoquere, hoc concoxisse significat. Vbi experrectus est aliquis, paulum intermittere, deinde, nisi hiems est, fovere os multa aqua frigida debet; longis   20
diebus meridiari potius ante cibum, sin minus, post eum: per hiemem potissimum totis noctibus conquiescere; sin lucubrandum est, non post cibum id facere sed post con-coctionem. Quem interdiu vel domestica vel civilia officia tenuerunt, huic tempus aliquod servandum curationi corporis   25
sui est. Prima autem eius curatio exercitatio est, quae semper antecedere cibum debet, in eo qui minus laboravit et bene concoxit amplior, in eo qui fatigatus est et minus concoxit

remissior. Commode vero exercent clara lectio, arma, pila,
30 cursus, ambulatio: atque haec non utique plana commodior est,
siquidem melius ascensus quoque et descensus cum quadam
varietate corpus moveat, nisi tamen id perquam imbecillum est.
Melior autem est sub divo quam in porticu; melior, si caput
patitur, in sole quam in umbra; melior in umbra quam parietes
35 aut viridia efficiunt quam quae tecto subest; melior recta quam
flexuosa. Exercitationis autem plerumque finis esse debet sudor
aut certe lassitudo quae citra fatigationem sit: idque ipsum modo
minus modo magis faciendum est. Ac ne his quidem athletarum
exemplo vel certa esse lex vel immodicus labor debet.
40 Exercitationem recte sequitur modo unctio vel in sole vel ad
ignem, modo balneum, sed conclavi quam maxime et alto et
lucido et spatioso. Ex his vero neutrum semper fieri oportet,
sed saepius alterutrum pro corporis natura. Post haec paulum
conquiescere opus est.
45   Vbi ad cibum ventum est, numquam utilis est nimia satietas,
saepe inutilis nimia abstinentia: si qua intemperantia subest,
tutior est in potione quam in esca. Cibus a salsamentis oleribus
similibusque rebus melius incipit: tum caro assumenda est quae
assa optima aut elixa est. Condita omnia duabus de causis inutilia
50 sunt, quoniam et plus propter dulcedinem assumitur et quod
modo par est tamen aegrius concoquitur. Secunda mensa bono
stomacho nihil nocet, in imbecillo coacescit. Si quis itaque
hoc parum valet, palmulas pomaque et similia melius primo
cibo assumit. Post multas potiones, quae aliquantum sitim
55 excesserunt, nihil edendum est: post satietatem, nihil agendum.
Vbi expletus est aliquis, facilius concoquit si quidquid assumpsit
potione aquae frigidae includit, tum paulisper invigilat, deinde
bene dormit. Si quis interdiu se implevit, post cibum neque
frigori neque aestui neque labori se debet committere: neque
60 enim tam facile haec inani corpore quam repleto nocent.
Si quibus de causis futura inedia est, labor omnis vitandus
est.

4. **concoxit**: 'has digested'.
5. **debet**: infinitives depend on this down to 13.

7-8. 'A person who brings up undigested food without any abdominal pain.'

9. se . . . continere: 'stay indoors'.

14. gravedines destillationesque: 'chills and catarrhs'.

15. gravibus: *OLD* s.v. 6 b, 'unwholesome'.

20. fovere os: 'wash his face'.

21. meridiari: 'take a siesta'.

23. lucubrandum: 'staying up late'.

29. clara lectio: 'reading out aloud'.

30. non utique: 'not necessarily', *plană* (so *OLD* s.v. *planus* 1*a*) or *planā* (cf. 35-6 below)?

32. perquam: 'very'.

35-6. Walking on a straight path is better than on a twisting one! *rectā, flexuosā,* sc. *viā*: so also (probably) *planā* (30).

37. sit: G-L § 631.

47. Hippocrates, *Aphorism* 2. 11: 'It is easier to replenish with drink than with food.'

49. assa . . . elixa: 'roasted (or baked) . . . boiled'.
condita: 'seasoned foods'.

50-1. 'And what is equal in quantity is nevertheless digested with greater difficulty.'

52. coacescit: 'becomes acid'.

53. palmulas: 'dates'.

61-2. Hippocrates, *Aphorism* 2. 16: 'When one is starving, one should not exercise.'

43. *Mela's Britain*

Pomponius Mela, of Spanish origin, completed his three-book *Chorographia* in AD 43 or soon after, as shown by the reference in this passage (3. 49-53) to the invasion of Britain. His mannered style, many figures, and regular clausulation illustrate how factual information could be given a literary and artificial look.

Britannia qualis sit qualesque progeneret mox certiora et magis explorata dicentur. Quippe tamdiu clausam aperit ecce principum maximus, nec indomitarum modo ante se verum ignotarum quoque gentium victor propriarum rerum fidem ut

5   bello affectavit, ita triumpho declaraturus reportat. Ceterum, ut
adhuc habuimus, inter septentrionem occidentemque proiecta
grandi angulo Rheni ostia prospicit, dein obliqua retro latera
abstrahit, altero Galliam altero Germaniam spectans, tum rursus
perpetuo margine directi litoris ab tergore abducta iterum se
10 in diversos angulos cuneat, triquetra et Siciliae maxime similis.
Plana ingens fecunda, verum iis quae pecora quam homines
benignius alant. Fert nemora saltusque ac praegrandia flumina,
alternis motibus modo in pelagus modo retro fluentia et
quaedam gemmas margaritasque generantia. Fert populos
15 regesque populorum, sed sunt inculti omnes, atque ut longius
a continenti absunt ita magis aliarum opum ignari, tantum
pecore ac finibus dites, incertum ob decorem an quid aliud vitro
corpora infecti. Causas tamen bellorum et bella contrahunt ac
se frequenter invicem infestant, maxime inperitandi cupidine
20 studioque ea prolatandi quae possident. Dimicant non equitatu
modo aut pedite, verum et bigis et curribus Gallice armatis
(covinnos vocant) quorum falcatis axibus utuntur. Super
Britanniam Iuverna est paene par spatio, sed utrimque aequali
tractu litorum, oblonga, caeli ad maturanda semina iniqui,
25 verum adeo luxuriosa herbis, non laetis modo sed etiam
dulcibus, ut se exigua parte diei pecora impleant et nisi pabulo
prohibeantur diutius pasta dissiliant. Cultores eius inconditi sunt
et omnium virtutum ignari magis quam aliae gentes, pietatis
admodum expertes.

    2–3. Refers to Claudius' invasion as a contemporary event.
    4–5. 'As he sought in war a demonstration of his own greatness,
so he brings it home to make manifest in his triumph.'
    5. **Ceterum**: a connective (= *autem*) found in early Latin, Sallust,
Livy, and later, but not in Caesar and Cicero.
    5–6. **ut adhuc habuimus**: 'as we have hitherto believed'.
    6–7. 'A large corner of the island projects and faces the mouth of
the Rhine to the NW' (it is difficult to keep *Britannia* as the subject).
    7–10. 'From this point the sides go back at an angle, one facing
Gaul, the other Germany. It then recedes backwards, with a continuous
straight coastline, and again narrows like a wedge to its two other
corners, forming a triangle very like Sicily.'

9. **ab tergore**: *tergus (-oris)* is a poetical and late prose variant of *tergum*.

12, 14. **Fert . . . Fert**: observe the anaphora, used to give rhetorical shape to the description.

17-18. 'Having their bodies dyed with woad, whether for looks or some other reason is uncertain.' This is an early occurrence of this idiom with *incertum* (cf. Tac. *Agr.* 7, *Ann.* 1. 5). Caesar thought the woad was for inspiring terror. This is perhaps meant to correct his view.

18. **corpora infecti**: G–L § 338.

contrahunt: 'provoke' (*OLD* s.v. 8).

22. **covinnos**: Celtic word known to Lucan (1. 426) and Tacitus.

23. **Iuverna**: Greek Ἰέρνη, Ireland. Later *Hibernia*.

27. **dissiliant**: 'burst'.

44. *Alexander turns back*

Q. Curtius Rufus' history of Alexander the Great is the sole survivor of Roman historical writing between Livy and Tacitus; and it only survives in part. It is very rhetorical in style (clausulae, poetical colour). Nothing certain is known of the author. In this passage (9. 3. 1–19) Alexander, who has pleaded with his soldiers to go on to the rich booty of the Ganges plain, listens to their spokesman, and makes the agonizing decision to mark the limit of his advance where he is, and turn away from the East.

Ne sic quidem ulli militum vox exprimi potuit. Expectabant ut duces principesque ad regem perferrent vulneribus et continuo labore militiae fatigatos non detrectare munia, sed sustinere non posse. Ceterum illi metu attoniti in terram ora defixerant. Igitur primo fremitus sua sponte, deinde gemitus quoque oritur,   5 paulatimque liberius dolor erigi coepit manantibus lacrimis, adeo ut rex ira in misericordiam versa ne ipse quidem, quamquam cupierat, temperare oculis potuerit. Tandem universa contione effusius flente, Coenus ausus est cunctantibus ceteris propius tribunal accedere, significans se loqui velle. Quem ut   10 videre milites detrahentem galeam capiti—ita enim regem

adloqui mos est—hortari coeperunt ut causam exercitus ageret.
Tum Coenus 'Di prohibeant' inquit 'a nobis impias mentes! Et
profecto prohibent: idem animus est tuis qui fuit semper, ire
15   quo iusseris, pugnare, periclitari, sanguine nostro commendare
posteritati tuum nomen. Proinde si perseveras, inermes quoque
et nudi et exsangues, utcumque tibi cordi est sequimur vel
antecedimus. Sed si audire vis non fictas tuorum militum voces
verum necessitate ultima expressas, praebe quaeso propitias
20   aures imperium atque auspicium tuum constantissime secutis
et, quocumque pergis, secuturis. Vicisti, rex, magnitudine rerum
non hostes modo sed etiam milites. Quidquid mortalitas capere
poterat, implevimus. Emensis maria terrasque melius nobis
quam incolis omnia nota sunt. Paene in ultimo mundi fine
25   consistimus. In alium orbem paras ire et Indiam quaeris Indis
quoque ignotam. Inter feras serpentesque degentes eruere ex
latebris et cubilibus suis expetis, ut plura quam sol videt victoria
lustres. Digna prorsus cogitatio animo tuo, sed altior nostro.
Virtus enim tua semper in incremento erit, nostra vis iam in fine
30   est. Intuere corpora exsanguia, tot perfossa vulneribus, tot
cicatricibus putria. Iam tela hebetia sunt, iam arma deficiunt.
Vestem Persicam induti, quia domestica subvehi non potest,
in externum degeneravimus cultum. Quoto cuique lorica est?
quis equum habet? Iube quaeri quam multos servi ipsorum
35   persecuti sint, quid cuique supersit ex praeda. Omnium victores
omnium inopes sumus. Nec luxuria laboramus, sed bello
instrumenta belli consumpsimus. Hunc tu pulcherrimum
exercitum nudum obicies beluis? Quarum ut multitudinem
augeant de industria barbari, magnum tamen esse numerum
40   etiam ex mendacio intellego. Quodsi adhuc penetrare in Indiam
certum est, regio a meridie minus vasta est; qua subacta licebit
decurrere in illud mare quod rebus humanis terminum voluit
esse natura. Cur circuitu petis gloriam, quae ad manum posita
est? Hic quoque occurrit Oceanus. Nisi mavis errare, pervenimus
45   quo tua fortuna ducit. Haec tecum quam sine te cum his loqui
malui, non uti inirem circumstantis exercitus gratiam, sed ut
vocem loquentium potius quam gemitum murmurantium audires.'
    Vt finem orationi Coenus imposuit, clamor undique cum

ploratu oritur regem patrem dominum confusis appellantium
vocibus. Iamque et alii duces praecipueque seniores, quis   50
ob aetatem et excusatio honestior erat et auctoritas maior,
eadem precabantur. Ille nec castigare obstinatos nec mitigari
poterat iratus. Itaque inops consilii desiluit e tribunali claudique
regiam iussit omnibus praeter adsuetos adire prohibitis. Biduum
irae datum est. Tertio die processit e regia erigique duodecim aras   55
ex quadrato saxo, monumentum expeditionis suae, munimenta
quoque castrorum iussit extendi cubiliaque amplioris formae
quam pro corporum habitu relinqui, ut speciem omnium
augeret, posteritati fallax miraculum praeparans.

2. **perferrent**: 'convey the message that', *OLD* s.v. 2 b.

8. **cupierat**: 'he would have wished to', G–L § 597 Remark 2.
potuerit: G–L § 513.

9. **Coenus**: a leading cavalry commander who had played a large
part in the recent victory over the Indian king Porus.

11. **capiti**: G–L § 345.

17. **exsangues**: 'drained of blood'. Hyperbole, as though their
wounds had done this: cf. 30 below.
cordi est: G–L § 422 note 5.

22–3. 'Whatever mortal nature was capable of', *OLD* s.v. *capio* 28 a.

27–8. 'So as to traverse in victory more than the sun beholds.'

38. **beluis**: the ruler of the kingdom beyond the Ganges was
supposed to have 3,000 war elephants.

41. **a meridie**: 'to the south', *OLD* s.v. *a* 23.

50. **quis** = *quibus*.

53. **inops consilii**: G–L § 374.

55. The altars are meant as a counterpart to the Pillars of Hercules
in the far west.

45. *Claudius goes to heaven*

L. Annaeus Seneca, the second son of the Seneca who wrote the
Controversiae (40 above), had a notable career, combining literary fame
with political influence and great wealth. He was tutor (AD 49) and

subsequently (AD 54) minister to Nero, and attained the consulship in
AD 56. In AD 62 he withdrew from public life, and devoted himself
to philosophical writing. Accused of complicity in the conspiracy of
L. Piso, he was obliged to commit suicide in AD 65. Apart from his
philosophical prose (a vivid exposition of mainly Stoic positions), he
wrote tragedies which have been a major influence on European drama.
Our first extract is from the *Apocolocyntosis* (κολοκύντη is a pumpkin,
and the title is a parody of 'apotheosis'), a satire on the deification of
Claudius (AD 54), which no doubt served to amuse his successor,
Nero. The piece is a mixture of verse and prose, the latter distinctly
colloquial in manner. Here (4-7) Claudius dies, arrives in heaven, and
encounters Hercules.

Et ille quidem animam ebulliit, et ex eo desiit vivere videri.
Exspiravit autem dum comoedos audit, ut scias me non sine
causa illos timere. Vltima vox eius haec inter homines audita
est, cum maiorem sonitum emisisset illa parte qua facilius
5   loquebatur: 'vae me, puto, concacavi me'. Quod an fecerit,
nescio: omnia certe concacavit.
    Quae in terris postea sint acta, supervacuum est referre. Scitis
enim optime, nec periculum est ne excidant memoriae quae
gaudium publicum impresserit: nemo felicitatis suae obliviscitur.
10   In caelo quae acta sint, audite: fides penes auctorem erit.
Nuntiatur Iovi venisse quendam bonae staturae, bene canum;
nescio quid illum minari, assidue enim caput movere; pedem
dextrum trahere. Quaesisse se cuius nationis esset: respondisse
nescio quid perturbato sono et voce confusa; non intellegere se
15   linguam eius, nec Graecum esse nec Romanum nec ullius gentis
notae. Tum Iuppiter Herculem, qui totum orbem terrarum
pererraverat et nosse videbatur omnes nationes, iubet ire et
explorare quorum hominum esset. Tum Hercules primo aspectu
sane perturbatus est, ut qui etiam non omnia monstra timuerit.
20   Vt vidit novi generis faciem, insolitum incessum, vocem nullius
terrestris animalis sed qualis esse marinis beluis solet, raucam
et implicatam, putavit sibi tertium decimum laborem venisse.
Diligentius intuenti visus est quasi homo. Accessit itaque et,
quod facillimum fuit Graeculo, ait: τίς πόθεν εἶς ἀνδρῶν, πόθι τοι
25   πόλις ἠδὲ τοκῆες , Claudius gaudet esse illic philologos homines,

sperat futurum aliquem historiis suis locum. Itaque et ipse Homer-
ico versu Caesarem se esse significans ait: Ἰλιόθεν με φέρων
ἄνεμος Κικόνεσσι πέλασσεν. Erat autem sequens versus verior,
aeque Homericus: ἔνθα δ᾿ ἐγὼ πόλιν ἔπραθον, ὤλεσα δ᾿ αὐτούς.
Et imposuerat Herculi minime vafro, nisi fuisset illic Febris, quae   30
fano suo relicto sola cum illo venerat: ceteros omnes deos
Romae reliquerat. 'Iste' inquit 'mera mendacia narrat. Ego tibi
dico, quae cum illo tot annis vixi: Luguduni natus est, Munati
municipem vides. Quod tibi narro, ad sextum decimum lapidem
natus est a Vienna, Gallus germanus. Itaque quod Gallum facere   35
oportebat, Romam cepit. Hunc ego tibi recipio Luguduni natum,
ubi Licinus multis annis regnavit. Tu autem, qui plura loca
calcasti quam ullus mulio perpetuarius, scire debes multa milia
inter Xanthum et Rhodanum interesse.' Excandescit hoc loco
Claudius et quanto potest murmure irascitur. Quid diceret,   40
nemo intellegebat, ille autem Febrim duci iubebat. Illo gestu
solutae manus et ad hoc unum satis firmae, quo decollare
homines solebat, iusserat illi collum praecidi. Putares omnes
illius esse libertos: adeo illum nemo curabat. Tum Hercules 'audi
me' inquit 'tu desine fatuari. Venisti huc ubi mures ferrum   45
rodunt. Citius mihi verum, ne tibi alogias excutiam.'

1. animam ebulliit: 'bubbled up his soul', cf. Petronius 42.
2. According to Suetonius (*Claudius* 45) the actors were asked to
perform after Claudius' death to make the public believe he was still
alive, so that Nero's succession could be assured.
5. Claudius stammered, but also (it seems) suffered from incontinence
of the bowels.
9. impresserit: sc. *memoriae*.
10. auctorem: a certain Livius Geminus (or Geminius), *curator* of
the *via Appia*, alleged that he saw Drusilla's apotheosis in 38, and is
now (Seneca claims) willing to swear to Claudius' (cf. 1. 2).
12-13. Claudius' uncontrolled movements and dragging foot were
well known.
19. etiam non = *nondum*.
22. implicatam: 'confused', 'inarticulate'.
24-5. 'Who are you among men, and whence? Where are your city
and your parents?' (*Odyssey* 1. 170).

26. Claudius had written various historical works, including a Greek history of Etruria in twenty books.

27-8. 'The wind brought me from Troy to the Cicones' (*Odyssey* 9. 39).

29. 'And there I sacked the city, and killed the people'.

30 **imposuerat**: G-L § 597 Remark 2, Kennedy § 440.
There was a temple of Febris on the Palatine.

33. **tot annis**: G-L § 393 Remark 2 (and cf. 37)
Munati: L. Munatius Plancus who founded Lugdunum in 44/3 BC. The MSS have *Marci*, sometimes held to mean M. Antonius the triumvir, but he has no special relationship with the new colony.

35. **Gallus germanus**: a pun on *germanus* ('genuine' or 'German').

37. **Licinus**: procurator of Gallia Lugdunensis under Augustus, a ruthless man who became very rich.

38. **mulio perpetuarius**: 'long-distance muleteer'.

39. **Xanthum**: the river of Troy, whence Claudius pretends to come.

41. **duci**: sc. *ad supplicium*.

42. **solutae**: 'uncontrolled', 'trembling'.

45-6. 'The place where mice gnaw iron' is a place of fantastic terror: it was said that the island of Gyara (a common place of exile in Roman times) once suffered from a plague of such rodents, and Seneca may be alluding to this.

46. **Citius mihi verum**: sc. *dic*.

46. 'Books do furnish a room'

Seneca's *de tranquillitate animi* (date uncertain: estimates vary between AD 49 and 61) is a loosely structured essay on a theme treated by Greek philosophers such as Democritus and Plutarch (cf. *AGP* 3 and 7). In this passage (9. 4-7) he develops the theme of the threat to 'tranquillity' posed by the desire for wealth. Even a laudable ambition (having a good collection of books) needs to be kept within bounds.

Studiorum quoque quae liberalissima inpensa est tam diu rationem habet quam diu modum. Quo innumerabiles libros et bybliothecas, quarum dominus vix tota vita indices perlegit? Onerat discentem turba, non instruit, multoque satius est paucis
5   te auctoribus tradere quam errare per multos. Quadraginta milia

librorum Alexandriae arserunt; pulcherrimum regiae opulentiae
monumentum alius laudaverit, sicut T. Livius, qui elegantiae
regum curaeque egregium id opus ait fuisse: non fuit elegantia
illud aut cura, sed studiosa luxuria, immo ne studiosa quidem,
quoniam non in studium sed in spectaculum comparaverant,   10
sicut plerisque ignaris etiam puerilium litterarum libri non
studiorum instrumenta sed cenationum ornamenta sunt. Paretur
itaque librorum quantum satis sit, nihil in apparatum. 'Honestius'
inquis 'hoc se inpensae quam in Corinthia pictasque tabulas
effuderint.' Vitiosum est ubique quod nimium est. Quid habes   15
cur ignoscas homini armaria e citro atque ebore captanti,
corpora conquirenti aut ignotorum auctorum aut inprobatorum
et inter tot milia librorum oscitanti, cui voluminum suorum
frontes maxime placent titulique? Apud desidiosissimos ergo
videbis quidquid orationum historiarumque est, tecto tenus   20
exstructa loculamenta; iam enim inter balnearia et thermas
bybliotheca quoque ut necessarium domus ornamentum
expolitur. Ignoscerem plane si studiorum nimia cupidine
erraretur: nunc ista conquisita, cum imaginibus suis discripta
sacrorum opera ingeniorum in speciem et cultum parietum   25
comparantur.

1. **liberalissima impensa**: 'the most gentlemanly expense'. *liberalis*
is 'what is fitting to a free man'; we have the same nuance in *artes*
liberales ('liberal arts').

1-2. **tam . . . modum**: 'is justified just as long as it is controlled'.

2-3. **Quo . . . bybliothecas?**: 'What is the good of . . . libraries?'
The accusative is the object of a verb not expressed, e.g. 'for what
reason should we acquire . . .?' Cf. Hor. *Epist.* 1. 5. 12 'quo mihi
fortunam?' G-L § 343 (connecting the usage with exclamatory accusative).

6. **arserunt**: in the great fire of 47 BC, during Caesar's *bellum*
Alexandrinum; Seneca probably exaggerates the devastation.

7. **laudaverit**: G-L § 257, cf. *effuderint* (15).

9. **immo ne studiosa quidem**: *OLD* s.v. *immo* c.

12. **cenationum ornamenta**: 'dining-room ornaments'.

14. **hoc**: 'on this', equivalent to *huc* (see *OLD*).
Corinthia: i.e. Corinthian bronzes.

16. **captanti**: 'collecting', 'coveting'. Citrus-wood and ivory are
standard examples of luxury woods (*OLD* s.v. *citrum*).

17. **corpora**: 'works', so Gk. σῶμα, σωμάτιον.

19. **frontes**: the long edges of the roll. The *titulus* was attached to the *frons*, and could be seen on the shelf.

20-1. **tecto . . . loculamenta**: 'cases built up to the roof'.

25. 'for looks and to adorn the walls.'

47. On bearing insults

The short treatise *de constantia sapientis* is addressed to Serenus, the addressee also of *de tranquillitate animi*. A probable date is AD 55-8. We give chapter 17.

Chrysippus ait quendam indignatum quod illum aliquis vervecem marinum dixerat. In senatu flentem vidimus Fidum Cornelium, Nasonis Ovidi generum, cum illum Corbulo struthocamelum depilatum dixisset; adversus alia maledicta mores et vitam
5   convulnerantia frontis illi firmitas constitit, adversus hoc tam absurdum lacrimae prociderunt: tanta animorum inbecillitas est ubi ratio discessit. Quid quod offendimur si quis sermonem nostrum imitatur, si quis incessum, si quis vitium aliquod corporis aut linguae exprimit? quasi notiora illa fiant alio
10 imitante quam nobis facientibus! Senectutem quidam inviti audiunt et canos et alia ad quae voto pervenitur: paupertatis maledictum quosdam perussit, quam sibi obiecit quisquis abscondit: itaque materia petulantibus et per contumeliam urbanis detrahitur si ultro illam et prior occupes; nemo risum
15 praebuit qui ex se cepit. Vatinium, hominem natum et ad risum et ad odium, scurram fuisse et venustum ac dicacem memoriae proditum est. In pedes suos ipse plurima dicebat et in fauces concisas: sic inimicorum, quos plures habebat quam morbos, et in primis Ciceronis urbanitatem effugerat. Si hoc potuit ille
20 duritia oris qui adsiduis conviciis pudere dedidicerat, cur is non possit qui studiis liberalibus et sapientiae cultu ad aliquem profectum pervenerit? Adice quod genus ultionis est eripere ei qui fecit factae contumeliae voluptatem; solent dicere 'o

miserum me! puto, non intellexit': adeo fructus contumeliae
in sensu et indignatione patientis est. Deinde non deerit illi   25
aliquando par; invenietur qui te quoque vindicet.

1. **Chrysippus**: Stoic philosopher (*c.*280–207 BC), the most frequently quoted of the older Stoics, a voluminous writer.

1–2. **vervecem marinum**: 'sea-sheep', πρόβατον θαλάσσιον, a large
and sluggish fish, not identified for certain with any species. This joke
is known also in Greek sources (Demetrius, περὶ ἑρμηνείας 172).

3. **Corbulo**: presumably Cn. Domitius Corbulo, consul under
Caligula, and later the greatest general of Nero's time.
struthocamelum: 'ostrich'.

4. **depilatum**: 'plucked'.

5. **frontis . . . constitit**: 'his firmness of countenance remained
undisturbed'.

7. **Quid quod . . . ?**: an established transitional formula (*OLD* s.v. *quis*
13). 'What should we say about the fact that . . .?'

8. **incessum**: 'walk', thought specially indicative of character.

9. **exprimit**: 'reproduces', 'mimics'.

10–11. 'Some are reluctant to hear old age and grey hairs [attributed
to them], and other things to which one prays to come'. Cf. Juvenal
10. 188 ff.

12. **perussit**: 'has scorched', i.e. 'hurt badly'.

12–13. **quam . . . abscondit**: 'which anyone who hides it turns into
a reproach against himself'.

13–14. **per contumeliam urbanis**: 'persons whose wit is based on
insults'. *petulans* is 'aggressively rude', cf. *petulcus*, properly used of
rams and goats liable to butt you.

14. **occupes**: subjunctive is normal in conditional clauses where
there is an 'imaginary' second person, as here (G–L § 595 Remark 3).

15. **Vatinium**: a well-known butt of the Ciceronian age, cf. Catullus
52–3.

16. **scurram . . . dicacem**: 'a man of jest, charm, and ready wit'.
Scurra here descriptive, not pejorative.

17–18. **fauces concisas**: 'his damaged throat'. Vatinius had a
scrofulous tumour in the neck (*struma*).

20. **duritia oris**: 'by putting a hard face on it', 'by being shameless',
OLD s.v. *duritia* 6.
pudere dedidicerat: 'had unlearnt shame'. *pudere* here is personal, *OLD*
s.v. *pudeo* 2.

24. **puto**: parenthetical, a colloquial touch.
adeo: i.e. 'so true is it that . . .'
25. **Deinde**: 'Secondly'.

48. *Seneca goes to sea*

The *Epistulae ad Lucilium* (written AD 62–4, to a friend of Seneca who was at the time procurator of Sicily) are Seneca's most popular work. In this characteristic specimen (53), he takes an episode and lets it suggest a moral. Sea-sickness raises thoughts of disease; disease suggests moral ills, of which we are often unaware unless we devote ourselves to philosophy, which alone can give us security. The casual style of letters, reflecting educated conversation, is combined with rigorous observance of clausulae-rules: - ˘ - -, - ˘ - - -, and - ˘ - - ˘ -, with their variants, occur at almost every pause.

SENECA LVCILIO SVO SALVTEM

Quid non potest mihi persuaderi, cui persuasum est ut navigarem? Solvi mari languido; erat sine dubio caelum grave sordidis nubibus, quae fere aut in aquam aut in ventum resolvuntur, sed putavi tam pauca milia a Parthenope tua usque Puteolos subripi
5   posse, quamvis dubio et inpendente caelo. Itaque quo celerius evaderem, protinus per altum ad Nesida derexi praecisurus omnes sinus. Cum iam eo processissem ut mea nihil interesset utrum irem an redirem, primum aequalitas illa quae me corruperat periit; nondum erat tempestas, sed iam inclinatio
10 maris ac subinde crebrior fluctus. Coepi gubernatorem rogare ut me in aliquo litore exponeret: aiebat ille aspera esse et inportuosa nec quicquam se aeque in tempestate timere quam terram. Peius autem vexabar quam ut mihi periculum succurreret; nausia enim me segnis haec et sine exitu torquebat,
15 quae bilem movet nec effundit. Institi itaque gubernatori et illum, vellet nollet, coegi peteret litus. Cuius ut viciniam attigimus, non expecto ut quicquam ex praeceptis Vergilii fiat,

obvertunt pelago proras

aut

ancora de prora iacitur: 20

memor artificii mei vetus frigidae cultor mitto me in mare, quomodo psychrolutam decet, gausapatus. Quae putas me passum
dum per aspera erepo, dum viam quaero, dum facio? Intellexi
non inmerito nautis terram timeri. Incredibilia sunt quae tulerim,
cum me ferre non possem: illud scito, Vlixem non fuisse tam 25
irato mari natum ut ubique naufragia faceret: nausiator erat. Et
ego quocumque navigare debuero vicensimo anno perveniam.

Vt primum stomachum, quem scis non cum mari nausiam
effugere, collegi, ut corpus unctione recreavi, hoc coepi mecum
cogitare, quanta nos vitiorum nostrorum sequeretur oblivio, 30
etiam corporalium, quae subinde admonent sui, nedum illorum
quae eo magis latent quo maiora sunt. Levis aliquem motiuncula
decipit; sed cum crevit et vera febris exarsit, etiam duro et
perpessicio confessionem exprimit. Pedes dolent, articuli
punctiunculas sentiunt: adhuc dissimulamus et aut talum 35
extorsisse dicimus nos aut in exercitatione aliqua laborasse.
Dubio et incipiente morbo quaeritur nomen, qui ubi ut talaria
coepit intendere et utrosque distortos pedes fecit, necesse est
podagram fateri.

Contra evenit in his morbis quibus adficiuntur animi, quo quis 40
peius se habet, minus sentit. Non est quod mireris, Lucili
carissime; nam qui leviter dormit, et species secundum quietem
capit et aliquando dormire se dormiens cogitat: gravis sopor
etiam somnia extinguit animumque altius mergit quam ut in ullo
intellectu sui sit. Quare vitia sua nemo confitetur? quia etiamnunc 45
in illis est: somnium narrare vigilantis est, et vitia sua confiteri
sanitatis indicium est. Expergiscamur ergo, ut errores nostros
coarguere possimus. Sola autem nos philosophia excitabit, sola
somnum excutiet gravem: illi te totum dedica. Dignus illa es,
illa digna te est: ite in complexum alter alterius. Omnibus 50
aliis rebus te nega fortiter, aperte; non est quod precario
philosopheris. Si aeger esses, curam intermisisses rei familiaris
et forensia tibi negotia excidissent nec quemquam tanti putares
cui advocatus in remissione descenderes; toto animo id ageres
ut quam primum morbo liberareris. Quid ergo? non et nunc 55

idem facies? omnia inpedimenta dimitte et vaca bonae menti:
nemo ad illam pervenit occupatus. Exercet philosophia regnum
suum; dat tempus, non accipit; non est res subsiciva: ordinaria
est, domina est, adest et iubet. Alexander cuidam civitati partem
60   agrorum et dimidium rerum omnium promittenti 'eo' inquit
'proposito in Asiam veni, ut non id acciperem quod dedissetis,
sed ut id haberetis quod reliquissem'. Idem philosophia rebus
omnibus: 'non sum hoc tempus acceptura quod vobis super-
fuerit, sed id vos habebitis quod ipsa reiecero'. Totam huc
65   converte mentem, huic adside, hanc cole: ingens intervallum
inter te et ceteros fiet; omnes mortales multo antecedes,
non multo te dii antecedent. Quaeris quid inter te et illos
interfuturum sit? diutius erunt. At mehercules magni artificis est
clusisse totum in exiguo; tantum sapienti sua quantum deo
70   omnis aetas patet. Est aliquid quo sapiens antecedat deum: ille
naturae beneficio non timet, suo sapiens. Ecce res magna,
habere inbecillitatem hominis, securitatem dei. Incredibilis
philosophiae vis est ad omnem fortuitam vim retundendam.
Nullum telum in corpore eius sedet; munita est, solida; quaedam
75   defetigat et velut levia tela laxo sinu eludit, quaedam discutit
et in eum usque qui miserat respuit. Vale.

2. **Solvi**: 'I set sail', sc. *navem*.

4. **Parthenope**: i.e. Naples, where Lucilius seems to have come from.
usque Puteolos: 'as far as Puteoli' (Pozzuoli). See *OLD* s.v. *usque* 2,
for the usage without *ad*.

4-5. **subripi posse**: 'could be snatched'.

6. **praecisurus**: 'intending to cut across'. Seneca makes very free
use of the future participle to express intention, destiny, etc.

7. **mea**: G-L § 381.

9. **corruperat**: 'had tempted me'.
periit: 'vanished'.

10. **ac subinde crebrior fluctus**: 'and, from then on, more frequent
waves' (a choppier sea).
Coepi . . . rogare: 'I asked', little more than an alternative to *rogavi*,
mainly colloquial, and common in comedy and in Petronius.

13-14. 'I was too uncomfortable to give a thought to the danger.'
G-L § 631. 3.

14. **haec**: 'this', i.e. the kind of sea-sickness we all know.

16. **vellet nollet**: 'whether he wished or not', 'willy-nilly': like *velit nolit*, a common asyndeton, at least in colloquial and informal styles.
coegi peteret: G–L § 546 Remark 2; *OLD* s.v. *cogo* 12 a.

18–20. *Aen.* 6. 3, 3. 277.

21. **frigidae**, sc. *aquae*.

22. **psychrolutam**: 'a cold bath man' (ψυχρολούτης).
gausapatus: wearing a *gausape*, a heavy cloak.

23. **facio**: 'make' a path, presumably through bushes or swamp where there is none.

25. **cum me ferre non possem**: 'because I couldn't endure myself': i.e. if he had overcome his seasickness ('conquered himself'), he wouldn't have had to endure these hardships.

25–6. **tam irato mari natum**: refers to Poseidon's persecution of Odysseus.

28. **Vt**: 'when'.

31. **subinde**: 'immediately' or (*OLD* s.v. 2) 'constantly'.
nedum: 'still more'. In Cicero, and generally in classical Latin, there would be a preceding negative. *Oblivio* has itself something of a negative idea: cf. Sen. *Epist.* 83. 17 'vitia . . . quae etiam tolerabilis homo vitaverit, nedum perfectus ac sapiens'. Brief note on *nedum* in G–L § 482.

32–5. **motiuncula . . . punctiunculas**: the diminutives may be a sign of colloquial tone.

34. **perpessicio**: 'long-suffering'.

35–6. **talum extorsisse**: 'sprained our ankle'.

37–8. **talaria coepit intendere**: 'begins to tighten the screw'. *Talaria* (neut. plur.) denotes some kind of torture apparatus, presumably designed to stretch the lower leg.

39. **podagram**: 'gout'.

41. **Non est quod mireris**: 'there is no reason for you to be surprised', cf. 51 below.

42–3. **species . . . capit**: 'gets visions in his sleep'.

43. **gravis sopor**: the asyndeton makes an antithesis (in Greek we would have e.g. βαθὺς δὲ ὕπνος).

44–5. **quam ut . . . sit**: 'deeper than for it to have any consciousness of itself'.

45. **etiamnunc**: 'still'.

49–50. Seneca writes as though the man and philosophy were a married couple.

51. precario: 'in borrowed time', as though one asked permission of other duties to find time for philosophy. So 58 *res subsiciva*: 'a spare-time activity'.

53-4. nec quemquam . . . descenderes: 'nor would you think anyone important enough to make you go down to the forum to plead for him even if you were feeling better', *OLD* s.v. *remissio* 5.

56. vaca bonae menti: 'keep yourself free for sanity'.

58. ordinaria: a consul *ordinarius* is the regular one who gives his name to the year; a slave who is *ordinarius* has a definite responsibility, which he may delegate to *vicarii*. The nuance of the metaphor here is uncertain: 'she is in charge, she is the boss'?

69-70. 'The wise man's own life is as wide a sphere for him as all time is to God.'

75. defetigat: 'breaks the force'.

laxo sinu: 'with a loose fold'—sufficient to parry a trivial blow.

76. respuit: 'spits back'.

49. *Corruption of style*

In this letter (114), which Norden regarded as one of the most important documents in the history of prose style, Seneca advances the view that style is a reflection of moral character. His example is Maecenas. We print §§ 1–12.

Quare quibusdam temporibus provenerit corrupti generis oratio quaeris et quomodo in quaedam vitia inclinatio ingeniorum facta sit, ut aliquando inflata explicatio vigeret, aliquando infracta et in morem cantici ducta; quare alias sensus audaces et
5 fidem egressi placuerint, alias abruptae sententiae et suspiciosae, in quibus plus intellegendum esset quam audiendum; quare aliqua aetas fuerit quae translationis iure uteretur inverecunde. Hoc quod audire vulgo soles, quod apud Graecos in proverbium cessit: talis hominibus fuit oratio qualis vita. Quemadmodum
10 autem uniuscuiusque actio ⟨generi⟩ dicendi similis est, sic genus dicendi aliquando imitatur publicos mores, si disciplina civitatis laboravit et se in delicias dedit. Argumentum est luxuriae

publicae orationis lascivia, si modo non in uno aut in altero fuit, sed adprobata est et recepta. Non potest alius esse ingenio, alius animo color. Si ille sanus est, si compositus, gravis, temperans,   15 ingenium quoque siccum ac sobrium est: illo vitiato hoc quoque adflatur. Non vides, si animus elanguit, trahi membra et pigre moveri pedes? si ille effeminatus est, in ipso incessu apparere mollitiam? si ille acer est et ferox, concitari gradum? si furit aut, quod furori simile est, irascitur, turbatum esse corporis motum   20 nec ire sed ferri? Quanto hoc magis accidere ingenio putas, quod totum animo permixtum est, ab illo fingitur, illi paret, inde legem petit?

Quomodo Maecenas vixerit notius est quam ut narrari nunc debeat quomodo ambulaverit, quam delicatus fuerit, quam   25 cupierit videri, quam vitia sua latere noluerit. Quid ergo? non oratio eius aeque soluta est quam ipse discinctus? non tam insignita illius verba sunt quam cultus, quam comitatus, quam domus, quam uxor? Magni vir ingenii fuerat si illud egisset via rectiore, si non vitasset intellegi, si non etiam in oratione   30 diffflueret. Videbis itaque eloquentiam ebrii hominis involutam et errantem et licentiae plenam. Quid turpius 'amne silvisque ripa comantibus'? Vide ut 'alveum lyntribus arent versoque vado remittant hortos'. Quid? si quis 'feminae cinno crispat et labris columbatur incipitque suspirans, ut cervice lassa fanantur   35 nemoris tyranni'. 'Inremediabilis factio rimantur epulis lagonaque temptant domos et spe mortem exigunt.' 'Genium festo vix suo testem.' 'Tenuisve cerei fila et crepacem molam.' 'Focum mater aut uxor investiunt.' Non statim cum haec legeris hoc tibi occurret, hunc esse qui solutis tunicis in urbe semper incesserit   40 (nam etiam cum absentis Caesaris partibus fungeretur, signum a discincto petebatur); hunc esse qui in tribunali, in rostris, in omni publico coetu sic apparuerit ut pallio velaretur caput exclusis utrimque auribus, non aliter quam in mimo fugitivi divitis solent; hunc esse cui tunc maxime civilibus bellis   45 strepentibus et sollicita urbe et armata comitatus hic fuerit in publico, spadones duo, magis tamen viri quam ipse; hunc esse qui uxorem milliens duxit, cum unam habuerit? Haec verba tam inprobe structa, tam neglegenter abiecta, tam contra

50   consuetudinem omnium posita ostendunt mores quoque non
     minus novos et pravos et singulares fuisse. Maxima laus illi
     tribuitur mansuetudinis: pepercit gladio, sanguine abstinuit, nec
     ulla alia re quid posset quam licentia ostendit. Hanc ipsam
     laudem suam corrupit istis orationis portentosissimae delicis;
55   apparet enim mollem fuisse, non mitem. Hoc istae ambages
     compositionis, hoc verba transversa, hoc sensus miri, magni
     quidem saepe sed enervati dum exeunt, cuivis manifestum
     facient: motum illi felicitate nimia caput. Quod vitium hominis
     esse interdum, interdum temporis solet. Vbi luxuriam late
60   felicitas fudit, cultus primum corporum esse diligentior incipit;
     deinde supellectili laboratur; deinde in ipsas domos inpenditur
     cura ut in laxitatem ruris excurrant, ut parietes advectis trans
     maria marmoribus fulgeant, ut tecta varientur auro, ut lacunaribus
     pavimentorum respondeat nitor; deinde ad cenas lautitia
65   transfertur et illic commendatio ex novitate et soliti ordinis
     commutatione captatur, ut ea quae includere solent cenam
     prima ponantur, ut quae advenientibus dabantur exeuntibus
     dentur. Cum adsuevit animus fastidire quae ex more sunt et illi
     pro sordidis solita sunt, etiam in oratione quod novum est
70   quaerit et modo antiqua verba atque exoleta revocat ac profert,
     modo fingit ignota ac deflectit, modo, id quod nuper increbruit,
     pro cultu habetur audax translatio ac frequens. Sunt qui sensus
     praecidant et hoc gratiam sperent, si sententia pependerit et
     audienti suspicionem sui fecerit; sunt qui illos detineant et
75   porrigant; sunt qui non usque ad vitium accedant (necesse est
     enim hoc facere aliquid grande temptanti) sed qui ipsum vitium
     ament.
        Itaque ubicumque videris orationem corruptam placere, ibi
     mores quoque a recto descivisse non erit dubium. Quomodo
80   conviviorum luxuria, quomodo vestium aegrae civitatis indicia
     sunt, sic orationis licentia, si modo frequens est, ostendit animos
     quoque a quibus verba exeunt procidisse. Mirari quidem non
     debes corrupta excipi non tantum a corona sordidiore sed ab
     hac quoque turba cultiore; togis enim inter se isti, non iudicis
85   distant. Hoc magis mirari potes, quod non tantum vitiosa sed
     vitia laudentur. Nam illud semper factum est: nullum sine venia

placuit ingenium. Da mihi quemcumque vis magni nominis virum: dicam quid illi aetas sua ignoverit, quid in illo sciens dissimulaverit. Multos tibi dabo quibus vitia non nocuerint, quosdam quibus profuerint. Dabo, inquam, maximae famae et inter admiranda propositos, quos si quis corrigit, delet; sic enim vitia virtutibus inmixta sunt ut illas secum tractura sint.

3. **inflata explicatio**: 'blown up expression', i.e. turgidity.

4. **infracta . . . ducta**: 'an emasculated sing-song manner'.

5. **suspiciosae**: explained by the following clause, so 'dark' or 'pregnant' thoughts. There seems no clear difference here between *sensus* and *sententiae*—both embrace the idea and its epigrammatic expression.

7. **translationis**: 'metaphor'.

8. **Hoc . . .**: 'The answer lies in what you often hear . . .'

10. We insert ⟨*generi*⟩ conjecturally: this gives a 'climax'.

11-12. **si . . . dedit**: 'if society's standards have slipped and surrendered to self-indulgence'.

14-15. 'animus' here is the moral personality, 'ingenium' the intellectual (literary) talent.

27. **discinctus**: 'casual', 'free and easy' (lit. 'with his belt unfastened'), and some such definable lack of formality is meant at 42 below.

29. **fuerat**: G-L § 597 Remark 2.

30-1. **si . . . difflueret**: 'if he hadn't turned to water even in his style'.

32-9. The examples are very difficult. Perhaps: 'What is uglier than "river and woods with hairy bank"? Consider how "they furrow the bed with boats and distance the gardens by stirring the shallows". And what about someone who "wrinkles his face with a wink to a woman, bills with his lips, and starts with a sigh, as the monarchs of the glen rut with neck adroop"? "A conspiracy beyond redemption, they ferret things out at dinner, make attempts on households with the bottle, and demand death in expectation." "A guardian spirit scarce witness to its own feast-day." "Threads of thin candle and sputtering grain." "Mother or wife drape the hearth." '

41. **cum . . . fungeretur**: as at the time of the war with Antony, 32-31 BC.

44-5. The runaway slaves wrap their heads up to hide.

48. Maecenas' stormy relationship with his wife Terentia was well known.

52-3. 'Only by his licentiousness did he demonstrate his power.'

56. verba transversa: 'words that go sideways', i.e. not in the direction the sentence seems to be going.

71. We delete *et* before *ignota*. If this is right, Seneca refers (1) to archaism, (2) to new coinages and modifications of words.

74. audienti . . . fecerit: 'makes the hearer suspicious of it'.

84. iudicis = *iudiciis*. The contracted form gives the favoured clausula - ᴗ - -. So also *delicīs* (54).

50. *The final deluge*

The *Naturales quaestiones*, like the *Epistulae morales*, are a late work of Seneca's (*c.*64 AD). In this passage (3. 30) he explains how the final deluge, in which the world will perish, comes naturally out of the constitution of things, and how the world will be born again. The belief in periodical conflagrations and cataclysms is Stoic.

Sunt omnia, ut dixi, facilia naturae, utique quae a primo facere constituit, ad quae non subito sed ex denuntiato venit. Iam autem a primo die mundi, cum in hunc habitum ex informi unitate discederet, quando mergerentur terrena decretum est;

5   et ne sit quandoque velut in novo opere dura molitio, olim ad hoc maria se exercent. Non vides ut fluctus in litora tamquam numquam exiturus incurrat? Non vides ut aestus fines suos transeat et in possessionem terrarum mare inducat? Non vides ut illi perpetua cum claustris suis pugna sit? Quid porro? istinc

10 tantum unde tumultum vides metus est, e mari et magno spiritu erumpentibus fluviis? Vbi non umorem natura disposuit, ut undique nos, cum voluisset, aggredi posset? Mentior, nisi eruentibus terram umor occurrit et, quotiens nos aut avaritia defodit aut aliqua causa penetrare altius cogit, eruendi finis

15 aliquando est. Adice quod immanes sunt in abdito lacus et multum maris conditi, multum fluminum per operta labentium. Vndique ergo erit causa diluvio, cum aliae aquae subterfluant terras, aliae circumfluant, quae diu coercitae vincent et amnes

amnibus iungent, paludibus stagna. Omnium tunc mare ora
fontium implebit et maiore hiatu solvet. Quemadmodum corpora   20
nostra ad egestum venter exhaurit, quemadmodum in sudorem
eunt vires, ita tellus liquefiet et aliis causis quiescentibus intra
se quo mergatur inveniet; sed magis omnia coitura crediderim.
Nec longa erit mora exitii: temptatur divelliturque concordia.
Cum semel aliquid ex hac idonea diligentia remiserit mundus,   25
statim undique ex aperto et abdito, superne ab infimo, aquarum
fiet irruptio. Nihil est tam violentum, tam incontinens sui, tam
contumax infestumque retinentibus quam magna vis undae:
utetur libertate permissa et iubente natura quae scindit circuitque
complebit. Vt ignis diversis locis ortus cito miscet incendium   30
flammis coire properantibus, sic momento se redundantia
pluribus locis maria committent. Nec ea semper licentia undis
erit, sed peracto exitio generis humani extinctisque pariter feris,
in quarum homines ingenia transierant, iterum aquas terra
sorbebit, terra pelagus stare aut intra terminos suos furere coget,   35
et reiectus e nostris sedibus in sua secreta pelletur oceanus et
antiquus ordo revocabitur. Omne ex integro animal generabitur
dabiturque terris homo inscius scelerum et melioribus auspicis
natus. Sed illis quoque innocentia non durabit, nisi dum novi
sunt; cito nequitia subrepit. Virtus difficilis inventu est, rectorem   40
ducemque desiderat: et sine magistro vitia discuntur.

1. **utique**: 'especially'.

2. **ex denuntiato**: 'after giving due notice'. Cf. *ex necopinato*,
ex composito.

4. **discederet**: 'separated' to form its present variety. The idea is
that the elements of the universe separate out of the primordial chaos.
Cf. Ovid, *Met.* 1. 5-68.

5. **ne sit . . . molitio**: 'lest the effort prove severe one day (*OLD*
s.v. *quandoque* 2), as it would be if the task was an unaccustomed one'.

5-6. **olim . . . exercent**: 'the seas have long been practising for this',
G-L § 230.

9. **illi**: i.e. the sea.

9-11. **istinc . . . fluviis?**: i.e. is it only the sea and the great rivers
that make us fear the domination of water? No (Seneca goes on): water
is everywhere, ready to swamp us.

12. **Mentior, nisi . . .:** *OLD* s.v. *mentior* 1 a for this phrase 'in asseverations'.

13-15. **umor . . . eruendi finis aliquando est:** i.e. finding water at some point puts an end to mining.

13-14. **avaritia defodit:** 'avarice sends us underground'—to dig out precious metals.

19. **paludibus stagna:** balances *amnes amnibus*. Note chiasmus, *variatio*, and clausula (- ⌣ - - -).

22-3. **intra . . . inveniet:** 'will find a place to drown in within itself'.

27. **tam incontinens sui:** 'so incapable of controlling itself'.

29-30. **quae . . . complebit:** 'will fill the areas that it now divides or encircles'.

30. **miscet incendium:** *Aen.* 2. 329.

31-2. **se . . . committent:** 'will join up'.

34. **in quarum . . . transierant:** 'to whose nature men had gone over'. i.e. man had become bestial.

41. 'Even without a teacher, vice is learned.'

51. *Trimalchio and his guests*

Petronius, the author of the *Satyricon*, is generally identified with a man described by Tacitus as 'arbiter elegantiae' at the court of Nero. His *Satyricon* is unique in Latin literature: a humorous novel of comic adventure, with much vivid portrayal of vulgar life and speech. The extant portion comes from Books 14-16, so that the whole work was a very long one. The longest continuous part is the description of the rich upstart Trimalchio's dinner party. Like Plato's *Symposium* (the distant model of the *genre*) it contains many speeches, and these are in character. They caricature the language of the uneducated. So with Trimalchio's maudlin moralizing here (71-73.5).

Diffusus hac contentione Trimalchio 'amici,' inquit 'et servi homines sunt et aeque unum lactem biberunt, etiam si illos malus fatus oppresserit. Tamen me salvo cito aquam liberam gustabunt. Ad summam, omnes illos in testamento meo manu
5   mitto. Philargyro etiam fundum lego et contubernalem suam, Carioni quoque insulam et vicesimam et lectum stratum. Nam

Fortunatam meam heredem facio, et commendo illam omnibus
amicis meis. Et haec ideo omnia publico, ut familia mea iam
nunc sic me amet tamquam mortuum.' Gratias agere omnes
indulgentiae coeperant domini, cum ille oblitus nugarum   10
exemplar testamenti iussit afferri et totum a primo ad ultimum
ingemescente familia recitavit. Respiciens deinde Habinnam 'quid
dicis' inquit 'amice carissime? aedificas monumentum meum,
quemadmodum te iussi? valde te rogo ut secundum pedes statuae
meae catellam fingas et coronas et unguenta et Petraitis omnes 15
pugnas, ut mihi contingat tuo beneficio post mortem vivere;
praeterea ut sint in fronte pedes centum, in agrum pedes ducenti.
Omne genus enim poma volo sint circa cineres meos, et
vinearum largiter. Valde enim falsum est vivo quidem domos
cultas esse, non curari eas ubi diutius nobis habitandum est. Et 20
ideo ante omnia adici volo: "hoc monumentum heredem non
sequatur". Ceterum erit mihi curae ut testamento caveam ne
mortuus iniuriam accipiam. Praeponam enim unum ex libertis
sepulcro meo custodiae causa, ne in monumentum meum
populus cacatum currat. Te rogo ut naves etiam facias plenis   25
velis euntes, et me in tribunali sedentem praetextatum cum anulis
aureis quinque et nummos in publico de sacculo effundentem;
scis enim quod epulum dedi binos denarios. Faciantur, si tibi
videtur, et triclinia. Facias et totum populum sibi suaviter
facientem. Ad dexteram meam ponas statuam Fortunatae meae   30
columbam tenentem: et catellam cingulo alligatam ducat: et
cicaronem meum, et amphoras copiose gypsatas, ne effluant
vinum. Et unam licet fractam sculpas, et super eam puerum
plorantem. Horologium in medio, ut quisquis horas inspiciet,
velit nolit, nomen meum legat. Inscriptio quoque vide diligenter 35
si haec satis idonea tibi videtur: "C. Pompeius Trimalchio
Maecenatianus hic requiescit. Huic seviratus absenti decretus
est. Cum posset in omnibus decuriis Romae esse, tamen noluit.
Pius, fortis, fidelis, ex parvo crevit; sestertium reliquit trecenties,
nec umquam philosophum audivit. Vale: et tu." '   40
    Haec ut dixit Trimalchio, flere coepit ubertim. Flebat et
Fortunata, flebat et Habinnas, tota denique familia, tamquam
in funus rogata, lamentatione triclinium implevit. Immo iam

coeperam etiam ego plorare, cum Trimalchio 'ergo' inquit
45 'cum sciamus nos morituros esse, quare non vivamus? sic vos
felices videam, coniciamus nos in balneum, meo periculo, non
paenitebit. Sic calet tamquam furnus.' 'Vero, vero' inquit
Habinnas 'de una die duas facere, nihil malo' nudisque consur-
rexit pedibus et Trimalchionem gaudentem subsequi coepit.
50   Ego respiciens ad Ascylton 'quid cogitas?' inquam 'ego enim
si videro balneum, statim expirabo.' 'Assentemur' ait ille 'et
dum illi balneum petunt, nos in turba exeamus.' Cum haec
placuissent, ducente per porticum Gitone ad ianuam venimus,
ubi canis catenarius tanto nos tumultu excepit ut Ascyltos etiam
55 in piscinam ceciderit. Nec non ego quoque ebrius, dum natanti
opem fero, in eundem gurgitem tractus sum. Servavit nos tamen
atriensis, qui interventu suo et canem placavit et nos trementes
extraxit in siccum. Et Giton quidem iam dudum se ratione
acutissima redemerat a cane; quicquid enim a nobis acceperat de
60 cena, latranti sparserat, at ille avocatus cibo furorem sup-
presserat. Ceterum cum algentes udique petissemus ab atriense
ut nos extra ianuam emitteret, 'erras' inquit 'si putas te exire
hac posse qua venisti. Nemo umquam convivarum per eandem
ianuam emissus est; alia intrant, alia exeunt.' Quid faciamus
65 homines miserrimi et novi generis labyrintho inclusi, quibus
lavari iam coeperat votum esse? Vltro ergo rogavimus ut nos
ad balneum duceret, proiectisque vestimentis, quae Giton in
aditu siccare coepit, balneum intravimus, cisternae frigidariae
simile, in quo Trimalchio rectus stabat. Ac ne sic quidem
70 putidissimam eius iactationem licuit effugere; nam nihil melius
esse dicebat quam sine turba lavari, et eo ipso loco aliquando
pistrinum fuisse. Deinde ut lassatus consedit, invitatus balnei
sono diduxit os ebrium et coepit Menecratis cantica lacerare,
sicut illi dicebant qui linguam eius intellegebant. Ceteri convivae
75 circa labrum manibus nexis currebant et gingilipho ingenti
[clamore] exsonabant. Alii autem aut restrictis manibus anulos
de pavimento conabantur tollere aut posito genu cervices post
terga flectere et pedum extremos pollices tangere. Nos, dum
illi sibi ludos faciunt, in solium, quod Trimalchioni servabatur,
80 descendimus.

2-3. **unum lactem . . . malus fatus**: note incorrect genders, and the tendency of the neuter to disappear: cf. on 39. 6.

3. **oppresserit**: 'should prove to have crushed them', G-L § 596; but the subjunctive is odd, and Buecheler's *oppressit* may be right.

4. **Ad summam**: 'in the end'.

5. **suam**: G-L § 309. 4.

6. **insulam**: 'apartment block'.
vicesimam: a 5% tax was levied on manumitted slaves, and the generous testator arranges to pay it himself.

7. Fortunata is Trimalchio's wife.

10-11. **coeperant . . . cum . . . iussit**: G-L § 581.

13. **aedificas?**: 'will you build?' Present with future meaning, a feature of colloquial Latin, but also found in some formal prose: Caesar, *BC* 3. 94. 5.

15. Petraitis is a gladiator, Trimalchio is a fan of his.

17. Gravestones often state the size of the grave-plot, to forestall trespass. The dimensions here are obviously fantastic.

18. **Omne genus**: 'every kind' of apples. Such phrases (*id genus* is similarly used) are variously explained as appositions or as adverbial (= *omnis generis*): G-L § 336 note 2.

19. **vinearum largiter**: 'lots of vines'. Parallels for this use of *largiter* may be found in Plautus (Lindsay, *Syntax of Plautus* (Oxford, 1907) § 14) and later in Apuleius (a typical word history). Cf. genitive with *satis, parum, nimis, multum*, etc.

21-2. **hoc . . . non sequatur**: a regular formula, *non* is found sporadically (instead of *ne*) with jussive subjunctives: G-L § 270.

25. **cacatum currat**: 'run to relieve themselves', G-L § 435.

28. **scis . . . quod**: 'you know that . . .' *Quod* and *quia* commonly introduce indirect statements in late or unliterary Latin: G-L § 525. An early example is [Caesar], *Bell. Hisp.* 36. 1.

28. **Faciantur** = *fiant*: passive forms from the present stem of *facio* are very rare (*OLD* s.v. *facio*).

29-30. **sibi suaviter facientem**: 'enjoying themselves', 'doing themselves well'.

32. **cicaronem**: 'boy' (presumably with homosexual connotation).

35. **velit nolit**: 'willy nilly'. Cf. 48. 16 above for this asyndeton.

37. **seviratus**: the position of *sevir Augustalis*, one of a board of six (usually freedmen) who supervised the imperial cult in the town.

39. **trecenties**: 30,000,000 sesterces.

45. **vivamus**: in the full sense of 'enjoying life'.

45–7. 'As I hope to see you happy, let us jump into the bath. I take the risk, you won't be sorry, it's as hot as a furnace.' *OLD* s.v. *sic* 8 d.

47. **Vero, vero**: 'Indeed, indeed'.

55. **ceciderit**: G–L § 513.

56. **gurgitem**: 'flood': a grandiose word, used by poets of the surging sea.

65–6. 'Who had begun to pray to have a bath.'

72. **pistrinum**: 'bakery', but also a place where slaves were put to hard labour at the mill.

73. **diduxit os ebrium**: 'opened wide his drunken lips'.

75. **labrum**: 'bath-tub'.

gingilipho: meaning uncertain, but presumably a noise of some kind, glossed (not necessarily correctly) by *clamore*.

79. **solium**: an individual bath.

52. *The Widow of Ephesus*

Here (*Satyricon* 111–12) Petronius makes Eumolpus tell a tale of *muliebris levitas*, also known from Phaedrus (*Appendix Perottina* 15 = p. 392 Perry [Loeb]). Elegant style, perfectly correct, clausulae conspicuous: a perfect example of the urbane treatment of a popular story.

'Matrona quaedam Ephesi tam notae erat pudicitiae ut vicinarum quoque gentium feminas ad spectaculum sui evocaret. Haec ergo cum virum extulisset, non contenta vulgari more funus passis prosequi crinibus aut nudatum pectus in conspectu
5   frequentiae plangere, in conditorium etiam prosecuta est defunctum, positumque in hypogaeo [Graeco more] corpus custodire ac flere totis noctibus diebusque coepit. Sic afflictantem se ac mortem inedia persequentem non parentes potuerunt abducere, non propinqui: magistratus ultimo repulsi abierunt,
10 complorataque singularis exempli femina ab omnibus quintum iam diem sine alimento trahebat. Assidebat aegrae fidissima ancilla, simulque et lacrimas commodabat lugenti et quotiens defecerat positum in monumento lumen renovabat. Vna igitur

in tota civitate fabula erat, solum illud affulsisse verum pudicitiae
amorisque exemplum omnis ordinis homines confitebantur,   15
cum interim imperator provinciae latrones iussit crucibus
affigi secundum illam casulam, in qua recens cadaver matrona
deflebat. Proxima ergo nocte cum miles, qui cruces asservabat
ne quis ad sepulturam corpus detraheret, notasset sibi lumen
inter monumenta clarius fulgens et gemitum lugentis audisset,   20
vitio gentis humanae concupiit scire quis aut quid faceret.
Descendit igitur in conditorium, visaque pulcherrima muliere
primo quasi quodam monstro infernisque imaginibus turbatus
substitit, deinde ut et corpus iacentis conspexit et lacrimas
consideravit faciemque unguibus sectam, ratus scilicet id quod   25
erat, desiderium extincti non posse feminam pati, attulit in
monumentum cenulam suam coepitque hortari lugentem ne
perseveraret in dolore supervacuo ac nihil profuturo gemitu
pectus diduceret: omnium eundem esse exitum et idem domi-
cilium, et cetera quibus exulceratae mentes ad sanitatem   30
revocantur. At illa ignota consolatione percussa laceravit
vehementius pectus ruptosque crines super corpus iacentis
imposuit. Non recessit tamen miles, sed eadem exhortatione
temptavit dare mulierculae cibum, donec ancilla vini odore
corrupta primum ipsa porrexit ad humanitatem invitantis victam   35
manum, deinde refecta potione et cibo expugnare dominae
pertinaciam coepit et "quid proderit" inquit "hoc tibi, si soluta
inedia fueris, si te vivam sepelieris, si antequam fata poscant,
indemnatum spiritum effuderis?

     id cinerem aut manes credis sentire sepultos?   40

Vis tu reviviscere? Vis discusso muliebri errore, quam diu licuerit,
lucis commodis frui? Ipsum te iacentis corpus admonere debet
ut vivas." Nemo invitus audit cum cogitur vivere. Itaque mulier
aliquot dierum abstinentia sicca passa est frangi pertinaciam
suam, nec minus avide replevit se cibo quam ancilla quae prior   45
victa est.
   'Ceterum scitis quid plerumque soleat temptare humanam
satietatem. Quibus blanditiis impetraverat miles ut matrona
vellet vivere, isdem etiam pudicitiam eius aggressus est. Nec

50   deformis aut infacundus iuvenis castae videbatur, conciliante
      gratiam ancilla ac subinde dicente:

              placitone etiam pugnabis amori?

      Quid diutius moror? ne in hanc quidem partem mulier abstinuit,
      victorque miles utrumque persuasit. Iacuerunt ergo una non
55   tantum illa nocte qua nuptias fecerunt, sed postero etiam ac
      tertio die, praeclusis videlicet conditorii foribus, ut quisquis ex
      notis ignotisque ad monumentum venisset, putaret expirasse
      super corpus viri pudicissimam uxorem. Ceterum delectatus
      miles et forma mulieris et secreto, quidquid boni per facultates
60   poterat coemebat et prima statim nocte in monumentum ferebat.
      Itaque unius cruciarii parentes, ut viderunt laxatam custodiam,
      detraxere nocte pendentem supremoque mandaverunt officio.
      At miles circumscriptus dum desidet, ut postero die vidit
      unam sine cadavere crucem, veritus supplicium, mulieri quid
65   accidisset exponit: nec se expectaturum iudicis sententiam, sed
      gladio ius dicturum ignaviae suae: commodaret modo illa
      perituro locum et fatale conditorium familiari ac viro faceret.
      Mulier non minus misericors quam pudica "nec istud" inquit
      "dii sinant, ut eodem tempore duorum mihi carissimorum
70   hominum duo funera spectem. Malo mortuum impendere quam
      vivum occidere." Secundum hanc orationem iubet ex arca
      corpus mariti sui tolli atque illi quae vacabat cruci affigi. Vsus
      est miles ingenio prudentissimae feminae, posteroque die
      populus miratus est qua ratione mortuus isset in crucem.'

      1. notae . . . pudicitiae: G–L § 365.
      4-5. in conspectu frequentiae: 'in sight of a large company'.
      6. [Graeco more]: probably an interpolation, as the story is firmly
      set in Greek lands anyway.
      7. totis . . . diebusque: for ablative, G–L § 393 Remark 2.
      10. complorata: 'mourned'.
      11. trahebat: 'was spending' her fifth day, OLD s.v. 17 a.
      16. cum interim . . . iussit: G–L § 581.
      19. notasset sibi: 'observed (to himself)', OLD s.v. se 7 b.
      21. vitio gentis humanae: i.e. curiosity.

21. **quis aut quid faceret**: 'who it was and what he was doing'. *aut = et*: *OLD* s.v. 4.

27. **cenulam**: 'his little dinner'. Diminutive appropriate to his humble fare, and the everyday circumstances of the story.

29. **diduceret**: 'rend'.

30. **exulceratae**: 'festering', 'sick'. Petronius alludes (briefly and contemptuously) to the stock themes of *consolatio*.

31. **ignota consolatione percussa**: 'deeply affected by this unfamiliar comfort'—i.e. by a stranger trying to comfort her, which only made matters worse. *ignoti* would express this sense more naturally.

34. **mulierculae**: she is a distinguished *matrona*, but now earns the affectionate or patronizing diminutive, for she is not so extraordinary after all.

35-6. **porrexit . . . manum**: a variant on *manus dare*, 'to surrender'.

39. **indemnatum**: 'not yet due'.

40. *Aen.* 4. 34. The maid plays Anna to the widow's Dido.

41. **vis . . .?**: 'Will you . . .?', i.e. 'Pray do . . .', *OLD* s.v. *volo* 8.

47-8. It is sexual desire that 'tempts' the full stomach.

51. **subinde**: 'repeatedly' (?).

52. *Aen.* 4. 38. The MSS give also the next line—'nec venit in mentem quorum consederis arvis'—but this has no place here.

53. 'The woman did not hold back on this side either . . .'

54. **utrumque**: i.e. both to eat and to go to bed with him.

59. **per facultates**: 'with his means', *OLD* s.v. 5 b.

60. **prima statim nocte**: 'as soon as night fell'.

61. **cruciarii**: 'crucified criminal'.

63. **circumscriptus dum desidet**: 'outwitted while taking his ease'.

66. 'He would do justice to his own dereliction of duty with his sword.'

67. **familiari ac viro**: 'her friend and husband', as he now was.

70. **impendere**: 'devote', 'sacrifice'.

71. **Secundum**: 'after'.

FLAVIAN TIMES

53. *The evils of drink*

C. Plinius Secundus (?AD 23–79) from Comum had a successful military and administrative equestrian career, and also wrote voluminous histories and treatises on rhetoric. All that survives is his *Natural History*, a vast compilation in 37 books, containing much technical writing, but also a good deal of rhetorical elaboration. In this passage (14. 137–42) he moralizes on the subject of wine. This part of the work probably dates from two years or so before Pliny's death, in the Vesuvius eruption of August, AD 79.

Si quis diligentius reputet, in nulla parte operosior vita est, ceu non saluberrimum ad potus aquae liquorem natura dederit, quo cetera omnia animalia utuntur; at nos vinum bibere et iumenta cogimus; tantoque opere, tanto labore et impendio praestat
5   quod hominis mentem mutet ac furorem gignat, milibus scelerum ob id editis, tanta dulcedine ut magna pars non aliud vitae praemium intellegat. Quin immo ut plus capiamus, sacco frangimus vires, et alia irritamenta excogitantur ac bibendi causa etiam venena concipiuntur, aliis cicutam praesumentibus ut
10 bibere mors cogat, aliis pumicis farinam et quae referendo pudet dicere. Cautissimos ex iis in balineis coqui videmus exanimesque efferri; iam vero alios lectum exspectare non posse, immo vero nec tunicam, nudosque ibi protinus et anhelos ingentia vasa corripere, velut ad ostentationem virium, ac plena infundere
15 ut statim vomant rursusque hauriant, idque iterum tertiumque, tamquam ad perdenda vina geniti, et tamquam effundi illa non possint nisi per corpus humanum. Ad hoc pertinent peregrinae exercitationes et volutatio in caeno ac pectorosa cervicis repandae ostentatio; per omnia haec praedicatur sitis quaeri.
20 Iam vero quae in bibendo certamina, quae vasa adulteriis caelata! Tamquam per se parum doceat libidines temulentia, ita vina ex libidine hauriuntur. Atque etiam praemio invitatur

ebrietas et, si dis placet, emitur: alius ut quantum biberit
tantum edit pretium vinolentiae lege accipit, alius quantum alea
quaesierit tantum bibit. Tunc avidi matronam oculi licentur,   25
graves produnt marito, tunc animi secreta proferuntur: alii
testamenta sua nuncupant, alii mortifera eloquuntur redituasque
per iugulum voces non continent, quam multis ita interemptis,
vulgoque veritas iam attributa vino est. Interea, ut optime cedat,
solem orientem non vident ac minus diu vivunt. Hinc pallor et   30
genae pendulae, oculorum ulcera, tremulae manus effundentes
plena vasa et, quae sit poena praesens, furiales somni et inquies
nocturna praemiumque summum ebrietatis libido portentosa
ac iucundum nefas, postero die ex ore halitus cadi ac rerum
omnium oblivio morsque memoriae. Rapere se ita vitam   35
praedicant, cum priorem diem cotidie perdant, illi vero et
venientem.

3. et iumenta: 'even our beasts of burden'.

4. praestat: sc. *vinum*. Wine, at great cost, 'provides' the means
of making us mad.

7. sacco: 'strainer', i.e. a piece of cloth so used.

9-10. Hemlock causes coldness, wine is the antidote.

10. Pumice dust was supposed to absorb wine in the body. What
else he means is unclear.

20-1. 'Vases engraved with scenes of adultery'—mythological
pictures, e.g. Leda and the swan or Europa and the bull.

23. si dis placet: 'heaven help us!' *OLD* s.v. *placeo* 4 d.

25. licentur: 'bid for'.

27-8. 'Words that will come back when the throat is cut.'

28. quam . . . interemptis: exclamatory.

29. ut optime cedat: 'provided that the best result comes of it'.

32. quae . . . praesens: 'to produce an instant penalty'. The subjunctive lends a consecutive force to the clause (cf. Woodcock
§§ 155-8), and Pliny appears to contrast the long-term effects of alcohol
addiction with the immediate consequence of bad dreams: but one
also notices that *furiales somni* suggests visions of the underworld
furies, with whom *poena praesens* can also be contrasted.

54. *Bees*

Pliny's account of bees, of which we give an extract (11. 20–6), naturally owes a lot not only to natural historians (e.g. Aristotle, *HA* 5, 553ª ff.) but also to Virgil's *Georgics*. For an outline of ancient views, see now M. Davies and J. Kathiritamby, *Greek Insects* (London, 1986) 47–72.

Interdiu statio ad portas more castrorum; quies in matutinum, donec una excitet gemino aut triplici bombo ut bucino aliquo. Tunc universae provolant, si dies mitis futurus est; praedivinant enim ventos imbresque et se continent tectis; itaque caeli
5   temperies hoc inter praescita habet. Cum agmen ad opera pro-cessit, aliae flores aggerunt pedibus, aliae aquam ore guttasque lanugine totius corporis. Quibus est earum adolescentia, ad opera exeunt, supra dicta convehunt, seniores intus operantur. Quae flores comportant, prioribus pedibus femina onerant
10   propter id natura scabra, pedes priores rostro, totaeque onustae remeant sarcina pandatae; excipiunt eas ternae quaternaeque et exonerant; sunt enim intus quoque officia divisa: aliae struunt, aliae poliunt, aliae suggerunt, aliae cibum comparant ex eo quod allatum est; neque enim separatim vescuntur, ne inaequalitas
15   operis et cibi fiat et temporis. Struunt orsae a concamaratione alvi textumque velut a summa tela deducunt, limitibus binis circa singulos actus, ut aliis intrent, aliis exeant. Favi superiore parte affixi et paulum etiam lateribus simul haerent et pendent. Imam alvum non contingunt, nunc obliqui nunc rotundi, qualiter
20   poposcit alvus, aliquando et duorum generum, cum duo examina concordibus populis dissimiles habuere ritus. Ruentes ceras fulciunt, pilarum intergerivis a solo fornicatis, ne desit aditus ad sarciendum. Primi fere tres versus inanes struuntur, ne promptum sit quod invitet furantem; novissimi maxime implentur melle;
25   ideo aversa alvo favi eximuntur. Gerulae secundos flatus captant; si cooriatur procella, apprehensi pondusculo lapilli se librant, quidam in humeros eum imponi tradunt; iuxta vero terram volant in adverso flatu vepribus evitatis. Mira observatio operis: cessantium inertiam notant, castigant, mox et puniunt

morte; mira munditia: amoliuntur omnia ⟨e⟩ medio, nullaeque   30
inter opera spurcitiae iacent; quin et excrementa operantium
intus, ne longius recedant, unum congesta in locum turbidis
diebus et operis otio egerunt. Cum advesperascit, in alvo
strepunt minus ac minus, donec una circumvolet eodem
quo excitavit bombo ceu quietem capere imperitans, et hoc   35
castrorum more; tunc repente omnes conticescunt. Domos
primum plebei exaedificant, deinde regibus. Si speratur largior
proventus, adiciuntur contubernia et fucis; hae cellarum
minimae, sed ipsi maiores apibus.

  1. Cf. *Georg.* 4. 165.
  4. Cf. *Georg.* 4. 166, 191-2.
  5. **inter praescita**: 'among its prognostics'.
  8. **supra dicta**: Pliny has given an account of the plants from which
he thinks the bees obtain their food, and the materials of wax and
honey.
seniores: so *Georg.* 4. 178.
  11. **pandatae**: 'bent double'.
  12. **exonerant**: cf. *Georg.* 4. 167.
  15-16. **a concamaratione alvi**: 'from the roof of the hive'.
  16-17. 'Making two balks around each strip': *limes* and *actus* are
terms of agriculture.
  22. 'with arched dividing pillars from the floor.'
  23. **versus**: 'rows', again a term from farming.
  25. **ideo . . . eximuntur**: 'that is why the hive is turned upside down
before the combs are removed'.
  25-7. Cf. *Georg.* 4. 194-6.
  25. **Gerulae**: 'the workers', who carry the loads.
  37. **plebei**: dative from the 'fifth declension' nom. *plebes*.

55. *Early education of the future orator*

M. Fabius Quintilianus (*c.* AD 30-*c.* AD 100), from Calagurris in Spain,
was the greatest teacher of rhetoric of his age. His extant *Institutio
oratoria* remains the best and most humane guide to the labyrinth of

rhetorical theory. He begins with the education of small children. Having advised that Greek shall be learned first, but Latin very soon afterwards, he proceeds in this passage (1. 1. 15–20) to discuss, with much shrewdness and understanding, the child's first steps in writing.

Quidam litteris instituendos qui minores septem annis essent non putaverunt, quod illa primum aetas et intellectum disciplinarum capere et laborem pati posset. In qua sententia Hesiodum esse plurimi tradunt qui ante grammaticum Aristophanen fuerunt
5 (nam is primus ὑποθήκας, in quo libro scriptum hoc invenitur, negavit esse huius poetae); sed alii quoque auctores, inter quos Eratosthenes, idem praeceperunt. Melius autem qui nullum tempus vacare cura volunt, ut Chrysippus. Nam is, quamvis nutricibus triennium dederit, tamen ab illis quoque iam
10 formandam quam optimis institutis mentem infantium iudicat. Cur autem non pertineat ad litteras aetas quae ad mores iam pertinet? Neque ignoro toto illo de quo loquor tempore vix tantum effici quantum conferre unus postea possit annus; sed tamen mihi qui id senserunt videntur non tam discentibus in
15 hac parte quam docentibus pepercisse. Quid melius alioqui facient ex quo loqui poterunt (faciant enim aliquid necesse est)? Aut cur hoc quantulumcumque est usque ad septem annos lucrum fastidiamus? Nam certe quamlibet parvum sit quod contulerit aetas prior, maiora tamen aliqua discet puer ipso illo
20 anno quo minora didicisset. Hoc per singulos prorogatum in summam proficit, et quantum in infantia praesumptum est temporis adulescentiae adquiritur. Idem etiam de sequentibus annis praeceptum sit, ne quod cuique discendum est sero discere incipiat. Non ergo perdamus primum statim tempus,
25 atque eo minus quod initia litterarum sola memoria constant, quae non modo iam est in parvis, sed tum etiam tenacissima est.
Nec sum adeo aetatium inprudens ut instandum protinus teneris acerbe putem exigendamque plane operam. Nam id in primis cavere oportebit, ne studia qui amare nondum potest
30 oderit et amaritudinem semel perceptam etiam ultra rudes annos reformidet. Lusus hic sit, et rogetur et laudetur et numquam

non fecisse se gaudeat, aliquando ipso nolente doceatur alius
cui invideat, contendat interim et saepius vincere se putet:
praemiis etiam, quae capit illa aetas, evocetur.

3. **posset**: subjunctive as virtually indirect speech, this being the
reason alleged by these people.
Hesiodum: Quintilian is quoting the 'Counsels of Chiron to Achilles',
which, as he said, some believed to be by Hesiod. (Evidence in
Merkelbach–West, *Fragmenta Hesiodea* (Oxford, 1967) 143-5).
4. **Aristophanen**: of Byzantium (*c.*257-180 BC), head of the Alexandrian library, and one of the greatest scholars of antiquity, edited
Homer, Hesiod, Pindar, and others.
7. **Eratosthenes**: of Cyrene (*c.*275-194 BC), Aristophanes' pre-
decessor as head of the library; geographer, astronomer, and poet.
Melius: sc. *praeceperunt*.
8. **Chrysippus**: Stoic (280-207 BC), head of the school and its great
systematizer.
9. **nutricibus**: continuance of breast-feeding to the age of three was
evidently normal.
12. **toto . . . tempore**: ablative of duration, common from Livy
onwards, especially with *totus, omnis*.
15. **alioqui**: 'otherwise'.
16. **ex quo**: 'from the time when . . .'
17-18. 'Or why should we disclaim this advantage, however small
it is, up to the age of seven?'
19-20. 'The child will none the less be learning some important
things in the very year in which he would have been learning the less
important.'
20. **per singulos**: sc. *annos*.
prorogatum: 'carried forward' (financial metaphor).
22-3. **Idem . . . praeceptum sit**: 'One might give the same advice'.
Probably potential (cf. *persuasum sit*, Quintilian 10. 1. 24) rather than
jussive ('let the same advice have been given . . .').
24. **Non ergo perdamus**: 'So let us not lose'. For *non* cf. Petronius
10. 6, but there are examples even in Cicero (K–S i. 192).
27. **aetatium**: G–L § 38. 'I am not so inconsiderate of tender years
as to believe that one ought to stand over the young with severity and
absolutely demand work of them.'
31-2. **numquam . . . gaudeat**: 'never fail to feel happy that he has
done something'.

32-3. 'Sometimes let teaching be given to another child, when he is reluctant himself, so that he has someone of whom to be jealous.'
34. **evocetur**: 'be aroused'.

56. Bereavement

Quintilian here records how, having lost his eighteen-year-old wife, he lost also their two sons. This is part (6-12) of the highly emotional preface to Book 6 of the *Institutio oratoria*, written presumably after his retirement from active teaching in AD 88, though the event itself was earlier. Clausulae (as always in Quintilian) are carefully composed.

Mihi filius minor quintum egressus annum prior alterum ex duobus eruit lumen. Non sum ambitiosus in malis nec augere lacrimarum causas volo, utinamque esset ratio minuendi: sed dissimulare qui possum quid ille gratiae in vultu, quid
5   iucunditatis in sermone, quos ingenii igniculos, quam substantiam placidae et (quod scio vix posse credi) iam tum altae mentis ostenderit? Qualis amorem quicumque alienus infans mereretur. Illud vero insidiantis quo me validius cruciaret fortunae fuit, ut ille mihi blandissimus me suis nutricibus, me aviae educanti, me
10 omnibus qui sollicitare illas aetates solent anteferret. Quapropter illi dolori quem ex matre optima atque omnem laudem super-gressa paucos ante menses ceperam gratulor. Minus enim est quod flendum meo nomine quam quod illius gaudendum est. Vna post haec Quintiliani mei spe ac voluptate nitebar, et poterat
15 sufficere solacio. Non enim flosculos, sicut prior, sed iam decimum aetatis ingressus annum certos ac deformatos fructus ostenderat. Iuro per mala mea, per infelicem conscientiam, per illos manes, numina mei doloris, has me in illo vidisse virtutes, non ingenii modo ad percipiendas disciplinas, quo nihil
20 praestantius cognovi plurima expertus, studiique iam tum non coacti (sciunt praeceptores), sed probitatis pietatis humanitatis liberalitatis, ut prorsus posset hinc esse tanti fulminis metus, quod observatum fere est celerius occidere festinatam maturitatem,

et esse nescio quam quae spes tantas decerpat invidiam, ne
videlicet ultra quam homini datum est nostra provehantur. 25
Etiam illa fortuita aderant omnia, vocis iucunditas claritasque,
oris suavitas et in utracumque lingua, tamquam ad eam demum
natus esset, expressa proprietas omnium litterarum. Sed hae spes
adhuc: illa matura, constantia, gravitas, contra dolores etiam ac
metus robur. Nam quo ille animo, qua medicorum admiratione 30
mensum octo valetudinem tulit! Vt me in supremis consolatus
est! Quam etiam deficiens iamque non noster ipsum illum
alienatae mentis errorem circa scholas, litteras habuit! Tuosne
ego, o meae spes inanes, labentis oculos, tuum fugientem
spiritum vidi? Tuum corpus frigidum exsangue complexus, 35
animam recipere auramque communem haurire amplius potui,
dignus his cruciatibus quos fero, dignus his cogitationibus?

1–2. **prior . . . lumen**: 'was the first to destroy one of the two eyes
of my life'. The choice of *eruo*, 'pluck out', makes it clear that *lumen*
means 'eye' (*OLD* s.v. 9) rather than 'light'.

2. **ambitiosus**: 'anxious to excel' in sorrow.

4. **qui**: 'how', G–L § 106 note 2.

5. **substantiam**: 'wealth'.

6. **iam tum altae**: 'even at that age penetrating' (so *OLD*, but perhaps
rather 'lofty', 'aspiring').

7. **Qualis . . . mereretur**: 'any child like this, though a stranger's,
would deserve love'.

8. **Illud vero**: the pronoun looks forward. Fortune's malicious plan
involved making the child love his father in particular.

9. **aviae**: 'grandmother'.
educanti: 'who brought him up'.

10. **qui . . . solent**: 'who attract the affection of children of that age'.

13. **illius**: sc. *nomine*.

16. **deformatos**: 'fully formed'.

17. **per infelicem conscientiam**: 'by my sense of my misfortune'.

24. **et esse . . . invidiam**: 'and that there exists a sort of envy that
plucks such hopes'.

27. **in utracumque lingua**: 'in whichever of the two languages'. The
boy spoke both Greek and Latin like a native. If Quintilian followed
his own precept, the child will have learned Greek first.

32. **iamque non noster**: 'no longer ours'.

57. *Quintilian on Seneca*

In this passage (10. 1. 125–31), part of his long list of authors recommended as models for imitation, Quintilian explains his criticism of Seneca, whom he had previously attacked, presumably in the lost 'de causis corruptae eloquentiae'. It is oddly like Seneca's own attack (*Epist*. 114 = 49) on affected writers of earlier generations. Quintilian's ideal is a more sober and restrained style.

Ex industria Senecam in omni genere eloquentiae distuli, propter vulgatam falso de me opinionem qua damnare eum et invisum quoque habere sum creditus. Quod accidit mihi dum corruptum et omnibus vitiis fractum dicendi genus revocare ad
5 severiora iudicia contendo: tum autem solus hic fere in manibus adulescentium fuit. Quem non equidem omnino conabar excutere, sed potioribus praeferri non sinebam, quos ille non destiterat incessere, cum diversi sibi conscius generis placere se in dicendo posse quibus illi placerent diffideret. Amabant autem
10 eum magis quam imitabantur, tantumque ab illo defluebant quantum ille ab antiquis descenderat. Foret enim optandum pares ac saltem proximos illi viro fieri. Sed placebat propter sola vitia, et ad ea se quisque dirigebat effingenda quae poterat: deinde cum se iactaret eodem modo dicere, Senecam infamabat.
15 Cuius et multae alioqui et magnae virtutes fuerunt, ingenium facile et copiosum, plurimum studii, multa rerum cognitio, in qua tamen aliquando ab iis quibus inquirenda quaedam mandabat deceptus est. Tractavit etiam omnem fere studiorum materiam: nam et orationes eius et poemata et epistulae et dialogi feruntur.
20 In philosophia parum diligens, egregius tamen vitiorum insectator fuit. Multae in eo claraeque sententiae, multa etiam morum gratia legenda, sed in eloquendo corrupta pleraque, atque eo perniciosissima quod abundant dulcibus vitiis. Velles eum suo ingenio dixisse, alieno iudicio: nam si aliqua contempsisset, si
25 prava non concupisset, si non omnia sua amasset, si rerum pondera minutissimis sententiis non fregisset, consensu potius eruditorum quam puerorum amore comprobaretur. Verum sic quoque iam robustis et severiore genere satis firmatis legendus,

vel ideo quod exercere potest utrimque iudicium. Multa enim,
ut dixi, probanda in eo, multa etiam admiranda sunt, eligere   30
modo curae sit. Quod utinam ipse fecisset: digna enim fuit illa
natura quae meliora vellet; quod voluit effecit.

    1. Quintilian has been discussing philosophers, the last category of
writers in his list; but Seneca's versatility might have earned him a place
elsewhere also.
    4. **fractum**: 'debilitated', with an implication of lack of virility: *OLD*
s.v. *frango* 8.
    14. **Senecam infamabat**: 'damaged Seneca's reputation'.
    19. **orationes . . . dialogi**: no speeches of Seneca survive (he is said
to have acted as speech-writer to Nero!), nor poems except the
tragedies (not specifically mentioned by Quintilian) and some epigrams.
    25. **prava**: an emendation for *parum*, which is meaningless here.
'If he had not had a passion for bad things.'
si . . . amasset : it was also a criticism of Ovid that he was 'nimium
amator sui', 'too fond of his own productions' (Quintilian 10. 1. 88).
    26-7. Note the contrast between (rational) *consensu* and (emotional)
amore.
    32. The final *epiphonema* is brief enough to have pleased Seneca
himself. Note its clausula ˘ ˘ ˘ – – –, (resolved) cretic and spondee.

58. *The three styles*

Quintilian here (12. 10. 58-65) outlines the classic distinction of three
genera dicendi (cf. 5 above). His summary is clear and concise, though
he recognizes that the theory has only limited value.

Altera est divisio, quae in tris partis et ipsa discedit, qua discerni
posse etiam recte dicendi genera inter se videntur. Namque unum
subtile, quod ἰσχνόν vocant, alterum grande atque robustum,
quod ἁδρόν dicunt, constituunt, tertium alii medium ex duobus
alii floridum (namque id ἀνθηρόν appellant) addiderunt.   5
Quorum tamen ea fere ratio est, ut primum docendi, secundum
movendi, tertium illud, utrocumque est nomine, delectandi sive
ut alii dicunt conciliandi praestare videatur officium, in docendo

autem acumen, in conciliando lenitas, in movendo vis exigi
10 videatur. Itaque illo subtili praecipue ratio narrandi probandique
consistet, estque id etiam detractis ceteris virtutibus suo genere
plenum. Medius hic modus et tralationibus crebrior et figuris
erit iucundior, egressionibus amoenus compositione aptus
sententiis dulcis, lenior tamen ut amnis et lucidus quidem sed
15 virentibus utrimque silvis inumbratus. At ille, qui saxa devolvat
et 'pontem indignetur' et ripas sibi faciat, multus et torrens
iudicem vel nitentem contra feret cogetque ire qua rapiet. Hic
orator et defunctos excitabit, ut Appium Caecum, apud hunc
et patria ipsa exclamabit, . . . Hic et amplificationibus extollet
20 orationem et in supralationem quoque erigetur: 'quae Charybdis
tam vorax?' et 'Oceanus medius fidius ipse': nota sunt enim
etiam studiosis haec lumina. Hic deos ipsos in congressum
prope suum sermonemque deducet: 'vos enim Albani tumuli
atque luci, vos, inquam, Albanorum obrutae arae, sacrorum
25 populi Romani sociae et aequales'. Hic iram, hic misericordiam
inspirabit: hoc dicente iudex pallebit et flebit et per omnis
adfectus tractus huc atque illuc sequetur nec doceri desiderabit.
Quare si ex tribus his generibus necessario sit eligendum unum,
quis dubitet hoc praeferre omnibus, et validissimum alioqui
30 et maximis quibusque causis accommodatissimum? Nam et
Homerus brevem quidem cum iucunditate et propriam (id enim
est 'non deerrare verbis') et carentem supervacuis eloquentiam
Menelao dedit, quae sunt virtutes generis illius primi, et ex ore
Nestoris dixit 'dulciorem melle profluere sermonem', qua certe
35 delectatione nihil fingi maius potest: sed summam expressurus
in Vlixe facundiam et magnitudinem illi vocis et vim orationis
nivibus hibernis copia verborum atque impetu parem tribuit.
Cum hoc igitur nemo mortalium contendet, hunc ut deum
homines intuebuntur.

1. **et ipsa**: i.e. as well as the supposedly historical division into 'Attic',
'Asianic', and 'Rhodian' discussed in 12. 10. 16–19.
2. **etiam recte dicendi**: i.e. this division is between qualitatively
distinct kinds of good (correct) speaking.
5. **floridum**: 'colourful' (*OLD* s.v. 4).

6–10. Quintilian here repeats the doctrine of Cicero (*Orator* 69) that the three styles are related to the three *officia oratoris* (to inform, to rouse emotions, and to give pleasure). Thus 'pleasure' is (8) identified with the power of winning over the audience.

10. illo subtili . . . consistet: 'will be confined to'.

12. tralationibus: 'metaphors'.

crebrior: 'more frequent in the use of . . .', *OLD* s.v. 5. *Figurae* do not include metaphor, which is a 'trope'.

13. egressionibus: 'digressions'.

compositione: 'word order'.

14. sententiis: 'maxims', 'thoughts'.

15–17. For the metaphor, cf. Longinus 35. 4, Callimachus, *Hymn* 2. 105 ff.; Russell, *Criticism in Antiquity* (London, 1981) 36. Quintilian is thinking (16) of *Aen.* 8. 728. For the subjunctives *devolvat . . . indignetur . . . faciat*, G-L § 631: a good general account in Woodcock §§ 155-9.

18. See Cic. *pro Caelio* 33.

19. A corrupt phrase follows, which we have omitted.

19–20. Cic. *in Cat.* 1. 27-9.

20. supralationem: 'hyperbole'.

22–7. Cic. *Phil.* 2. 67, *pro Mil.* 85.

22. etiam studiosis: 'even to students'.

lumina: 'highlights', *OLD* s.v. 11 b.

29. alioqui: 'in other respects'.

30. maximis quibusque causis: 'for all cases of prime importance'.

32. οὐδ ἀφαμαρτοεπής: *Iliad* 3. 214-5.

36. *Iliad* 1. 249.

Vlixe: *Iliad* 3. 221-2. For this use of the Homeric passages to show that Homer knew all about the 'three styles', see Radermacher, *Artium Scriptores* (Vienna, 1951) 6 ff: Russell, *Criticism in Antiquity* 137-8.

38–9. ut deum . . . intuebuntur: *Odyssey* 8. 173.

59. *A poet's apology*

M. Valerius Martialis wrote Book 12 of his *Epigrams* in Spain. He returned to his native town, Bilbilis, in AD 98, and has now been there three or four years. The death of Domitian (AD 96) had not been good for him, because his patrons belonged to the old régime. But absence from Rome, whose society was his source of inspiration, makes it difficult for him to go on writing. Hence these complaints in the Preface.

VALERIVS MARTIALIS PRISCO SVO SALVTEM

Scio me patrocinium debere contumacissimae trienni desidiae; quo absolvenda non esset inter illas quoque urbicas occupationes, quibus facilius consequimur ut molesti potius quam ut officiosi esse videamur; nedum in hac provinciali solitudine,
5 ubi nisi etiam intemperanter studemus, et sine solacio et sine excusatione secessimus. Accipe ergo rationem. In qua hoc maximum et primum est, quod civitatis aures quibus adsueveram quaero, et videor mihi in alieno foro litigare: si quid est enim quod in libellis meis placeat, dictavit auditor: illam iudiciorum
10 subtilitatem, illud materiarum ingenium, bibliothecas, theatra, convictus, in quibus studere se voluptates non sentiunt, ad summam omnium illa quae delicati reliquimus desideramus quasi destituti. Accedit his municipalium robigo dentium et iudici loco livor, et unus aut alter mali, in pusillo loco multi; adversus quod
15 difficile est habere cotidie bonum stomachum: ne mireris igitur abiecta ab indignante quae a gestiente fieri solebant. Ne quid tamen et advenienti tibi ab urbe et exigenti negarem—cui non refero gratiam, si tantum ea praesto quae possum—imperavi mihi quod indulgere consueram, et studui paucissimis diebus,
20 ut familiarissimas mihi aures tuas exciperem adventoria sua. Tu velim ista, quae tantum apud te non periclitantur, diligenter aestimare et excutere non graveris; et quod tibi difficillimum est, de nugis nostris iudices favore seposito, ne Romam, si ita decreveris, non Hispaniensem librum mittamus, sed Hispanum.

1. **patrocinium**: 'defence'.
trienni: i.e. AD 98–101.
2–3. **quo absolvenda . . . occupationes**: 'from which it could not be exempted even in the midst of city activities'.
4. **nedum**: 'still less', G–L § 482 Remark 2.
6. **rationem**: 'my accounts', then itemized.

7. **civitatis aures**: 'the city public', *OLD* s.v. *civitas* 3 b.

9-10. **illam . . . ingenium**: 'the fineness of taste, the natural quality of the themes'.

12. **delicati**: 'in disgust'. Martial pretends that it was distaste for city life, not the political change, that sent him back to Spain.

13. **robigo**: lit. 'rust'. His townsmen's 'unclean teeth' presumably symbolize their envy (*dens* often has this connotation: *OLD* s.v. 1 b).

14. **in pusillo loco multi**: i.e. 'which is a lot for a small place'.

15. **ne mireris**: G-L § 263.

17-18. 'I am not sufficiently grateful to you if I do no more than I can.'

18-19. 'I have laid upon myself as a command something in which I used to indulge myself.'

19. **paucissimis diebus**: ablative of duration, G-L § 393. A post-Augustan use.

20. **adventoria sua**: sc. *cena*, 'an appropriate welcome', *OLD* s.v. *suus* 12.

22. **non graveris**: G-L § 257, 546.

23. **favore seposito**: Munro's *favore* replaces the difficult *nitore* of the manuscripts which would have to mean 'setting aside your normal standards of polish'—a wrong thing to ask.

24. The distinction is between 'Spanish colonial' (*Hispaniensem*) and 'native Spanish' (*Hispanum*).

TACITUS AND PLINY

60. *Apology for poetry*

With Cornelius Tacitus (*c.* AD 56–*c.* AD 115) we come to a great master of historical prose; but he was also a celebrated orator, and our first extract illustrates his interest in literary ideals. It comes from the *Dialogus de oratoribus* (*c.* AD 100, but dramatic date AD 74), probably the best 'dialogue' in Latin literature. There are two debates: one on the relative merits of poetry and oratory, and one on those of the older and the more modern styles of eloquence. The Ciceronian style contrasts sharply with the style of Tacitus' historical works: the difference is due to the difference of genre (other versatile authors—Cicero, Apuleius in Latin, Arrian in Greek—show similar diversity). In this passage (12–13) the poet Maternus is defending his profession.

Nemora vero et luci et secretum ipsum, quod Aper increpabat,
tantam mihi adferunt voluptatem ut inter praecipuos carminum
fructus numerem quod non in strepitu nec sedente ante ostium
litigatore nec inter sordes ac lacrimas reorum componuntur,
5   sed secedit animus in loca pura atque innocentia fruiturque
sedibus sacris. Haec eloquentiae primordia, haec penetralia; hoc
primum habitu cultuque commoda mortalibus in illa casta et
nullis contacta vitiis pectora influxit: sic oracula loquebantur.
Nam lucrosae huius et sanguinantis eloquentiae usus recens
10   et ex malis moribus natus atque, ut tu dicebas, Aper, in locum
teli repertus. Ceterum felix illud et, ut more nostro loquar,
aureum saeculum, et oratorum et criminum inops, poetis et
vatibus abundabat, qui bene facta canerent, non qui male
admissa defenderent. Nec ullis aut gloria maior aut augustior
15   honor primum apud deos, quorum proferre responsa et interesse
epulis ferebantur, deinde apud illos dis genitos sacrosque
reges, inter quos neminem causidicum sed Orphea et Linum
ac, si introspicere altius velis, ipsum Apollinem accepimus.Vel,
si haec fabulosa nimis et composita videntur, illud certe mihi
20   concedes, Aper, non minorem honorem Homero quam

Demostheni apud posteros, nec angustioribus terminis famam
Euripidis aut Sophoclis quam Lysiae aut Hyperidis includi.
Plures hodie reperies qui Ciceronis gloriam quam qui Vergili
detrectent, nec ullus Asini aut Messalae liber tam inlustris est
quam Medea Ovidi aut Varii Thyestes. 25

Ac ne fortunam quidem vatum et illud felix contubernium
comparare timuerim cum inquieta et anxia oratorum vita. Licet
illos certamina et pericula sua ad consulatus evexerint, malo
securum et quietum Vergili secessum, in quo tamen neque apud
divum Augustum gratia caruit neque apud populum Romanum 30
notitia. Testes Augusti epistulae, testis ipse populus, qui auditis
in theatro Vergili versibus surrexit universus et forte praesentem
spectantemque Vergilium veneratus est sic quasi Augustum. Ne
nostris quidem temporibus Secundus Pomponius Afro Domitio
vel dignitate vitae vel perpetuitate famae cesserit. Nam Crispus 35
iste et Marcellus, ad quorum exempla me vocas, quid habent
in hac sua fortuna concupiscendum? quod timent, an quod
timentur? quod, cum cotidie aliquid rogentur, ii quibus praestant
indignantur? quod alligati cum adulatione nec imperantibus
umquam satis servi videntur nec nobis satis liberi? Quae haec 40
summa eorum potentia est? tantum posse liberti solent.

'Me vero dulces' (ut Vergilius ait) 'Musae', remotum a
sollicitudinibus et curis et necessitate cotidie aliquid contra
animum faciendi, in illa sacra illosque fontis ferant, nec insanum
ultra et lubricum forum famamque pallentem trepidus experiar. 45
Non me fremitus salutantium nec anhelans libertus excitet, nec
incertus futuri testamentum pro pignore scribam, nec plus
habeam quam quod possim cui velim relinquere (quandoque
enim fatalis et meus dies veniet): statuarque tumulo non maestus
et atrox sed hilaris et coronatus, et pro memoria mei nec 50
consulat quisquam nec roget.

1. **Aper**: the speaker who has attacked Maternus for turning poet.

4. **inter sordes ac lacrimas reorum**: 'amid the mourning garb and
tears of the accused'.

7. **commoda**: sc. *eloquentia*, 'beneficial', 'serviceable'. Tacitus
accepts the common view that poetry is older than prose, and cites
the verse oracles as evidence.

9. **sanguinantis**: 'bloodthirsty', 'bloodstained': because life itself is often at stake in courts and public affairs.

10-11. **in locum teli**: 'in lieu of a weapon'.

11. **more nostro**: i.e. as we poets say: cf. e.g. Virg. *Georg*. 2. 536 ff.

12. **oratorum et criminum**: G–L § 374.

13. **vatibus**: distinct from poets here, so 'prophets', like those who delivered the verse oracles.

13-14. **canerent . . . defenderent**: G–L § 631.
male admissa: 'wrongdoings'.

17. **Orphea . . . Linum**: Orpheus was the son of Oeagros and the Muse Calliope; Linus of Amphimaros and a Muse, sometimes said to be Calliope.

18. **si . . . velis**: cf. G–L § 595.

19. **composita**: 'fabricated', 'made up'.

24. Refers to C. Asinius Pollio (consul 40 BC), historian and orator, and M. Valerius Messalla Corvinus (consul 31 BC), orator: also grouped together by Quintilian 10. 1. 113.

25. These two plays (neither extant) were the classic achievements of Augustan tragedy. Varius Rufus produced *Thyestes* in 29 BC.

27. **timuerim**: G–L § 257.

28. **evexerint**: 'elevated' them, 'bore them upwards'.

29. **secessum**: cf. esp. Virg. *Georg*. 4. 559–66.

34. **Secundus Pomponius**: friend of Sejanus, consul AD 44, served later in Germany.
Afro Domitio: died AD 59. See Tac. *Ann*. 14. 19 and (for his oratory) Quintilian 10. 1. 118, 12. 11. 3.

35-6. Crispus and Marcellus are *delatores*, so easily rejected as models to copy.

37-8. **quod . . . timentur**: G–L § 458.

38-9. **ii . . . indignantur**: 'those whom they satisfy vent their indignation'. Lipsius added ⟨*non*⟩ before *praestant*, but the disdain and anger of *successful* applicants is a more striking feature of the situation.

39. **alligati cum adulatione**: 'bound by obligations as well as having to flatter'. *cum* is doubtful: *omni* has been suggested.

42. *Georg*. 2. 475.

45. **lubricum**: 'slippery', 'perilous'.
famamque pallentem: 'and anxious reputation', because the famous man grows pale for fear of being too conspicuous.

46. Non . . . excitet: a wish (like the rest of the sentence). G–L § 260. *non* and *nec* as negatives of wishes are not uncommon, esp. in poetry and later prose, K–S i. 192.

anhelans: 'out of breath', because he brings an urgent message.

47. incertus futuri: G–L § 374.

testamentum . . . scribam: 'write a will as a security', i.e. make the *princeps* my heir, so as to prevent the annulment of my will (cf. Suet. *Nero* 32, Tac. *Hist.* 1. 48).

48–9. quandoque . . . dies forms an iambic line. Perhaps Maternus quotes his own poetry.

50–1. nec consulat . . . nec roget: i.e. no one is to make application to the senate or the princeps.

61. *Tacitus' Britain*

The encomiastic life of C. Iulius Agricola, Tacitus' father-in-law, governor of Britain AD 78–85, naturally includes a description of the country. Knowledge had advanced since Caesar's day (cf. 24 above), but Tacitus tells us much that is fanciful or rhetorical. We give chapters 10–12.

Britanniae situm populosque multis scriptoribus memoratos non in comparationem curae ingeniive referam, sed quia tum primum perdomita est. Ita quae priores nondum comperta eloquentia percoluere rerum fide tradentur. Britannia, insularum quas Romana notitia complectitur maxima, spatio ac caelo in orientem 5 Germaniae, in occidentem Hispaniae obtenditur. Gallis in meridiem etiam inspicitur; septentrionalia eius, nullis contra terris, vasto atque aperto mari pulsantur. Formam totius Britanniae Livius veterum, Fabius Rusticus recentium eloquentissimi auctores oblongae scutulae vel bipenni adsimulavere. Et est 10 ea facies citra Caledoniam, unde et in universum fama: sed transgressis inmensum et enorme spatium procurrentium extremo iam litore terrarum velut in cuneum tenuatur. Hanc oram novissimi maris tunc primum Romana classis circumvecta insulam esse Britanniam adfirmavit, ac simul incognitas ad id 15 tempus insulas, quas Orcadas vocant, invenit domuitque.

Dispecta est et Thule, quia hactenus iussum et hiems adpetebat.
Sed mare pigrum et grave remigantibus perhibent ne ventis
quidem perinde adtolli, credo quod rariores terrae montesque,
20   causa ac materia tempestatum, et profunda moles continui maris
tardius impellitur. Naturam Oceani atque aestus neque quaerere
huius operis est, ac multi rettulere: unum addiderim, nusquam
latius dominari mare, multum fluminum huc atque illuc ferre,
nec litore tenus adcrescere aut resorberi, sed influere penitus
25   atque ambire, et iugis etiam ac montibus inseri velut in suo.

Ceterum Britanniam qui mortales initio coluerint, indigenae an
advecti, ut inter barbaros, parum compertum. Habitus corporum
varii atque ex eo argumenta; namque rutilae Caledoniam habitan-
tium comae, magni artus Germanicam originem adseverant;
30   Silurum colorati vultus, torti plerumque crines et posita contra
Hispania Hiberos veteres traiecisse easque sedes occupasse
fidem faciunt; proximi Gallis et similes sunt, seu durante originis
vi, seu procurrentibus in diversa terris positio caeli corporibus
habitum dedit. In universum tamen aestimanti Gallos vicinam
35   insulam occupasse credibile est. Eorum sacra deprehendas ac
superstitionum persuasionem; sermo haud multum diversus,
in deposcendis periculis eadem audacia et, ubi advenere, in
detrectandis eadem formido. Plus tamen ferociae Britanni
praeferunt, ut quos nondum longa pax emollierit. Nam Gallos
40   quoque in bellis floruisse accepimus; mox segnitia cum otio
intravit, amissa virtute pariter ac libertate. Quod Britannorum
olim victis evenit: ceteri manent quales Galli fuerunt.

In pedite robur; quaedam nationes et curru proeliantur.
Honestior auriga, clientes propugnant. Olim regibus parebant,
45   nunc per principes factionibus et studiis trahuntur. Nec aliud
adversus validissimas gentes pro nobis utilius quam quod in
commune non consulunt. Rarus duabus tribusve civitatibus ad
propulsandum commune periculum conventus: ita singuli
pugnant, universi vincuntur. Caelum crebris imbribus ac nebulis
50   foedum; asperitas frigorum abest. Dierum spatia ultra nostri
orbis mensuram; nox clara et extrema Britanniae parte brevis,
ut finem atque initium lucis exiguo discrimine internoscas.
Quod si nubes non officiant, aspici per noctem solis fulgorem,

nec occidere et exsurgere, sed transire adfirmant. Scilicet
extrema et plana terrarum humili umbra non erigunt tenebras,   55
infraque caelum et sidera nox cadit. Solum praeter oleam
vitemque et cetera calidioribus terris oriri sueta patiens frugum
pecudumque fecundum: tarde mitescunt, cito proveniunt;
eademque utriusque rei causa, multus umor terrarum caelique.
Fert Britannia aurum et argentum et alia metalla, pretium   60
victoriae. Gignit et Oceanus margarita, sed subfusca ac liventia.
Quidam artem abesse legentibus arbitrantur; nam in rubro mari
viva ac spirantia saxis avelli, in Britannia, prout expulsa sint,
colligi: ego facilius crediderim naturam margaritis deesse quam
nobis avaritiam.   65

1. **multis scriptoribus**: dative, G-L § 354. So *Gallis* below (6).

1-2. 'Not to set my scholarship or talent against others.'

3-4. **eloquentia percoluere**: 'dressed up with their eloquence'.

6-7. 'It is even within sight of Gaul to the south.'

7. **nullis contra terris**: 'there being no land opposite it'.

8. **pulsantur**: the choice of word (*pulso*, iterative of *pello*) evokes
the ever pounding seas.

9. **Fabius Rusticus**: a client of Seneca, whom Tacitus admired as a
historian.

10. Unless *scutula* denotes a shield narrow in the middle, it is not
very like a double-axe or the supposed shape of Britain. Ogilvie-
Richmond suggests *scapulae*, 'shoulder-blade'.

12. **transgressis**: G-L § 353. A common idiom in geographical
descriptions: Caes. *BC* 3. 80. 1 'oppidum primum Thessaliae venientibus
ab Epiro'.

12-13. **procurrentium . . . terrarum**: 'of land stretching out from
the furthest shore': i.e. the island extends beyond the Forth-Clyde
line, hitherto thought the end.

14. **novissimi**: 'remotest'.

17. **quia . . . adpetebat**: the clause explains why they did no more
than 'catch sight' of Thule.

19. **perinde**: i.e. 'as much as other seas', or 'as much as the sea which
we know elsewhere'.
rariores: predicate.

21-2. **neque . . . ac**: an unusual pair (*neque . . . et* is more usual).

22. **addiderim**: G-L § 257. *OLD* s.v. *multum*[1] a.

23. **multum fluminum**: 'many currents'.
ferre: perhaps intransitive, *OLD* s.v. 6.

24. **litore tenus**: 'only as far as the coastline'.

25. 'And even get in among the hills and mountains as though they were its home.'

26-7. A correction of Caesar (q.v. above, p. 66).

30-1. **posita contra Hispania**: 'the fact that Spain is opposite'. Tacitus illogically includes this with his *argumenta ex habitu corporum*, preferring brevity to exactness.

33. **in diversa**: 'in opposite directions'. Southern England projects to the south, Northern France to the north, so that they enjoy the same climate (*positio caeli* = 'situation in respect to the sky.' θέσις κατ' οὐρανόν).

34. **aestimanti**: G-L § 353 (Livy is the first user of this idiom).

35. **deprehendas**: G-L § 257. Cf. *internoscas*, 52 below.

37. **in deposcendis periculis**: 'in inviting danger'.

39. **ut quos . . . emollierit**: G-L § 626.

43. **nationes**: 'tribes'.

45. **trahuntur** = *distrahuntur* (which N. Heinsius wished to read).

52-54. 'There is little to distinguish dawn from dusk. They allege that, if clouds do not obscure it, the sun's light is visible all night, and it does not set and rise but merely moves across the sky.'

55. Tacitus assumes that the earth is flat at its extremities, and its shadow does not touch the sun. Crude astronomy, as often in literary texts.

57-8. **patiens frugum pecudumque fecundum**: G-L § 374 for these genitives, a very favourite feature in Tacitus.

62. *The death of Galba*

The first book of the *Histories*, Tacitus' first large-scale work, opens with the 'year of the four emperors', AD 69. We give here the rather melodramatic description of Galba's death (1. 40-1) and Tacitus' reflections (1. 49). Plutarch and Suetonius (71 below), in their lives of Galba, give parallel accounts.

(*a*) Agebatur huc illuc Galba vario turbae fluctuantis impulsu, completis undique basilicis ac templis, lugubri prospectu. Neque populi aut plebis ulla vox, sed attoniti vultus et conversae ad omnia aures; non tumultus, non quies, quale magni metus et magnae irae silentium est. Othoni tamen armari 5 plebem nuntiabatur; ire praecipitis et occupare pericula iubet. Igitur milites Romani, quasi Vologaesum aut Pacorum avito Arsacidarum solio depulsuri ac non imperatorem suum inermem et senem trucidare pergerent, disiecta plebe, proculcato senatu, truces armis, rapidi equis forum inrumpunt. Nec illos Capitolii 10 aspectus et imminentium templorum religio et priores et futuri principes terruere quo minus facerent scelus cuius ultor est quisquis successit.

Viso comminus armatorum agmine vexillarius comitatae Galbam cohortis (Atilium Vergilionem fuisse tradunt) dereptam 15 Galbae imaginem solo adflixit: eo signo manifesta in Othonem omnium militum studia, desertum fuga populi forum, districta adversus dubitantis tela. Iuxta Curtii lacum trepidatione ferentium Galba proiectus e sella ac provolutus est. Extremam eius vocem, ut cuique odium aut admiratio fuit, varie prodidere: 20 alii suppliciter interrogasse quid mali meruisset, paucos dies exsolvendo donativo deprecatum, plures obtulisse ultro percussoribus iugulum: agerent ac ferirent, si ita e re publica videretur. Non interfuit occidentium quid diceret. De percussore non satis constat: quidam Terentium evocatum, alii Laecanium; 25 crebrior fama tradidit Camurium quintae decimae legionis militem impresso gladio iugulum eius hausisse. Ceteri crura bracchiaque (nam pectus tegebatur) foede laniavere: pleraque vulnera feritate et saevitia trunco iam corpori adiecta.

(*b*) Galbae corpus diu neglectum et licentia tenebrarum plurimis ludibriis vexatum dispensator Argius e prioribus servis humili sepultura in privatis eius hortis contexit. Caput per lixas calonesque suffixum laceratumque ante Patrobii tumulum (libertus is Neronis punitus a Galba fuerat) postera demum die 5 repertum et cremato iam corpori admixtum est.

Hunc exitum habuit Servius Galba, tribus et septuaginta annis quinque principes prospera fortuna emensus et alieno imperio felicior quam suo. Vetus in familia nobilitas, magnae opes: ipsi
10 medium ingenium, magis extra vitia quam cum virtutibus. Famae nec incuriosus nec venditator; pecuniae alienae non adpetens, suae parcus, publicae avarus; amicorum libertorumque, ubi in bonos incidisset, sine reprehensione patiens, si mali forent, usque ad culpam ignarus. Sed claritas natalium et metus
15 temporum obtentui, ut, quod segnitia erat, sapientia vocaretur. Dum vigebat aetas militari laude apud Germanias floruit. Pro consule Africam moderate, iam senior citeriorem Hispaniam pari iustitia continuit, maior privato visus dum privatus fuit, et omnium consensu capax imperii nisi imperasset.

(*a*) **2. lugubri prospectu**: 'a sad sight'.

4-5. quale . . . est: 'the sort of silence that belongs to great fear and great anger'.

6. occupare pericula: 'anticipate the dangers'.

7-8. avito . . . solio: 'from the ancestral throne of the Arsacids'. Tacitus keeps up a high (but crude) emotional rhetoric: 'milites *Romani*', 'imperatorem *suum*', and especially the irrelevant evocation of Vologaesus and Pacorus (presumably Vologaesus I, whom the Romans never deposed, and Pacorus I, d. AD 38).

9. trucidare: G-L § 423. 2.

12. quo minus: G-L § 549 note 3.

14. vexillarius: 'standard-bearer'.

18. dubitantis: i.e. those who were slow to get away.
Curtii lacum: a fenced-off spot (originally swampy) in the Forum, to which various legends were attached: Livy 1. 13. 5, 7. 6; D. R. Dudley, *Urbs Roma* (Phaidon Press, 1967) 95-7.

22. exsolvendo donativo: 'to pay a donative' to the troops.

23. agerent ac ferirent: Suet. *Galba* 20 'ut hoc agerent ac ferirent, quando ita videretur'.

27. iugulum . . . hausisse: poetical: but cf. 4. 21 and 36. 34 above for this picturesque expression.

29. trunco iam corpori: 'the now limbless corpse', *truncus* is also mainly poetical. Tacitus omits the story in Suet. *Galba* 20 that the body was left till a passing soldier cut off the head and took it to Otho. For Tacitus' version of the fate of the head, see *b* below.

(b) 2. **dispensator**: 'steward'.

e prioribus servis: so he was not necessarily a freedman (Tacitus would have said *libertus*) but perhaps one of Galba's slaves from the time before he was princeps, who had been disposed of to another owner.

8. **emensus**: from *emetior*, 'measure out', so 'pass through'.

11. **venditator**: 'one to boast of it'. Tacitus favours agent nouns in *-tor*: Furneaux, *Annals*, i. 63–4.

11–12. **pecuniae . . . adpetens**: Tacitus remembers Sallust's characterization of Catiline (*Bellum Catilinae* 5. 4): 'alieni adpetens, sui profusus'.

13. **ubi . . . incidisset**: G–L § 567 n.

15. **obtentui**: 'served as cover', G–L § 356.

17. **iam senior**: *Aen.* 6. 304, 7. 46.

18. Cf. (a) 12–13 above for Tacitus' fondness for ending with an epigram.

63. *A successful retreat*

In AD 15 Germanicus advanced into Germany, and conducted a campaign against the Cherusci under their great leader Arminius, who had destroyed a Roman force under Quintilius Varus in AD 9. The dead of that disaster were now buried. In this passage (*Annals* 1. 65–8), Tacitus describes the dangers encountered by part of the army, under A. Caecina, on the return home.

Nox per diversa inquies, cum barbari festis epulis, laeto cantu aut truci sonore subiecta vallium ac resultantis saltus complerent, apud Romanos invalidi ignes, interruptae voces, atque ipsi passim adiacerent vallo, oberrarent tentoriis, insomnes magis quam pervigiles. Ducemque terruit dira quies: nam Quintilium 5
Varum sanguine oblitum et paludibus emersum cernere et audire visus est velut vocantem, non tamen obsecutus et manum intendentis reppulisse. Coepta luce missae in latera legiones, metu an contumacia, locum deseruere, capto propere campo umentia ultra. Neque tamen Arminius quamquam libero incursu 10
statim prorupit: sed ut haesere caeno fossisque impedimenta, turbati circum milites, incertus signorum ordo, utque tali in tempore sibi quisque properus et lentae adversum imperia aures,

inrumpere Germanos iubet, clamitans 'en Varus eodemque
15 iterum fato vinctae legiones!' Simul haec et cum delectis scindit
agmen equisque maxime vulnera ingerit. Illi sanguine suo et
lubrico paludum lapsantes excussis rectoribus disicere obvios,
proterere iacentes. Plurimus circa aquilas labor, quae neque ferri
adversum ingruentia tela neque figi limosa humo poterant.
20 Caecina dum sustentat aciem, suffosso equo delapsus circumveniebatur, ni prima legio sese opposuisset. Iuvit hostium
aviditas, omissa caede praedam sectantium; enisaeque legiones
vesperascente die in aperta et solida. Neque is miseriarum finis.
Struendum vallum, petendus agger, amissa magna ex parte
25 per quae egeritur humus aut exciditur caespes: non tentoria
manipulis, non fomenta sauciis; infectos caeno aut cruore cibos
dividentes, funestas tenebras et tot hominum milibus unum iam
reliquum diem lamentabantur.

Forte equus abruptis vinculis vagus et clamore territus
30 quosdam occurrentium obturbavit. Tanta inde consternatio
inrupisse Germanos credentium ut cuncti ruerent ad portas,
quarum decumana maxime petebatur, aversa hosti et fugientibus
tutior. Caecina comperto vanam esse formidinem, cum tamen
neque auctoritate neque precibus, ne manu quidem obsistere aut
35 retinere militem quiret, proiectus in limine portae miseratione
demum, quia per corpus legati eundum erat, clausit viam: simul
tribuni et centuriones falsum pavorem esse docuerunt.

Tunc contractos in principia iussosque dicta cum silentio
accipere temporis ac necessitatis monet. Vnam in armis salutem,
40 sed ea consilio temperanda manendumque intra vallum donec
expugnandi hostes spe propius succederent; mox undique
erumpendum: illa eruptione ad Rhenum perveniri. Quod si
fugerent, pluris silvas, profundas magis paludes, saevitiam
hostium superesse; at victoribus decus gloriam. Quae domi cara
45 quae in castris honesta memorat: reticuit de adversis. Equos
dehinc, orsus a suis, legatorum tribunorumque nulla ambitione
fortissimo cuique bellatori tradit, ut hi, mox pedes in hostem
invaderent.

Haud minus inquies Germanus spe, cupidine et diversis
50 ducum sententiis agebat, Arminio sinerent egredi egressosque

rursum per umida et inpedita circumvenirent suadente, atrociora
Inguiomero et laeta barbaris, ut vallum armis ambirent: promp-
tam expugnationem, plures captivos, incorruptam praedam
fore. Igitur orta die proruunt fossas, iniciunt crates, summa valli
prensant, raro super milite et quasi ob metum defixo. Postquam   55
haesere munimentis, datur cohortibus signum cornuaque ac
tubae concinuere. Exim clamore et impetu tergis Germanorum
circumfunduntur, exprobrantes non hic silvas nec paludes, sed
aequis locis aequos deos. Hosti facile excidium et paucos ac
semermos cogitanti sonus tubarum fulgor armorum quanto   60
inopina tanto maiora offunduntur cadebantque ut rebus secundis
avidi, ita adversis incauti. Arminius integer, Inguiomerus post
grave vulnus pugnam deseruere: vulgus trucidatum est, donec
ira et dies permansit. Nocte demum reversae legiones, quamvis
plus vulnerum, eadem ciborum egestas fatigaret, vim sanitatem   65
copias, cuncta in victoria habuere.

1. **inquies**: 'disturbed'.

2. **subiecta vallium**: 'the low lying valleys'. This use of neut. plur.
and partitive genitive, common in poetry (Lucretius, Virgil), is characteristic of Tacitus' high style.

3. **interruptae voces**: 'intermittent sound of voices'.

5. **dira quies**: 'a terrible dream', cf. Lucan 7. 26. Again, highly
poetical expression.

9. **metu an contumacia**: *OLD* s.v. *an* 9.

10. **umentia ultra**: 'on the far side of the swamp'. Disyllabic
prepositions like *ultra* are not infrequently placed after their nouns
or (more often) pronouns, especially in Tacitus.

15. **vinctae**: 'tied up', i.e. incapable of getting out of our clutches.
The reference is to the great defeat of AD 9.
Simul haec: sc. *dixit*. Again poetical.

20-1. **circumveniebatur, ni . . . opposuisset**: G-L § 597, Remark 2.

24-5. 'Most of the tools by which soil is shifted or turf cut out were
lost.' Tacitus' high style forces him to avoid the ordinary words for
spades and trenching-tools.

26. **fomenta**: 'bandages', 'dressings'.

27-8. Notice the grossly rhetorical antithesis between the 'thousands'
of men and their 'one' remaining day to live.

32. **decumana**: the rear gate of the camp.

33. **comperto**: G–L § 410 note 4.

39. **temporis ac necessitatis**: G–L § 376.

41. **mox**: 'then'.

42. **perveniri**: impersonal passive of intransitive verb. The present tense is chosen to reassure the soldiers: 'that is the way to the Rhine'.

46. **nulla ambitione**: 'without desire to favour any'.

50. **agebat**: *OLD* s.v. 35 b.

sinerent: depends on *suadente*.

51. **rursum**: a rarer (and more archaic) form than *rursus*.

atrociora: 'fiercer', 'more drastic'. Inguiomerus is Arminius' uncle.

53. **incorruptam**: 'intact'.

55. **raro . . . milite**: 'where there were few soldiers'.

57. **clamore et impetu**: 'noisy onslaught', i.e. 'shouting as they came on'. Hendiadys of a common kind.

58. **exprobrantes**: 'taunting'.

60–1. **quanto inopina** = *quanto magis inopina*, a fairly common abbreviated type of expression in *Annals* (Furneaux, Introd. § 64).

63–4. 'While anger and daylight lasted'—a striking zeugma.

64. *The trial of Cremutius Cordus*

Tacitus (*Annals* 4. 34–5) places this trial at the head of his account of AD 25, immediately after a digression in which he has complained (hypocritically) of the sordid nature of his subject. Cremutius Cordus was a historian, and had written on the times of Augustus. His prosecution now for anti-monarchical sentiment in a work on the civil wars marks a new stage in the repression which Tacitus regards as characteristic of Tiberius and his favourite Sejanus.

Cornelio Cosso Asinio Agrippa consulibus Cremutius Cordus postulatur novo ac tunc primum audito crimine, quod editis annalibus laudatoque M. Bruto C. Cassium Romanorum ultimum dixisset. Accusabant Satrius Secundus et Pinarius Natta, Seiani
5 clientes. Id perniciabile reo et Caesar truci vultu defensionem accipiens, quam Cremutius relinquendae vitae certus in hunc modum exorsus est: 'Verba mea, patres conscripti, arguuntur:

adeo factorum innocens sum. Sed neque haec in principem aut principis parentem, quos lex maiestatis amplectitur: Brutum et Cassium laudavisse dicor, quorum res gestas cum plurimi 10 composuerint, nemo sine honore memoravit. Titus Livius, eloquentiae ac fidei praeclarus in primis, Cn. Pompeium tantis laudibus tulit ut Pompeianum eum Augustus appellaret; neque id amicitiae eorum offecit. Scipionem, Afranium, hunc ipsum Cassium, hunc Brutum nusquam latrones et parricidas, quae 15 nunc vocabula inponuntur, saepe ut insignis viros nominat. Asinii Pollionis scripta egregiam eorundem memoriam tradunt; Messalla Corvinus imperatorem suum Cassium praedicabat: et uterque opibus atque honoribus perviguere. Marci Ciceronis libro, quo Catonem caelo aequavit, quid aliud dictator Caesar 20 quam rescripta oratione velut apud iudices respondit? Antonii epistulae, Bruti contiones falsa quidem in Augustum probra, set multa cum acerbitate habent; carmina Bibaculi et Catulli referta contumeliis Caesarum leguntur: sed ipse divus Iulius, ipse divus Augustus et tulere ista et reliquere, haud facile dixerim 25 moderatione magis an sapientia. Namque spreta exolescunt: si irascare, adgnita videntur.

'Non attingo Graecos, quorum non modo libertas, etiam libido impunita; aut si quis advertit, dictis dicta ultus est. Sed maxime solutum et sine obtrectatore fuit prodere de iis quos 30 mors odio aut gratiae exemisset. Num enim armatis Cassio et Bruto ac Philippenses campos optinentibus belli civilis causa populum per contiones incendo? An illi quidem septuagensimum ante annum perempti, quo modo imaginibus suis noscuntur, quas ne victor quidem abolevit, sic partem memoriae apud 35 scriptores retinent? Suum cuique decus posteritas rependit; nec deerunt, si damnatio ingruit, qui non modo Cassii et Bruti set etiam mei meminerint.' Egressus dein senatu vitam abstinentia finivit. Libros per aediles cremandos censuere patres: set manserunt, occultati et editi. Quo magis socordiam eorum 40 inridere libet qui praesenti potentia credunt extingui posse etiam sequentis aevi memoriam. Nam contra punitis ingeniis gliscit auctoritas, neque aliud externi reges aut qui eadem saevitia usi sunt nisi dedecus sibi atque illis gloriam peperere.

2. postulatur: 'was arraigned'. Tacitus' motive in *tunc primum audito* is to recall the similar repressiveness of Domitian.

3-4. It was Brutus himself who called Cassius 'the last of the Romans'.

5-6. Id . . . accipiens: 'This spelt danger to the defendant, as did Caesar's baneful glare as he listened to the defence . . .'.

6. reliquendae vitae certus: G–L § 374 note 6.

7-8. The connection of thought is: 'I am so innocent in my actions that my words have to be prosecuted', *OLD* s.v. *adeo* 5.

9. lex maiestatis: i.e. the law against subverting the dignity of the people or its magistrates. See *OLD* s.v. *maiestas*.

17. Asinii Pollionis: consul 40 BC (addressed in Virgil's Fourth Eclogue), a serious historian, who wrote on the period 60–42 BC, and did not conceal his republican sentiments.

18. Messalla Corvinus: consul 31 BC and later a loyal supporter of Augustus; but he had fought with Brutus and Cassius at Philippi. He was a patron of Tibullus and himself a great orator.

19-21. These pamphlets of Cicero and Caesar are not extant.

23. Bibaculi: some fragments both of hendecasyllables and of epic by this poet (a contemporary of Catullus) survive: Morel, *Fragmenta Poetarum Latinorum* 80–3.

Catulli: see Catullus 29, 54, and especially 57.

27. irascare: subjunctive is normal in imaginary and second-person conditional clauses of this kind even though the apodosis is indicative (Woodcock § 195).

34-5. quo modo . . . sic = *ut . . . ita*.

38. abstinentia: 'by abstaining from food'. Seneca describes the death in his consolation to Cordus' daughter Marcia (*cons. ad Marciam* 22).

42. gliscit = *crescit*, an elevated synonym favoured in the *Annals*.

65. *The murder of Agrippina*

This is part (*Annals* 14. 3–5) of Tacitus' melodramatic account of Nero's murder of his mother in AD 59.

Igitur Nero vitare secretos eius congressus, abscedentem in
hortos aut Tusculanum vel Antiatem in agrum laudare quod
otium capesseret. Postremo ubicumque haberetur praegravem
ratus interficere constituit, hactenus consultans, veneno an ferro
vel qua alia vi. Placuitque primo venenum. Sed inter epulas   5
principis si daretur, referri ad casum non poterat tali iam
Britannici exitio; et ministros temptare arduum videbatur
mulieris usu scelerum adversus insidias intentae: atque ipsa
praesumendo remedia munierat corpus. Ferrum et caedes
quonam modo occultaretur, nemo reperiebat; et ne quis illi tanto   10
facinori delectus iussa sperneret metuebat. Obtulit ingenium
Anicetus libertus, classi apud Misenum praefectus et pueritiae
Neronis educator ac mutuis odiis Agrippinae invisus. Ergo
navem posse componi docet, cuius pars ipso in mari per artem
soluta effunderet ignaram: nihil tam capax fortuitorum quam   15
mare; et si naufragio intercepta sit, quem adeo iniquum ut sceleri
adsignet quod venti et fluctus deliquerint? Additurum principem
defunctae templum et aras et cetera ostentandae pietati.

Placuit sollertia, tempore etiam iuta, quando Quinquatruum
festos dies apud Baias frequentabat. Illuc matrem elicit, ferendas   20
parentium iracundias et placandum animum dictitans, quo
rumorem reconciliationis efficeret acciperetque Agrippina, facili
feminarum credulitate ad gaudia. Venientem dehinc obvius in
litora (nam Antio adventabat) excepit manu et complexu ducit-
que Baulos. Id villae nomen est quae promunturium Misenum   25
inter et Baianum lacum flexo mari adluitur. Stabat inter alias navis
ornatior, tamquam id quoque honori matris daretur: quippe
sueverat triremi et classiariorum remigio vehi. Ac tum invitata ad
epulas erat, ut occultando facinori nox adhiberetur. Satis constitit
extitisse proditorem et Agrippinam auditis insidiis, an crederet   30
ambiguam, gestamine sellae Baias pervectam. Ibi blandimentum
sublevavit metum: comiter excepta superque ipsum collocata.
Iam pluribus sermonibus, modo familiaritate iuvenili Nero et
rursus adductus, quasi seria consociaret, tracto in longum
convictu, prosequitur abeuntem, artius oculis et pectori haerens,   35
sive explendae simulationi, seu periturae matris supremus
aspectus quamvis ferum animum retinebat.

Noctem sideribus inlustrem et placido mari quietam quasi con-
vincendum ad scelus di praebuere. Nec multum erat progressa
40 navis, duobus e numero familiarium Agrippinam comitantibus,
ex quis Crepereius Gallus haud procul gubernaculis adstabat,
Acerronia super pedes cubitantis reclinis paenitentiam filii et
reciperatam matris gratiam per gaudium memorabat, cum
dato signo ruere tectum loci multo plumbo grave, pressusque
45 Crepereius et statim exanimatus est; Agrippina et Acerronia
eminentibus lecti parietibus ac forte validioribus quam ut oneri
cederent protectae sunt. Nec dissolutio navigii sequebatur,
turbatis omnibus et quod plerique ignari etiam conscios
impediebant. Visum dehinc remigibus unum in latus inclinare
50 atque ita navem submergere: sed neque ipsis promptus in rem
subitam consensus, et alii contra nitentes dedere facultatem
lenioris in mare iactus. Verum Acerronia, inprudentia dum se
Agrippinam esse utque subveniretur matri principis clamitat,
contis et remis et quae fors obtulerat navalibus telis conficitur:
55 Agrippina silens eoque minus adgnita (unum tamen vulnus
umero excepit) nando, deinde occursu lenunculorum Lucrinum
in lacum vecta villae suae infertur.

1. **Igitur**: Tacitus is inclined to believe that Agrippina tempted
her son to incest, and this is why Nero avoids being alone with
her.

1-2. **in hortos**: her pleasure-garden, probably the Horti of Lucullus.

2. Tusculum and Antium were her country retreats.

3. **capesseret**: subjunctive because this is partial *oratio obliqua* (G-L
§ 541).

ubicumque haberetur: 'wherever she was': subjunctive again because
it is part of Nero's thought.

praegravem: 'a burden'.

6-7. **tali . . . exitio**: 'since Britannicus had died like that'.

8. **mulieris . . . intentae**: 'a woman whose experience of crime made
her watchful against treacherous attempts'.

11. **ingenium**: 'an ingenious idea'.

15. **effunderet**: 'plunge her in the water'.

16-17. Present subjunctives give a more lively view of Anicetus'
thinking (*repraesentatio*, Woodcock § 284).

18. **ostentandae pietati**: 'as a demonstration of filial affection'. Dative of gerundive in final sense is common in Tacitus, esp. in *Annals* (Furneaux, Introd. V § 22 (b)). Cf. 29, 36 (as amended here for MS ablative).

19. **Quinquatruum**: a festival of Minerva, 19-23 March.

20. **frequentabat**: 'he commonly attended'.

21. **placandum animum**: 'he must control his temper'.

26. **flexo mari**: 'by a bend of the sea'.

30-1. **an crederet ambiguam**: 'uncertain whether to believe'.

34. **adductus**: 'serious'. *adducta frons* is a brow contracted in serious thought, the adjective is then transferred to the person (as sometimes to style), *OLD* s.v. 1.

44 **ruere**: hist. infin. in *cum*-clause (G-L § 647 note 2).

49-50. The rowers (in the plot) put all their weight to one side.

56. **lenunculorum**: 'fishing boats'. She apparently then goes back to Bauli.

66. *The fire of Rome*

Tacitus' description (*Annals* 15. 38-9) of this disaster (AD 64) is a famous example both of his vividness and of his love of innuendo. He makes it follow directly an account of Nero's extravagance, and the indecencies of a party organized by Tigellinus, after which Nero goes through a 'marriage' with the eunuch Pythagoras.

Sequitur clades, forte an dolo principis incertum (nam utrumque auctores prodidere), sed omnibus quae huic urbi per violentiam ignium acciderunt gravior atque atrocior. Initium in ea parte circi ortum quae Palatino Caelioque montibus contigua est, ubi per tabernas, quibus id mercimonium inerat quo flamma alitur, 5
simul coeptus ignis et statim validus ac vento citus longitudinem circi corripuit. Neque enim domus munimentis saeptae vel templa muris cincta aut quid aliud morae interiacebat. Impetu pervagatum incendium plana primum, deinde in edita adsurgens et rursus inferiora populando, anteiit remedia velocitate mali 10
et obnoxia urbe artis itineribus hucque et illuc flexis atque

enormibus vicis, qualis vetus Roma fuit. Ad hoc lamenta paven-
tium feminarum, fessa aetate aut rudis pueritiae, quique sibi
quique aliis consulebant, dum trahunt invalidos aut opperiuntur,
15 pars mora pars festinans cuncta impediebant. Et saepe dum in
tergum respectant lateribus aut fronte circumveniebantur, vel
si in proxima evaserant, illis quoque igni correptis, etiam quae
longinqua crediderant in eodem casu reperiebant. Postremo
quid vitarent quid peterent ambigui, complere vias, sterni per
20 agros; quidam amissis omnibus fortunis, diurni quoque victus,
alii caritate suorum, quos eripere nequiverant, quamvis patente
effugio interiere. Nec quisquam defendere audebat, crebris
multorum minis restinguere prohibentium, et quia alii palam
faces iaciebant atque esse sibi auctorem vociferabantur, sive ut
25 raptus licentius exercerent seu iussu.

Eo in tempore Nero Antii agens non ante in urbem regressus
est quam domui eius, qua Palatium et Maecenatis hortos
continuaverat, ignis propinquaret. Neque tamen sisti potuit quin
et Palatium et domus et cuncta circum haurirentur. Sed solacium
30 populo exturbato ac profugo campum Martis ac monumenta
Agrippae, hortos quin etiam suos patefecit, et subitaria aedificia
exstruxit quae multitudinem inopem acciperent; subvectaque
utensilia ab Ostia et propinquis municipiis, pretiumque frumenti
minutum usque ad ternos nummos. Quae quamquam popularia
35 in inritum cadebant, quia pervaserat rumor ipso tempore flagran-
tis urbis inisse eum domesticam scaenam et cecinisse Troianum
excidium, praesentia mala vetustis cladibus adsimulantem.

5. mercimonium: 'merchandise', an archaic word, adding dignity
to the periphrasis by which Tacitus avoids telling us what the shops
actually contained.

11. obnoxia: 'vulnerable'.

12. enormibus: 'irregular'.

12-13. The manuscript tradition has *aetas* after *pueritiae*, an
impossible repetition. Tacitus has described the three classes of persons
concerned by three different constructions: noun (*feminarum*), and
abl. and gen. of description with nouns understood.

21. caritate suorum: 'out of love for their dear ones'.

24. **auctorem**: 'authority' to spread the fire—it is implied it is Nero who authorized them, though Tacitus does not wholly commit himself.

28. **continuaverat**: 'had connected together' (to form a single estate).

31. **quin etiam**: 'even', 'moreover'.

34. Three *sestertii* for a *modius*: evidently a low price.

36–37. Nero 'performed the Destruction of Troy'. The same story is told (as a fact) by Suetonius (*Nero* 38).

67. *Regulus the legacy-hunter*

C. Plinius Caecilius Secundus (*c.* AD 61–112), nephew of the author of the *Natural History*, had a distinguished career: consul AD 100, governor of Bithynia 110–12. His letters are a model of ease and elegance. Some political, some literary, some purely personal, they are all *curatius scriptae*, each normally having a single theme and all being written with care for purity of language and rhythm, though of course with epistolary brevity and studied informality. These are occasional pieces, meant to be published and so to illustrate the elegant manners and decent sentiments of the writer and his friends. This letter (2. 20), to a businessman called Calvisius Rufus, is a carefully constructed piece of scandalous indignation. M. Aquilius Regulus, a successful *delator* under Nero, was still a leading advocate under the Flavians. Pliny hated him (*omnium bipedum nequissimus*, 1. 5. 14).

C. PLINIVS CALVISIO SVO S.

Assem para et accipe auream fabulam, fabulas immo; nam me priorum nova admonuit, nec refert a qua potissimum incipiam. Verania Pisonis graviter iacebat, huius dico Pisonis quem Galba adoptavit. Ad hanc Regulus venit. Primum impudentiam   5
hominis, qui venerit ad aegram, cuius marito inimicissimus, ipsi invisissimus fuerat! Esto, si venit tantum; at ille etiam proximus toro sedit, quo die qua hora nata esset interrogavit. Vbi audiit, componit vultum intendit oculos movet labra, agitat digitos, computat. Nihil. Vt diu miseram exspectatione suspendit,   10
'Habes' inquit 'climactericum tempus sed evades. Quod ut tibi magis liqueat, haruspicem consulam quem sum frequenter

expertus.' Nec mora, sacrificium facit, adfirmat exta cum siderum significatione congruere. Illa ut in periculo credula poscit
15 codicillos, legatum Regulo scribit. Mox ingravescit, clamat moriens hominem nequam perfidum ac plus etiam quam periurum, qui sibi per salutem filii peierasset. Facit hoc Regulus non minus scelerate quam frequenter, quod iram deorum, quos ipse cotidie fallit, in caput infelicis pueri detestatur.
20 Velleius Blaesus ille locuples consularis novissima valetudine conflictabatur; cupiebat mutare testamentum. Regulus qui speraret aliquid ex novis tabulis, quia nuper captare eum coeperat, medicos hortari rogare, quoquo modo spiritum homini prorogarent. Postquam signatum est testamentum,
25 mutat personam, vertit adlocutionem isdemque medicis: 'Quousque miserum cruciatis? quid invidetis bona morte, cui dare vitam non potestis?' Moritur Blaesus et, tamquam omnia audisset, Regulo ne tantulum quidem.

Sufficiunt duae fabulae, an scholastica lege tertiam poscis?
30 Est unde fiat. Aurelia ornata femina signatura testamentum sumpserat pulcherrimas tunicas. Regulus cum venisset ad signandum, 'Rogo' inquit 'has mihi leges'. Aurelia ludere hominem putabat, ille serio instabat; ne multa, coegit mulierem aperire tabulas ac sibi tunicas quas erat induta legare; observavit
35 scribentem, inspexit an scripsisset. Et Aurelia quidem vivit, ille tamen istud tamquam morituram coegit. Et hic hereditates, hic legata quasi mereatur accipit!

Ἀλλὰ τί διατείνομαι in ea civitate in qua iam pridem non minora praemia, immo maiora nequitia et improbitas quam
40 pudor et virtus habent? Adspice Regulum, qui ex paupere et tenui ad tantas opes per flagitia processit ut ipse mihi dixerit, cum consuleret quam cito sestertium sescentiens impleturus esset, invenisse se exta duplicia, quibus portendi miliens et ducentiens habiturum. Et habebit, si modo ut coepit aliena
45 testamenta, quod est improbissimum genus falsi, ipsis quorum sunt illa dictaverit.' Vale.

2. In exchange for a copper coin, the story-teller gives a golden tale.

2. **immo**: normally first word of its clause, here postponed perhaps to give - ⌣ - - - clausula. Examples of postponement occur both in Plautus and in Augustan and later prose.

3. **priorum**: G–L § 376.

4. **Verania Pisonis**: 'Piso's wife, Verania', G–L § 362.

5. **impudentiam**: G–L § 343.

6. **venerit**: G–L § 633   Regulus was said to have mutilated the dead Piso's head.

9–10. **componit . . . computat**: note asyndeton. He moves his fingers because he is counting on them, in calculating her horoscope.

11. **climactericum tempus**: a 'critical time'. As a rule, the phrase refers to the dangerous time supposed to occur every seventh year, culminating in the 'grand climacteric' of $9 \times 7 = 63$. cf. above 33 (*b*).

17. **qui . . . peierasset**: 'because he had taken a false oath to her by his own son's life'. (The boy is the *infelix puer* on whose head rest so many curses.)

21–2. **qui speraret . . .**: 'hoping as he did to . . .', G–L § 626.

22. **captare**: 'hunt' him—the regular word for 'legacy-hunting'.

23. **hortari rogare**: hist. infin. (G–L § 647).

24. **prorogarent**: G–L § 652.

25. **isdemque medicis**: note omission of verb of saying.

26. **Quousque . . . cruciatis?**: 'How long are you going on torturing the poor man?'
bona morte: G–L § 346.

28. **ne tantulum quidem**: sc. *legavit*.

29. **scholastica lege**: 'according to the school rule'.

30. **Est unde fiat**: 'I have material to make one'.
ornata: 'well-to-do'.

32. **mihi leges**: 'leave me in your will'.

33. **ne multa**: sc. *dicam*, 'to cut a long story short'.

36. **istud . . . coegit**: G–L § 341.
Et: introduces an indignant statement (*OLD* s.v. 15).

38. **Ἀλλὰ τί διατείνομαι**: 'why do I argue this point?' Like Cicero, Pliny sometimes puts Greek phrases into his letters. This would be out of place in most other genres.

38–40. **iam pridem . . . habent**: 'have long had', G–L § 230.

41. **ut . . . dixerit**: G–L § 513.

42. **sestertium sescentiens**: 'sixty million sesterces', G–L p. 493.

43. **exta duplicia**: 'a double set of entrails' in the animal he sacrificed to learn the future.

44–6. 'And he will get it, so long as he goes on as he has begun, dictating other people's wills—the most scandalous kind of forgery—to those whose wills they are.' Once Regulus has dictated the will, it is *alienum* so far as the testator is concerned.

68. *A Tiber flood*

Pliny was *curator alvei Tiberis et riparum et cloacarum urbis*, perhaps 104/5–106/7. But this letter (8. 17) makes no reference to any official involvement, and is a highly literary description: cf. Tacitus, *Hist.* 1. 86, Horace, *Odes* 1. 2.

C. PLINIVS MACRINO SVO S.

Num istic quoque immite et turbidum caelum? Hic adsiduae tempestates et crebra diluvia. Tiberis alveum excessit et demissioribus ripis alte superfunditur; quamquam fossa quam
5   providentissimus imperator fecit exhaustus, premit valles, innatat campis, quaque planum solum, pro solo cernitur. Inde quae solet flumina accipere et permixta devehere, velut obvius retro cogit, atque ita alienis aquis operit agros quos ipse non tangit. Anio, delicatissimus amnium ideoque adiacentibus
10   villis velut invitatus retentusque, magna ex parte nemora quibus inumbratur fregit et rapuit; subruit montes, et decidentium mole pluribus locis clausus, dum amissum iter quaerit, impulit tecta ac se super ruinas eiecit atque extulit. Viderunt quos excelsioribus terris illa tempestas deprehendit alibi divitum
15   adparatus et gravem supellectilem, alibi instrumenta ruris, ibi boves aratra rectores, hic soluta et libera armenta, atque inter haec arborum truncos aut villarum trabes atque culmina varie lateque fluitantia. Ac ne illa quidem malo vacaverunt ad quae non ascendit amnis. Nam pro amne imber adsiduus et
20   deiecti nubibus turbines, proruta opera quibus pretiosa rura cinguntur, quassata atque etiam decussa monumenta. Multi eius modi casibus debilitati obruti obtriti, et aucta luctibus damna.

Ne quid simile istic, pro mensura periculi vereor, teque rogo, si nihil tale, quam maturissime sollicitudini meae consulas, sed et si tale, id quoque nunties. Nam parvolum differt, patiaris adversa an exspectes: nisi quod tamen est dolendi modus, non est timendi. Doleas enim quantum scias accidisse, timeas quantum possit accidere. Vale. 25

2. **istic**: 'where you are', *istic* retaining its original second-person reference (G–L § 104). We do not know where Macrinus was, nor much about him: he is the addressee, it seems, of other letters (notably 3. 4), and this letter suggests he is somewhere where Pliny has interests: possibly Comum.

4. **demissioribus ripis**: 'where its banks are lower'.
fossa: Trajan's canal, below the city.

6. **quaque . . . cernitur**: 'and where the ground is flat, is seen wherever ground should be'.

9. **delicatissimus**: 'daintiest'.

13. **se . . . extulit**: 'forced its way out and escaped over the ruins'.

16. **soluta et libera armenta**: i.e. 'animals freed from tether or harness.'

20. **turbines**: 'whirlwinds'.

21. 'Tombs damaged or even overthrown.'

27. **nisi quod tamen . . .**: 'except, however, that . . .', *OLD* s.v. *quod* 9 b.

28-9. 'One is likely to grieve for anything one knows to have happened, but to fear anything that might happen'. G–L § 257.

69. *The young Trajan*

This extract (§ 15) from the younger Pliny's consulship address to Trajan (*Panegyricus*, AD 100) exemplifies formal epideictic writing in a sophisticated updating of the Ciceronian manner.

Tribunus vero disiunctissimas terras teneris adhuc annis viri firmitate lustrasti, iam tunc praemonente fortuna ut diu penitus- que perdisceres quae mox praecipere deberes. Neque enim

prospexisse castra brevemque militiam quasi transisse contentus,
5   ita egisti tribunum ut esse dux statim posses, nihilque discendum
     haberes tempore docendi: cognovisti per stipendia decem mores
     gentium regionum situs opportunitates locorum, et diversam
     aquarum caelique temperiem ut patrios fontes patriumque sidus
     ferre consuesti. Quotiens equos, quotiens emerita arma mutasti!
10   Veniet ergo tempus quo posteri visere visendumque tradere
     minoribus suis gestient quis sudores tuos hauserit campus, quae
     refectiones tuas arbores, quae somnum saxa praetexerint, quod
     denique tectum magnus hospes impleveris, ut tunc ipsi tibi
     ingentium ducum sacra vestigia isdem in locis monstrabantur.
15   Verum haec olim; in praesentia quidem, quisquis paulo vetustior
     miles, hic te commilitone censetur. Quotus enim quisque
     cuius tu non ante commilito quam imperator? Inde est quod
     prope omnes nomine adpellas, quod singulorum fortia facta
     commemoras, nec habent adnumeranda tibi pro re publica
20   vulnera, quibus statim laudator et testis contigisti.

   1. Tribunus: Trajan's ten years' service as *tribunus militum*—
AD 70-80—gave him the wide experience of the empire he was later
to rule.
   8. fontes . . . sidus: more elevated synonyms of *aquarum caelique*.
   9. emerita: 'worn out', to be supplied mentally with *equos* also.
   11. hauserit: 'absorbed', 'sucked up'.
   12-13. quod . . . impleveris: like Aeneas in Evander's house
(*Aen.* 8. 3-7), Trajan's great presence graces humble homes. And
(13-14) he visited places where the great generals of old had been.
   16. hic . . . censetur: 'is registered with you for comrade', i.e. his
name is in the same army records as yours.
   19-20. 'Nor do they have to enumerate to you their patriotic
wounds, for you were both encomiast and witness of them from the
first.'

THE ANTONINE AGE

70. *Augustus' literary activity*

C. Suetonius Tranquillus, who held equestrian secretarial posts under Hadrian till AD 121, was the author of various scholarly works, including lives of poets, rhetors, and grammarians, as well as the *Vitae Caesarum* from which the following passages come. Here (*Augustus* 85–6) he gives an account of Augustus as a literary man. The passage well illustrates the connections often made in Roman culture between style, morals, and politics.

Multa varii generis prosa oratione composuit, ex quibus nonnulla in coetu familiarium velut in auditorio recitavit, sicut rescripta Bruto de Catone, quae volumina cum iam senior ex magna parte legisset, fatigatus Tiberio tradidit perlegenda; item hortationes ad philosophiam, et aliqua de vita sua, quam tredecim libris   5
Cantabrico tenus bello nec ultra exposuit. Poetica summatim attigit. Vnus liber extat scriptus ab eo hexametris versibus, cuius et argumentum et titulus est Sicilia; extat alter aeque modicus epigrammatum, quae fere tempore balinei meditabatur. Nam tragoediam magno impetu exorsus, non succedenti   10
stilo, abolevit, quaerentibusque amicis quidnam Aiax ageret, respondit Aiacem suum in spongiam incubuisse.
    Genus eloquendi secutus est elegans et temperatum, vitatis sententiarum ineptiis atque concinnitate et reconditorum verborum, ut ipse dicit, fetoribus; praecipuamque curam   15
duxit sensum animi quam apertissime exprimere. Quod quo facilius efficeret aut necubi lectorem vel auditorem obturbaret ac moraretur, neque praepositiones urbibus addere neque coniunctiones saepius iterare dubitavit, quae detractae afferunt aliquid obscuritatis, etsi gratiam augent. Cacozelos et antiquarios   20
ut diverso genere vitiosos pari fastidio sprevit exagitabatque nonnumquam, in primis Maecenatem suum, cuius myrobrechis, ut ait, cincinnos usque quaque persequitur et imitando per

iocum irridet. Sed nec Tiberio parcit et exoletas interdum et
25 reconditas voces aucupanti. M. quidem Antonium ut insanum
increpat, quasi ea scribentem quae mirentur potius homines
quam intellegant; deinde ludens malum et inconstans in eligendo
genere dicendi ingenium eius, addit haec: 'Tuque dubitas
Cimberne Annius an Veranius Flaccus imitandi sint tibi, ita ut
30 verbis quae Crispus Sallustius excerpsit ex Originibus Catonis
utaris? an potius Asiaticorum oratorum inanis sententiis verborum
volubilitas in nostrum sermonem transferenda?' Et quadam
epistula Agrippinae neptis ingenium conlaudans 'Sed opus est'
inquit 'dare te operam ne moleste scribas et loquaris.'

2-3. **rescripta Bruto de Catone**: a contribution to the debate about
Cato's merits to which Cicero and Caesar had contributed earlier.
Brutus' *laudatio* was written in 45 BC. Augustus' answer is apparently
much later. Cf. 64 above, the defence of Cremutius Cordus, for later
echoes of these controversies.

6. **Cantabrico tenus bello**: G-L § 413. Augustus campaigned in Spain
in 27-25 BC.

10. **Nam**: the sentence gives a reason why only 'Sicilia' and the
epigrams survive.

10-11. **succedenti stilo**: abl. abs., though -*ente* would be usual in
this construction.

12. **incubuisse**: as the real Ajax fell on his sword.

14. **sententiarum ineptiis atque concinnitate**: perhaps hendiadys,
'pointless artificiality of epigram'.

15. **fetoribus**: 'nasty smell'.

17. **necubi**: 'lest anywhere'.

18. **praepositiones**: cf. G-L § 337.

19-20. **quae . . . augent**: 'the removal of which produces some
degree of obscurity, though it may add to the charm'.

20. **Cacozelos**: κακοζήλους, 'the affected', writers who have bad
stylistic aims, esp. excessive concern for novelty. See Longinus 3.
antiquarios: 'archaists'.

22-3. **myrobrechis . . . cincinnos**: 'curls dripping with scent'.
Maecenas' mannerisms were notorious: Sen. *epist.* 114 (49. 24 ff.
above), Macrobius *Sat.* 2. 4. 12.

24. **exoletas**: 'obsolete'.

25. **aucupanti**: 'hunting out' (*avis* and *capio*).

29. T. Annius Cimber, a friend of Antony, praetor 44 BC, is ridiculed in [Virgil] *Catalepton* 2 as an archaist. Veranius Flaccus is probably the author of books on ancient religious practice, and also an archaist.

30. Sallust's archaism led to his borrowing from Cato.

31. inanis sententiis: 'empty of thoughts', *OLD* s.v. *inanis* 9.

33. neptis: 'granddaughter'.

71. *The death of Galba*

Here (*Galba* 19-20) Suetonius relates the events told by Tacitus in *Histories* 1. 40 ff. (62 above), which should be compared.

Haud multo post cognoscit teneri castra ab Othone, ac plerisque ut eodem quam primum pergeret suadentibus—posse enim auctoritate et praesentia praevalere—nihil amplius quam continere se statuit et legionariorum firmare praesidiis, qui multifariam diverseque tendebant. Loricam tamen induit linteam, 5 quamquam haud dissimulans parum adversus tot mucrones profuturam. Sed extractus rumoribus falsis, quos conspirati, ut eum in publicum elicerent, de industria dissiparant, paucis temere affirmantibus transactum negotium, oppressos qui tumultuarentur, advenire frequentis ceteros gratulabundos et 10 in omne obsequium paratos, iis ut occurreret prodiit tanta fiducia ut militi cuidam occisum a se Othonem glorianti, 'Quo auctore?' responderit, atque in forum usque processit. Ibi equites quibus mandata caedes erat, cum per publicum dimota paganorum turba equos adegissent, viso procul eo parumper 15 restiterunt; dein rursum incitati desertum a suis contrucidarunt.

Sunt qui tradant ad primum tumultum proclamasse eum 'Quid agitis commilitones? ego vester sum et vos mei', donativum etiam pollicitum. Plures autem prodiderunt optulisse ultro iugulum et ut hoc agerent ac ferirent, quando ita videretur, 20 hortatum. Illud mirum admodum fuerit, neque praesentium quemquam opem imperatori ferre conatum et omnes qui

arcesserentur sprevisse nuntium excepta Germanicianorum
vexillatione. Ii ob recens meritum, quod se aegros et invalidos
25   magnopere fovisset, in auxilium advolaverunt, sed serius itinere
devio per ignorantiam locorum retardati.

Iugulatus est ad lacum Curti ac relictus ita uti erat, donec
gregarius miles a frumentatione rediens abiecto onere caput ei
amputavit; et quoniam capillo arripere non poterat, in gremium
30   abdidit, mox inserto per os pollice ad Othonem detulit. Ille lixis
calonibusque donavit, qui hasta suffixum non sine ludibrio
circum castra portarunt adclamantes identidem 'Galba Cupido,
fruaris aetate tua', maxime irritati ad talem iocorum petulantiam
quod ante paucos dies exierat in vulgus laudanti cuidam formam
35   suam ut adhuc floridam et vegetam respondisse eum

ἔτι μοι μένος ἔμπεδόν ἐστιν.

Ab is Patrobii Neroniani libertus centum aureis redemptum eo
loco ubi iussu Galbae animadversum in patronum suum fuerat
abiecit. Sero tandem dispensator Argivus et hoc et ceterum
40   truncum in privatis eius hortis Aurelia via sepulturae dedit.

3. **nihil amplius quam**: 'merely'
5. **multifariam . . . tendebant**: 'who were encamped in many
different locations'.
9–10. **transactum . . . oppressos . . . advenire**: dependent on
affirmantibus.
13. **responderit**: G–L § 513.
processit: parallel to *prodiit*.
15. **paganorum**: here 'civilians' (opposed to the military): originally
'villagers' (opposed to townspeople), and later 'pagans' (opposed to
Christians).
20. **hoc agerent**: 'get on with the job', *OLD* s.v. *ago* 22 a.
21. **fuerit**: G–L § 257.
23. **Germanicianorum**: a detachment (*vexillatio*) of troops serving
in Germany.
25. **fovisset**: subjunctive as expressing the thought in the soldiers'
minds.
27. **ad lacum Curti**: see note on 62(*a*), 18 above.
29–30. 'As he could not grip it by the hair, he hid it in his lap, and
then stuck his thumb in the mouth and took it to Otho.' Galba was bald.

34. **exierat in vulgus**: 'it had got out into common talk'.
36. 'My strength is yet entire' (*Il.* 5. 254, *Od.* 21. 426).
37. **redemptum**: sc. *caput*.

72. *The bloody handprints on the wall*

The first piece in the collection *Declamationes maiores*, wrongly attributed to Quintilian and of uncertain date, is the defence of a young man who is supposed to have killed his father. The young man is blind; the father has married a second time, and is now found dead in bed with his son's sword in the wound; the damning evidence is a series of bloody prints of a hand on the wall between the son's sleeping-quarters and the father's. We give a part of the argument designed to invalidate this evidence (§§ 11-12).

'Sed paries usque ad cubiculum privigni vestigio manus cruen-
tatus est'. Cogitate, iudices, ante omnia non esse incallidum
hominem neque consilii iacentis, qui caecus explicare conetur
facinus etiam oculis difficile. Ille ergo non aestimat, cum manum   5
cruentam parieti adplicat, vestigium a se parricidii sui relinqui?
Cum dexteram, qua duce utebatur, veste tegere atque ita abire
sine vestigio posset, totum parietem cruentabat et ubique aliquid
de patre misero relinquebat? Quid futurum esset postero
die, quantam exspectaret invidiam luce, non cogitabat, sed   10
disponebat indicium certum, indubitatum, sine errore quod
noverca sequeretur usque ad cubiculum suum, usque ad limen
ipsum? O admirabilem casum! Nec cruor ante defecit? Vtar hoc
loco natura ipsius rei: palmatus sanguine paries inventus sic est:
totam manum explicuit, omnes digitos diligenter expressit.   15
Totum ergo sanguinem consumet intra prima vestigia. Pone
enim manum cruentatam atque adeo, ut istis etiam blandiar,
madentem, pone mensuram itineris, spatium parietis (diu enim
in secretam domus partem revertendum est): debet proxima
pars a cubiculo patris habere plurimum sanguinis, sequens   20
minimum, ultima nihil. Nam cruor, quotiens admotus est,
transit, aut in manu tarde reptantis arescit. Hoc quid esse

dicamus, quod circa cubiculum utrumque sanguinis istius
vestigium quasi incipit, hinc est paries palmatus et illinc?
Quomodo pertulit manus quod relinquebat? Noverca istud,
25   noverca securis conposuit oculis, illa miserum dextra sanguinem
tulit et manum subinde renovavit. Palmatus est paries, habet
distantiam, vacat aliquid loci, integrum ubique vestigium est;
caecus manus traxisset. Quaero nunc unde tantum sanguinis in
manu; tunc enim ex omni vulnere cruor profluit et effunditur
30   cum ferri recentem viam sequitur. At quotiens eodem quo
factum est cluditur telo, latet tota mortis invidia. Praeterea cum
manus ex parte qua palmare vestigium potest plicetur in capulo
et se, dum telum occupat, claudat, necesse est exteriore ut parte
respersa sit. Tuus autem qui palmatus est paries? vestigium eius
35   partis ostendit ad quam cruor pervenire non potuit! Vestrum
est nunc omnia ista conparare, perpendere. Cur prudentior sit
iudex in deprehendendo scelere quam reus in admittendo, hoc
esse in causa puto, quod alter tantum pro se cogitat, alter pro
parte utraque.

3. **consilii iacentis**: 'of inactive mind'.

4. **explicare**: 'execute', *OLD* s.v. 9 a. (in 15, the word is used literally, 'spread out', 'opened out'.)

17. **ut . . . blandiar**: 'to indulge my opponents'.

18. **diu**: *OLD* s.v. 4.

21–2. The blood either 'passes' on to the wall, or dries on the hand, as the blind man slowly creeps along.

25. **securis . . . oculis**: 'with the full use of her eyes'.

26. **subinde renovavit**: 'repeatedly replenished' her hand with the blood.

30–1. **quo factum est**: sc. *vulnus*.

31. **invidia**: 'unpleasantness'.

34. **qui . . .?**: 'how . . .?'.

36–9. The *iudex* has his own reputation as well as the defendant's fate at stake.

37. **admittendo**: 'committing'.

73. *A prince's day*

This is a letter from the future emperor Marcus Aurelius to his friend
and teacher M. Cornelius Fronto, in whose letters it is preserved
(*ad M. Caesarem* 4. 5), written *c.*AD 145. Both pupil and master affect
an archaic manner.

Have mi magister gravissime. Nos valemus. Ego hodie ab hora
nona noctis in secundam diei bene disposito cibo studivi;
a secunda in tertiam soleatus libentissime inambulavi ante
cubiculum meum. Deinde calceatus sagulo sumpto—nam ita
adesse nobis indictum erat—abii salutatum Dominum meum.   5
Ad venationem profecti sumus, fortia facinora fecimus, apros
captos esse fando audimus, nam videndi quidem nulla facultas
fuit. Clivom tamen satis arduom successimus: inde postmeridie
domum recepimus. Ego me ad libellos. Igitur calceis detractis,
vestimentis positis, in lectulo ad duas horas commoratus sum.   10
Legi Catonis orationem *De bonis Pulchrae*, et aliam qua tribuno
diem dixit. Io, inquis puero tuo, vade quantum potes, de
Apollinis bibliothecabus has mihi orationes apporta. Frustra
mittes, nam et isti libri me secuti sunt. Igitur Tiberianus biblio-
thecarius tibi subigitandus est; aliquid in eam rem insumendum,   15
quod mihi ille, ut ad urbem venero, aequa divisione impertiat.
Sed ego, orationibus his perlectis, paululum misere scripsi, quod
aut lymphis aut Volcano dicarem: ἀληθῶς ἀτυχῶς σήμερον
γέγραπταί μοι, venatoris plane aut vindemiatoris studiolum,
qui iubilis suis cubiculum meum perstrepunt, causidicali   20
prorsum odio et taedio. Quid hoc dixi? Immo recte dixi, nam
meus quidem magister orator est.
Ego videor mihi perfrixisse: quod mane soleatus ambulavi an
quod male scripsi, non scio. Certe homo alioqui pituitosus,
hodie tamen multo mucculentior mihi esse videor. Itaque oleum   25
in caput infundam et incipiam dormire: nam in lucernam hodie
nullam stillam inicere cogito, ita me equitatio et sternutatio
defetigavit. Valebis mihi, magister carissime et dulcissime, quem
ego—ausim dicere—magis quam ipsam Romam desidero.

1. **Have** = *Ave*.

2. **studivi** = *studui*. Probably archaic, as *tenivi, civi* (from *teneo, cieo*) are said to be.

3-4. **soleatus** . . . **calceatus**: *solea* is a low shoe or slipper, *calceus* the formal leather shoe worn with the toga or other formal dress.

4. **sagulo**: a short military cloak.

4-5. 'For that is how we were ordered to appear.'

6. **fortia facinora fecimus**: note alliteration, and mannered *facinus* = *factum*. Marcus makes a sort of military communiqué on the hunt.

9. **Ego me**: sc. *recepi*.

11-12. Nothing is known of these speeches of Cato's.

13. **bibliothecabus**: a unique form, if the text is right. Cf. G–L § 29 Remark 4.

15. **subigitandus**: 'to be worked upon'.

18. i.e. what he wrote is only fit to be rubbed out or burnt.

18-19. 'Truly my to-day's writing has been unhappy'.

20. **iubilis**: 'shouting', 'yodelling'.
causidicali: i.e. the noise was just as bad as in a court of law.

23. **perfrixisse**: 'caught cold'.

23-4. 'Whether it is because I went for a walk in sandals or because I wrote badly, I don't know.' G–L § 458, 460.

26-7. i.e. he is not going to sit up working by lamplight any longer.

27. **sternutatio**: 'sneezing'.

74. *The war with Antony*

L. Annaeus Florus, the author of the 'Epitome of all Wars' from which this extract (2. 21) is taken, is usually identified with the African literary man Florus who was a friend of Hadrian and wrote poetry (SHA *Hadrian* 16). He here relates the war against Antony and Cleopatra, with a good deal of rhetorical panache. Compare Horace, *Odes* 1. 37, and Plutarch's *Antony*. Like Q. Curtius (but unlike most historians) Florus writes with strict oratorical rhythm.

Furor Antonii, quatenus per ambitum non poterat interire, luxu et libidine exstinctus est. Quippe cum post Parthos exosus arma in otio ageret, captus amore Cleopatrae quasi bene gestis rebus in regio se sinu reficiebat. Hinc mulier Aegyptia ab ebrio imperatore pretium libidinum Romanum imperium petit; et 5 promisit Antonius, quasi facilior esset Partho Romanus. Igitur dominationem parare, nec tacite; sed patriae nominis togae fascium oblitus totus in monstrum illud ut mente ita habitu quoque cultuque desciverat. Aureum in manu baculum, ad latus acinaces, purpurea vestis ingentibus obstricta gemmis: diadema 10 deerat ut regina rex et ipse frueretur. Ad primam novorum motuum famam Caesar a Brundisio traiecerat, ut venienti bello occurreret, positisque castris in Epiro omne litus Actiacum, Leucada insulam montemque Leucaten et Ambracii sinus cornua infesta classe succinxerat. Nobis quadringentae amplius naves, 15 ducentae minus hostium; sed numerum magnitudo pensabat. Quippe a senis in novenos remorum ordines, ad hoc turribus atque tabulatis adlevatae castellorum vel urbium specie non sine gemitu maris et labore ventorum ferebantur; quae quidem ipsa moles exitio fuit. Caesaris naves a binis remigum in senos nec 20 amplius ordines creverant; itaque habiles in omnia quae usus posceret, ad impetus et recursus flexusque capiendos, illas gravis et ad omnia praepeditas singulas plures adortae missilibus, simul rostris, ad hoc ignibus iactis ad arbitrium dissipavere. Nec ulla re magis hostilium copiarum apparuit magnitudo quam post 25 victoriam. Quippe inmensae classis naufragium bello factum toto mari ferebatur, Arabumque et Sabaeorum et mille aliarum Asiae gentium spolia purpura auroque inlita adsidue mota ventis maria revomebant. Prima dux fugae regina cum aurea puppe veloque purpureo in altum dedit. Mox secutus Antonius, sed 30 instare vestigiis Caesar. Itaque nec praeparata in Oceanum fuga nec munita praesidiis utraque Aegypti cornua, Paraetonium atque Pelusium, profuere: prope manu tenebantur. Prior ferrum occupavit Antonius, regina ad pedes Caesaris provoluta temptavit oculos ducis, frustra quidem: nam pulchritudo infra 35 pudicitiam principis fuit. Nec illa de vita, quae offerebatur, sed de parte regni laborabat. Quod ubi desperavit a principe

35. **temptavit oculos ducis**: 'made an assault on the commander's eyes', i.e. tried to seduce him.

36-7. 'She was concerned not for her life—which was offered her—but for a share in the empire.'

38. 'Finding her guards careless.'

39. **mausoleum**: Florus explains the word, now a general term for royal tombs.

40. **differto**: 'stuffed'.

42. **soluta est**: 'was released (from life)' Cf. *OLD* s.v. 5 d.

75. *Apuleius in his own defence*

Apuleius of Madaura in Africa (born *c.*AD 123) is one of the most interesting of Roman prose writers. Orator, popular philosopher, and novelist, he had the same sort of career in the Latin world as the sophists of the contemporary Greek scene. His greatest work— *Metamorphoses*—retells a Greek tale of the transformation of a man into an ass by magic, and the adventures that befell him until he was restored to human shape. Our first extract, however, is from the *Apology* (§§ 63-4), Apuleius' defence (*c.*AD 155) on the charge of having won the affections of a wealthy widow by means of a love-potion. The extravagant style (like much Greek of the period) draws heavily on early literature.

Tertium mendacium vestrum fuit macilentam vel omnino evisceratam formam diri cadaveris fabricatam, prorsus horribilem et larvalem. Quodsi compertum habebatis tam evidens signum magiae, cur mihi ut exhiberem non denuntiastis? An ut possetis in rem absentem libere mentiri? Cuius tamen falsi facultas   5 opportunitate quadam meae consuetudinis vobis adempta est. Nam morem mihi habeo, quoquo eam, simulacrum alicuius dei inter libellos conditum gestare eique diebus festis ture et mero et aliquando victima supplicare. Dudum ergo cum audirem sceletum perquam impudenti mendacio dictitari, iussi curriculo   10 iret aliquis et ex hospitio meo Mercuriolum afferret quem mihi Saturninus iste Oeae fabricatus est. Cedo tu eum, videant,

teneant, considerent. Em vobis quem scelestus ille sceletum
nominabat. Auditisne reclamationem omnium qui adsunt?
15 Auditisne mendacii vestri damnationem? Non vos tot calum-
niarum tandem dispudet? Hiccine est sceletus, haeccine est
larva, hoccine est quod appellitabatis daemonium? Magicumne
istud an sollemne et commune simulacrum est? Accipe quaeso,
Maxime, et contemplare; bene tam puris et tam piis manibus
20 tuis traditur res consecrata. Em vide quam facies eius decora
et suci palaestrici plena sit, quam hilaris dei vultus, ut decenter
utrimque lanugo malis deserpat, ut in capite crispatus capillus
sub imo pillei umbraculo appareat, quam lepide super tempora
pares pinnulae emineant, quam autem festive circa humeros
25 vestis substricta sit. Hunc qui sceletum audet dicere, profecto
ille simulacra deorum nulla videt aut omnia neglegit; hunc
denique qui larvam putat, ipse est larvatus. At tibi, Aemiliane,
pro isto mendacio duit deus iste superum et inferum commeator
utrorumque deorum malam gratiam semperque obvias species
30 mortuorum, quidquid umbrarum est usquam, quidquid lemurum,
quidquid manium, quidquid larvarum, oculis tuis oggerat,
omnia noctium occursacula, omnia bustorum formidamina,
omnia sepulchrorum terriculamenta, a quibus tamen aevo et
merito haud longe abes. Ceterum Platonica familia nihil novimus
35 nisi festum et laetum et sollemne et superum et caeleste.

1. **macilentam**: 'thin', 'lean'.

3. **larvalem**: 'ghostly'.

7. **morem mihi habeo**: 'I have a habit'.

quoquo eam: 'wherever I go', G–L § 254, 625.

10–11. **iussi curriculo iret**: jussive subjunctive instead of the
infinitive which is normal with *iubeo*; *curriculo* is an adverb, 'with
all haste', and common in comic poets, whence Apuleius takes it as
an archaism.

12. **Cĕdo**: 'take it', an archaic imperative (G–L § 175. 6).

12–16. Note the appeals to the jury, to the audience, and to the
prosecution.

17. **larva**: 'skeleton'.

daemonium: here 'ghost'.

28. **duit**: archaic subjunctive (G–L § 130. 4).

32–33. **occursacula** . . . **formidamina** . . . **terriculamenta**: rare and impressive words.

34. **Platonica familia**: 'we Platonists', *OLD* s.v. *familia* 5.

76. *Psyche in the Underworld*

The story of Cupid and Psyche is one of the most famous episodes of Apuleius' *Metamorphoses* (4. 28–6. 24). It is a folk-tale and also a myth with philosophical overtones. For a good recent discussion, see P. G. Walsh, *The Roman Novel* (Cambridge, 1970) 190–223. In this extract (6. 17–19), Psyche is in despair: Venus has now asked her to descend to the underworld and ask Proserpina for a supply of her beauty. She gets advice from a friendly tower. The passage is 'virtually a mosaic of . . . Aeneas' journey to Hell in *Aeneid* VI' (Walsh).

Tunc Psyche vel maxime sensit ultimas fortunas suas et velamento reiecto ad promptum exitium sese compelli manifeste
comperit. Quidni? quae suis pedibus ultro ad Tartarum manesque
commeare cogeretur. Nec cunctata diutius pergit ad quampiam
turrim praealtam, indidem sese datura praecipitem: sic enim   5
rebatur ad inferos recte atque pulcherrime se posse descendere.
Sed turris prorumpit in vocem subitam et 'Quid te' inquit
'praecipitio, misella, quaeris extinguere? quidque iam novissimo
periculo laborique isto temere succumbis? Nam si spiritus
corpore tuo semel fuerit seiugatus, ibis quidem profecto ad   10
imum Tartarum, sed inde nullo pacto redire poteris. Mihi
ausculta. Lacedaemo Achaiae nobilis civitas non longe sita est;
huius conterminam deviis abditam locis quaere Taenarum. Inibi
spiraculum Ditis et per portas hiantes monstratur iter invium,
cui te limine transmeato simul commiseris iam canale directo   15
perges ad ipsam Orci regiam. Sed non hactenus vacua debebis
per illas tenebras incedere, sed offas polentae mulso concretas
ambabus gestare manibus, at in ipso ore duas ferre stipes.
Iamque confecta bona parte mortiferae viae continaberis
claudum asinum lignorum gerulum cum agasone simili, qui te   20
rogabit decidentis sarcinae fusticulos aliquos porrigas ei; sed tu

nulla voce deprompta tacita praeterito. Nec mora, cum ad flumen mortuum venies, cui praefectus Charon protinus expetens portorium sic ad ripam ulteriorem sutili cumba deducit com-
25   meantes. Ergo et inter mortuos avaritia vivit nec Charon ille Ditis exactor tantus deus quicquam gratuito facit: set moriens pauper viaticum debet quaerere, et aes si forte prae manu non fuerit, nemo eum expirare patietur. Huic squalido seni dabis nauli nomine de stipibus quas feres alteram, sic tamen
30   ut ipse sua manu de tuo sumat ore. Nec setius tibi pigrum fluentum transmeanti quidam supernatans senex mortuus putris adtollens manus orabit ut eum intra navigium trahas, nec tu tamen inlicita adflectare pietate. Transito fluvio modicum te progressam textrices orabunt anus telam struentes manus
35   paulisper accommodes, nec id tamen tibi contingere fas est. Nam haec omnia tibi et multa alia de Veneris insidiis orientur, ut vel unam de manibus omittas offulam. Nec putes futile istud polentacium damnum leve; altera enim perdita lux haec tibi prorsus denegabitur. Canis namque praegrandis, teriugo et satis
40   amplo capite praeditus, immanis et formidabilis tonantibus oblatrans faucibus mortuos, quibus iam nil mali potest facere, frustra territando ante ipsum limen et atra atria Proserpinae semper excubans servat vacuam Ditis domum. Hunc offrenatum unius offulae praeda facile praeteribis ad ipsamque protinus
45   Proserpinam introibis, quae te comiter excipiet ac benigne, ut et molliter assidere et prandium opipare suadeat sumere. Sed tu et humi reside et panem sordidum petitum esto, deinde nuntiato quid adveneris susceptoque quod offeretur rursus remeans canis saevitiam offula reliqua redime ac deinde avaro
50   navitae data quam reservaveris stipe transitoque eius fluvio recalcans priora vestigia ad istum caelestium siderum redies chorum. Sed inter omnia hoc observandum praecipue tibi censeo, ne velis aperire vel inspicere illam quam feres pyxidem vel omnino divinae formonsitatis abditum curiosius ⟨temptare⟩
55   thensaurum.'

1-2. **velamento reiecto**: 'with all concealment removed'.

3. **Quidni?**: lit. 'Why not?'. 'Of course—for she was being forced . . .' *quae* introduces a causal relative clause.

5. **indidem**: 'from there'.

8. **praecipitio**: 'by jumping down'.

9. **isto**: an unusual (archaic?) dative, *OLD* s.v. *iste*.

13. **Inibi**: 'There'.

14. **spiraculum Ditis**: cf. *Aen.* 7. 568.

15. **simul**: conjunction, 'as soon as . . .'

17. 'Cakes of barley-meal bound with wine and honey' (*mulsum*).

20. 'A lame donkey carrying sticks, with a driver similarly disabled.'

21. **porrigas**: depends directly on *rogabit*, cf. *accommodes*, 35.

22. **Nec mora**: *OLD* s.v. *mora* 1 c (common in Virgil).

23–5. *Aen.* 6. 314, 413-14.

25. Charon is a god, as (it seems) at *Aen.* 6. 304.

26. **set** = *sed*, in general an older form.

27. **prae manu**: 'at hand', again an expression of early Latin (G-L § 417. 9).

29. **nauli nomine**: 'as a fare'.

30. **Nec setius**: 'None the less'.

32–3. **nec . . . adflectare**: 'but do not be moved . . .' The present subjunctive in prohibitions is another archaizing (or colloquial) feature.

33. **modicum**: 'a little way'.

37–8. 'That crumbling barley-cake.'

39–43. For Cerberus, see *Aen.* 6. 417-25.

43. *Aen.* 6. 269.

47. **esto**: 'eat', G-L § 172. The so-called 'future imperative' (cf. *nuntiato*) here does not differ in sense from the present (*reside*, *redime*).

51. **istum**: 'this'.

54–5. Text unsure, but a verb seems to be needed.

77. *The vision of Isis*

The conclusion of the *Metamorphoses* is formed by Lucius' appeal to Isis, his restoration to human shape, and his initiation in her mysteries. The tone is much more serious than that of most of the story; and our other knowledge of Isiac religion generally confirms and parallels Apuleius' account. We give (11. 3-6) the description of the goddess and her answer to Lucius' prayer.

Iam primum crines uberrimi prolixique et sensim intorti per divina colla passive dispersi molliter defluebant. Corona multiformis variis floribus sublimem destrinxerat verticem, cuius media quidem super frontem plana rutunditas in modum
5   speculi vel immo argumentum lunae candidum lumen emicabat, dextra laevaque sulcis insurgentium viperarum cohibita, spicis etiam Cerialibus desuper porrectis conspicua. Tunica multi-color, bysso tenui pertexta, nunc albo candore lucida, nunc croceo flore lutea, nunc roseo rubore flammida et, quae
10 longe longeque etiam meum confutabat optutum, palla nigerrima splendescens atro nitore, quae circumcirca remeans et sub dexterum latus ad umerum laevum recurrens umbonis vicem deiecta parte laciniae multiplici contabulatione dependula ad ultimas oras nodulis fimbriarum decoriter confluctuabat. Per
15 intextam extremitatem et in ipsa eius planitie stellae dispersae coruscabant earumque media semenstris luna flammeos spirabat ignes. Quaqua tamen insignis illius pallae perfluebat ambitus, individuo nexu corona totis floribus totisque constructa pomis adhaerebat. Iam gestamina longe diversa. Nam dextra
20 quidem ferebat aereum crepitaculum, cuius per angustam lamminam in modum baltei recurvatam traiectae mediae paucae virgulae, crispante brachio trigeminos iactus, red-debant argutum sonorem. Laevae vero cymbium dependebat aureum, cuius ansulae, qua parte conspicua est, insurgebat aspis
25 caput extollens arduum cervicibus late tumescentibus. Pedes ambroseos tegebant soleae palmae victricis foliis intextae. Talis ac tanta, spirans Arabiae felicia germina, divina me voce dignata est:
    'En adsum tuis commota Luci precibus, rerum naturae parens,
30 elementorum omnium domina, saeculorum progenies initialis, summa numinum, regina manium, prima caelitum, deorum dearumque facies uniformis, quae caeli luminosa culmina, maris salubria flamina, inferum deplorata silentia nutibus meis

dispenso: cuius numen unicum multiformi specie, ritu vario, nomine multiiugo totus veneratur orbis. Inde primigenii 35 Phryges Pessinuntiam deum matrem, hinc autochthones Attici Cecropeiam Minervam, illinc fluctuantes Cyprii Paphiam Venerem, Cretes sagittiferi Dictynnam Dianam, Siculi trilingues Stygiam Proserpinam, Eleusinii vetusti Actaeam Cererem, Iunonem alii, Bellonam alii, Hecatam isti, Rhamnusiam illi, et 40 qui nascentis dei Solis inchoantibus inlustrantur radiis Aethiopes priscaque doctrina pollentes Aegyptii caerimoniis me propriis percolentes appellant vero nomine reginam Isidem. Adsum tuos miserata casus, adsum favens et propitia. Mitte iam fletus et lamentationes, depelle maerorem; iam tibi providentia mea 45 inlucescit dies salutaris. Ergo igitur imperiis istis meis animum intende sollicitum. Diem, qui dies ex ista nocte nascetur, aeterna mihi nuncupavit religio, quo sedatis hibernis tempestatibus et lenitis maris procellosis fluctibus navigabili iam pelago rudem dedicantes carinam primitias commeatus libant mei sacerdotes. 50 Id sacrum nec sollicita nec profana mente debebis opperiri. Nam meo monitu sacerdos in ipso procinctu pompae roseam manu dextera sistro cohaerentem gestabit coronam. Incunctanter ergo dimotis turbulis alacer continuare pompam mea volentia fretus, et de proximo clementer velut manum sacerdotis osculabundus 55 rosis decerptis pessimae mihique detestabilis iam dudum beluae istius corio te protinus exue. Nec quicquam rerum mearum reformides ut arduum. Nam hoc eodem momento quo tibi venio, simul et ibi praesens, quae sunt sequentia sacerdoti meo per quietem facienda praecipio. Meo iussu tibi constricti 60 comitatus decedent populi, nec inter hilares caerimonias et festiva spectacula quisquam deformem istam quam geris faciem perhorrescet vel figuram tuam repente mutatam sequius interpretatus aliquis maligne criminabitur. Plane memineris et penita mente conditum semper tenebis mihi reliqua vitae tuae 65 curricula adusque terminos ultimi spiritus vadata. Nec iniurium, cuius beneficio redieris ad homines, ei totum debere quod vives. Vives autem beatus, vives in mea tutela gloriosus, et cum spatium saeculi tui permensus ad inferos demearis, ibi quoque in ipso subterraneo semirutundo me quam vides Acherontis 70

66. **vadata**: 'pledged to'.

67-8. **totum . . . quod vives**: 'your whole future life'.

78. *The death of Philemon*

This passage (*Florida* 16) comes from a speech in which Apuleius gives
thanks for a statue erected in his honour. His address was postponed
because of a rainstorm—and in the interval he sprained his ankle, and
the occasion had to be further postponed. The circumstances reminded
him of the death of the long-living comic poet Philemon (*c*.360-260
BC).

Poeta fuit hic Philemon, mediae comoediae scriptor. Fabulas
cum Menandro in scaenam deduxit certavitque cum eo, fortasse
impar, certe aemulus. Namque eum etiam vicit saepenumero—
pudet dicere. Repperias tamen apud ipsum multos sales,
argumenta lepide inflexa, adgnitus lucide explicatos, personas   5
rebus competentes, sententias vitae congruentes, ioca non infra
soccum, seria non usque ad coturnum. Rarae apud illum
corruptelae, tuti errores, concessi amores. Nec eo minus et leno
periurus et amator fervidus et servulus callidus et amica illudens
et uxor inhibens et mater indulgens et patruus obiurgator et   10
sodalis opitulator et miles proeliator, sed et parasiti edaces et
parentes tenaces et meretrices procaces. Hisce laudibus diu in
arte comoedica nobilis forte recitabat partem fabulae, quam
recens fecerat, cumque iam in tertio actu, quod genus in
comoedia fieri amat, iucundiores adfectus moveret, imber   15
repentino coortus, ita ut mihi ad vos venit usus nuperrime,
differri auditorii coetum et auditionis coeptum coegit: relicum
tamen variis postulantibus sine intermissione deincipiti die
perlecturum. Postridie igitur maximo studio ingens hominum
frequentia convenere; sese quisque exadversum quam proxime   20
collocat; serus adveniens amicis adnuit locum sessui impertiant:
extimus quisque excuneati queruntur; farto toto theatro ingens
stipatio, occipiunt inter se queri; qui non adfuerant percontari

ante dicta, qui adfuerant recordari audita, cunctisque iam
25 prioribus gnaris sequentia exspectare. Interim dies ire, neque
Philemon ad condictum venire; quidam tarditatem poetae
murmurari, plures defendere. Sed ubi diutius aequo sedetur
nec Philemon uspiam comparet, missi ex promptioribus qui
accierent, atque eum in suo sibi lectulo mortuum offendunt.
30 Commodum ille anima edita obriguerat, iacebatque incumbens
toro, similis cogitanti; adhuc manus volumini implexa, adhuc
os recto libro impressus, sed enim iam animae vacuus, libri
oblitus et auditorii securus. Stetere paulisper qui introierant,
perculsi tam inopinatae rei, tam formonsae mortis miraculo.
35 Dein regressi ad populum renuntiavere Philemonem poetam,
qui exspectaretur qui in theatro fictum argumentum finiret, iam
domi veram fabulam consummasse; enimvero iam dixisse rebus
humanis valere et plaudere, suis vero familiaribus dolere et
plangere; hesternum illis imbrem lacrimas auspicasse; comoediam
40 eius prius ad funebrem facem quam ad nuptialem venisse; proin,
quoniam poeta optimus personam vitae deposuerit, recta de
auditorio eius exequias eundum, legenda eius esse nunc ossa,
mox carmina.

1. **mediae comoediae**: presumably, as in modern usage, the 'Middle
Comedy' coming between the Old (Aristophanes) and the New
(Menander).

2. **deduxit**: MSS have *dictavit*, but a verb meaning 'brought on to
the stage' seems needed.

4. **sales**: 'wit'.

5. **argumenta . . . inflexa**: 'plots ingeniously complicated'.
adgnitus . . . explicatos: 'recognitions clearly set forth'. The ἀναγνώρισις
is an important feature of comic as of some tragic plots.

5–7. His humour remained respectable, and his serious words did
not aim too high—he maintained his distance from tragedy.

10. **inhibens**: 'repressive' (?). The list of stock characters exhausts
most of the regular themes of comedy.

14. **in tertio actu**: even if Menander and his contemporaries did not
themselves divide plays into five acts, Hellenistic and Roman scholars
did.

16. 'As happened to me with you very recently.' *OLD* s.v. *usus* 8 b.
For the omission of *se*, cf. G–L § 527. 3.

18. **deincipiti die**: 'on the following day'.

21. 'The latecomer motioned to his friends to give him a place to sit.'

22. **extimus quisque . . . queruntur**: 'constructio ad sensum' (G–L § 211).

excuneati: 'squeezed out' of the *cuneus*, the wedge-shaped block of seats into which the auditorium was divided.

23. **percontari**: hist. infin. (and several more follow).

25. **gnaris**: 'known', *OLD* s.v. *gnarus* 2.

29. **in suo sibi lectulo**: 'in his own bed', *OLD* s.v. *se* 2 a (examples largely from comedy and less formal later prose, several from Apuleius).

30. **Commodum**: he had 'just' given up his life and 'gone stiff'.

32. **os . . . impressus**: 'his gaze fixed on the book held upright'.

33. **auditorii securus**: 'with no anxiety about his audience'.

36. The comparison of life to a play which we act out to the end is traditional: Augustus on his deathbed (Suet. *Aug.* 99) asked his friends 'ecquid iis videretur mimum vitae commode transegisse'.

38. The leading actor addressed the audience at the end of a comedy with 'vos valete et plaudite', or a similar formula.

39. **auspicasse**: 'had prognosticated'.

40. New Comedy plots often end in happy marriages: this play on the use of torches in weddings and also in cremation is another traditional theme exploited by funeral orators.

41–2. **recta . . . exequias eundum**: 'they should go straight from the theatre to his funeral'. Cf. G–L § 333. 2 Remark.

42. **legenda**: an untranslatable pun on *lego*, 'collect' and 'read' (*OLD* s.v. 1 b and 8).

TERTULLIAN AND
MINUCIUS FELIX

79. *The Christian in society*

Q. Septimius Florentius Tertullianus (AD 155-*c*.220) came from
Carthage. He is the greatest Christian writer before Jerome and
Augustine. Passionate in faith and fierce in controversy, he was master
of all the arts of the rhetorical school and a considerable philosopher
in his own right. His *Apologeticus* is addressed, nominally, to the
provincial governors who had it in their power to persecute Christians.
Our extract (42-4) is a satirical passage, answering the supposed charge
that Christians are useless to society. The vigour and originality of the
style are obvious.

Sed alio quoque iniuriarum titulo postulamur, et infructuosi
negotiis dicimur. Quo pacto homines vobiscum degentes,
eiusdem victus habitus instructus, eiusdem ad vitam necessitatis?
Neque enim Brachmanae aut Indorum gymnosophistae sumus,
5   silvicolae et exules vitae. Meminimus gratiam nos debere deo
domino creatori; nullum fructum operum eius repudiamus; plane
temperamus, ne ultra modum aut perperam utamur. Itaque non
sine foro, non sine macello, non sine balneis tabernis officinis
stabulis nundinis vestris ceterisque commerciis cohabitamus
10 in hoc saeculo. Navigamus et nos vobiscum et militamus et
rusticamur et mercamur, proinde miscemus artes, operas
nostras publicamus usui vestro. Quomodo infructuosi videamur
negotiis vestris, cum quibus et de quibus vivimus, non scio.
    Sed ceremonias tuas non frequento; attamen et illa die homo
15 sum. Non lavo sub noctem Saturnalibus, ne et noctem et diem
perdam; attamen lavo et debita hora et salubri, quae mihi et
calorem et sanguinem servet; rigere et pallere post lavacrum
mortuus possum. Non in publico Liberalibus discumbo, quod
bestiariis supremam cenantibus mos est; attamen ubi, de copiis
20 tuis ceno. Non emo capiti coronam. Quid tua interest, emptis

nihilominus floribus quomodo utar? Puto gratius liberis et solutis et undique vagis; sed etsi in coronam coactis, nos coronam naribus novimus, viderint qui per capillum odorantur. Spectaculis non convenimus; quae tamen apud illos coetus venditantur si desideravero, libentius de suis locis sumam. Tura 25 plane non emimus; si Arabiae queruntur, scient Sabaei plures et cariores suas merces Christianis sepeliendis profligari quam deis fumigandis.

Certe, inquitis, templorum vectigalia cotidie decoquunt, stipes quotusquisque iam iactat? Non enim sufficimus et 30 hominibus et deis vestris mendicantibus opem ferre, nec putamus aliis quam petentibus impertiendum. Denique porrigat manum Iuppiter et accipiat, cum interim plus nostra misericordia insumit vicatim quam vestra religio templatim. Sed cetera vectigalia gratias Christianis agent ea fide dependentibus debitum 35 qua alieno fraudando abstinemus, ut, si ineatur vectigalibus quantum pereat fraude et mendacio vestrarum professionum, facile ratio haberi possit, unius speciei querela compensata pro commodo ceterarum rationum.

Plane confitebor quinam, si forte, vere de sterilitate Christi- 40 anorum conqueri possint. Primi erunt lenones perductores aquarioli, tum sicarii venenarii magi, item harioli haruspices mathematici. His infructuosos esse magnus est fructus. Et tamen quodcumque dispendium est rei vestrae per hanc sectam, cum aliquo utique praesidio compensari potest. Quanti habetis, non 45 dico iam qui de vobis daemonia excutiant, non dico iam qui pro vobis quoque vero deo preces sternant, quia forte non creditis, sed a quibus nihil timere possitis?

At enim illud detrimentum reipublicae tam grande quam verum nemo circumspicit, illam iniuriam civitatis nullus expendit, cum 50 tot iusti impendimur, cum tot innocentes erogamur. Vestros enim iam contestamur actus, qui cotidie iudicandis custodiis praesidetis, qui sententiis elogia dispungitis. Tot a vobis nocentes variis criminum elogiis recensentur; quis illic sicarius, quis manticularius, quis sacrilegus aut corruptor aut lavantium 55 praedo, idem etiam Christianus adscribitur? aut cum Christiani suo titulo offeruntur, quis ex illis etiam talis quales tot nocentes?

De vestris semper aestuat carcer, de vestris semper metalla
suspirant, de vestris semper bestiae saginantur, de vestris semper
60　munerarii noxiorum greges pascunt. Nemo illic Christianus, nisi
hoc tantum, aut si et aliud, iam non Christianus.

　　3. **instructus**: 'resources'.
　　15. Bathing at night (after a meal) was unhealthy; Juvenal 1. 142 ff.,
Persius 3. 98, etc.
　　18. **Liberalibus**: in Rome, a spring festival (March 17), apparently
here the occasion for a public dinner.
　　19. **supremam**: sc. *cenam*.
　　19-20. 'But when I do dine, I do so at your expense.'
　　29. **decoquunt**: 'are bankrupted'.
　　34. **vicatim . . . templatim**: for adverbs so formed, see G-L
§ 91. 1 a.
　　35-6. **ea fide . . . qua**: 'that (same) faith . . . by which'. We prefer
ea (conjecture) to *ex*, which is not necessary with *dependere*.
　　36. **si ineatur**: 'if it were reckoned up'.
　　38-9. 'The complaint under one head being balanced by profits
from the other accounts.' The financial terminology is carried on
through the whole sentence.
　　41. **perductores**: 'kidnappers' (for prostitution, distinct from *lenones*
because they did not have their victims' consent).
　　42. **aquarioli**: again, persons who lived on women's immoral
earnings.
　　51. **impendimur . . . erogamur**: 'we are put to death . . . we
are punished with death' (lit. 'expended', 'made expendable')—an
expression typical of Tertullian.
　　52. **actus**: 'proceedings'.
　　53. **qui . . . dispungitis**: 'who mark the charge-documents with your
decisions', *OLD* s.v. *elogium* 3.
　　55. **manticularius**: 'pickpocket'.
　　58. **metalla**: convicts could be sent to work in mines.
　　60. **munerarii**: 'givers of gladiatorial shows', who need criminals
to fight.
　　60-1. 'No one there (i.e. in prison or a condemned criminal) is a
Christian, unless he is nothing else (i.e. unless he is punished simply
for being Christian); or if he *is* something else (i.e. a criminal), he has
stopped being a Christian.'

80. *The coming of the Lord*

In *de spectaculis* Tertullian launches a violent attack on all public
entertainments—circuses, gladiators, theatres, athletes. The last chapter
(30) is a particularly eloquent specimen of his grand style: the coming
of the Lord surpasses any earthly spectacle.

Quale autem spectaculum in proximo est adventus domini iam
indubitati, iam superbi, iam triumphantis! quae illa exsultatio
angelorum, quae gloria resurgentium sanctorum! quale regnum
exinde iustorum! qualis civitas nova Hierusalem! At enim
supersunt alia spectacula, ille ultimus et perpetuus iudicii dies,   5
ille nationibus insperatus, ille derisus, cum tanta saeculi vetustas
et tot eius nativitates uno igne haurientur. Quae tunc spectaculi
latitudo! Quid admirer, quid rideam, ubi gaudeam, ubi exsultem,
spectans tot ac tantos reges, qui in caelum recepti nuntiabantur,
cum ipso Iove et ipsis suis testibus in imis tenebris congemiscen-   10
tes? item praesides, persecutores dominici nominis saevioribus
flammis quam ipsi saevierunt insultantes contra Christianos
liquescentes? praeterea sapientes illos philosophos coram
discipulis suis una conflagrantibus erubescentes, quibus nihil
ad deum pertinere suadebant, quibus animas aut nullas aut non   15
in pristina corpora redituras affirmabant? etiam poetas non ad
Rhadamanthi, nec ad Minois, sed ad inopinati Christi tribunal
palpitantes? Tunc magis tragoedi audiendi, magis scilicet
vocales in sua propria calamitate; tunc histriones cognoscendi,
solutiores multo per ignem; tunc spectandus auriga in flammea   20
rota totus rubens; tunc xystici contemplandi non in gymnasiis,
sed in igne mulcati, nisi quod nec tunc quidem illos velim visos,
ut qui malim ad eos potius conspectum insatiabilem conferre
qui in dominum desaevierunt. Hic est ille, dicam, fabri aut
quaestuariae filius, sabbati destructor, Samarites et daemonium   25
habens. Hic est quem a Iuda redemistis, hic est ille arundine
et colaphis diverberatus, sputamentis dedecoratus, felle et
aceto potatus. Hic est quem clam discentes subripuerunt ut
resurrexisse dicatur, vel hortulanus detraxit ne lactucae suae
frequentia commeantium laederentur. Vt talia spectes, ut talibus   30

exsultes, quis tibi praetor aut consul aut quaestor aut sacerdos
de sua liberalitate praestabit? Et tamen haec iam quodammodo
habemus per fidem spiritu imaginante repraesentata. Ceterum
35   qualia illa sunt quae nec oculus vidit nec auris audivit nec in
cor hominis ascenderunt? Credo, circo et utraque cavea et omni
stadio gratiora.

9. i.e. the witnesses to their ascent to heaven (as Julius Proculus
for Romulus, Livy 1. 16).

14. **erubescentes**: 'reddening'—a play on the word; they blush for
shame, and redden as they are cooked.

20. **solutiores**: 'more fluent'. They melt in the fire.

21. **xystici**: 'athletes'.

22. **nec . . . quidem** = *ne quidem*, *OLD* s.v. *neque* 9 d.

25. **quaestuariae**: 'prostitute'. So might anti-Christian polemic
describe the Virgin Mary. Similar satire below: note the gardener who
takes away the body of Christ to save his lettuces from being trodden
on (29–30).

35-6. Cf. 1 *Cor.* 2: 9.

36. **utraque cavea**: perhaps *ima* and *summa cavea*, i.e. the front
rows for the notables and the back for the ordinary people?

81. *Animals that change their appearance*

Tertullian has given up wearing the Roman *toga*, and adopted the
Greek *pallium*—the dress of scholars and philosophers. There have
been complaints. He defends himself in a short piece of rhetorical
bravura (*de pallio*). In the passage we give (from § 3), he argues that
even animals change their skin. This is a very sophistic piece, but it
is not without a Christian message: the *pallium* is now the Christian's
dress. Date uncertain: perhaps 193.

Mutant et bestiae pro veste formam; quamquam et pavo pluma
vestis, et quidem de cataclistis, immo omni conchylio pressior,
qua colla florent, et omni patagio inauratior, qua terga fulgent,
et omni syrmate solutior, qua caudae iacent, multicolor et
5   discolor et versicolor, numquam ipsa, semper alia, etsi semper

ipsa quando alia, totiens denique mutanda quotiens movenda.
Nominandus est et serpens, licet pone pavum; nam et iste quod
sortitus est convertit, corium et aevum, siquidem ut senium
persensit, in augustias stipat, pariterque specum ingrediens et
cutem egrediens, ab ipso statim limine erasus, exuviis ibidem   10
relictis novus explicat; cum squamis et anni recusantur. Hyaena,
si observes, sexus annalis est, marem et feminam alternat. Taceo
cervum quod et ipse aetatis suae arbiter, serpente pastus, veneno
languescit in iuventutem. Est et quadrupes tardigrada, agrestis,
humilis, aspera. Testudinem Pacuvianam putas? Non est; capit   15
et alia bestiola versiculum, de mediocribus oppido, sed nomen
grande: chamaeleontem qui audieris, haud ante gnarus, iam
timebis aliquid amplius cum leone. At cum offenderis apud
vineam ferme sub pampino totum, ridebis illico audaciam
Graeci nominis, quippe nec sucus est corpori, quod minutioribus   20
multo licet. Chamaeleon pellicula vivit: capitulum statim a dorso,
nam deficit cervix: itaque durum reflecti, sed circumspectu hi
emissicii ocelli, immo luminis puncta, vertiginant; hebes, fessus
vix se a terra suspendit; molitur incessum stupens et promovet,
gradum magis demonstrat quam explicat, ieiunus scilicet semper   25
et indefectus, oscitans vescitur, follicans ruminat, de vento
cibus. Tamen et chamaeleon mutare totus, nec alius, valet. Nam
cum illi coloris proprietas nulla sit, ut quid accessit, inde
suffunditur: hoc soli chamaeleonti datum, quod vulgo dictum
est, de corio suo ludere.   30

2. **de cataclistis**: 'from the special store', 'those kept under lock and
key' (κατάκλειστα).

2. **omni conchylio pressior**: 'better finished(?) than any purple'.

3. **patagio**: 'gold border' of a woman's dress.

4. **syrmate**: 'trailing dress', a garment with a long train (σύρμα).

8. **siquidem**: *OLD* s.v. 4.

10. **erasus**: the snake sloughs his skin by scraping against the edge
of the hole.

11. **Hyaena**: for this piece of fictional natural history, see e.g. Aelian,
NA 1. 25.

12–13. The stag lives long (Hesiod fr. 171 Rzach, Juvenal 14. 251)
and can kill and eat snakes (Aelian, *NA* 2. 9).

14–15. Pacuvius, fr. 4 Warmington (= Cic. *de div.* 2. 133).

15–16. 'Another beastie fits the line.'

16. oppido: 'very'.

21. Aelian, *NA* 2. 14 describes the chameleon.

22–3. 'To bend back is difficult, but those eyes that shoot out, or rather points of light, seem dizzy as they look around.'

26. follicans: 'expanding and contracting' like a bellows.

27. 'He can change entirely but not be another.'

30. 'To play with your own skin' is to risk everything foolishly: Otto s.v. *corium* 1. Cf. Martial 3. 16. 4.

82. *Ducks and drakes*

Minucius Felix's *Octavius* is an elegant Christian apology, imitating the style and manner of the classical dialogues (Cicero, Tacitus). Regular clausulae, but a freer use of abstracts than most earlier writers. It probably dates from the end of the second century. This passage (2–3) is part of the elaborate scene-setting. Octavius has come to Rome, and the conversation to be related is the one in which he convinced the pagan Caecilius of the fundamental truth of Christianity.

Nam negotii et visendi mei gratia Romam contenderat, relicta domo coniuge liberis, et—quod est in liberis amabilius—adhuc annis innocentibus et adhuc dimidiata verba temptantibus, loquellam ipso offensantis linguae fragmine dulciorem. Quo
5 in adventu eius non possum exprimere sermonibus quanto quamque inpatienti gaudio exultaverim, cum augeret maxime laetitiam meam amicissimi hominis inopinata praesentia.
   Igitur post unum et alterum diem, cum iam et aviditatem desiderii frequens adsiduitatis usus implesset et quae per
10 absentiam mutuam de nobis nesciebamus relatione alterna comperissemus, placuit Ostiam petere, amoenissimam civitatem, quod esset corpori meo siccandis umoribus de marinis lavacris blanda et adposita curatio: sane et ad vindemiam feriae iudiciariam curam relaxaverant. Nam id temporis post aestivam
15 diem in temperiem semet autumnitas dirigebat.

Itaque cum diluculo ad mare inambulando litore pergeremus,
ut et aura adspirans leniter membra vegetaret et cum eximia
voluptate molli vestigio cedens harena subsideret, Caecilius
simulacro Serapidis denotato, ut vulgus superstitiosus solet,
manum ori admovens osculum labiis pressit.   20

Tunc Octavius ait: 'Non boni viri est, Marce frater, hominem
domi forisque lateri tuo inhaerentem sic in hac inperitiae
vulgaris caecitate deserere ut tam luculento die in lapides eum
patiaris inpingere, effigiatos sane et unctos et coronatos, cum
scias huius erroris non minorem ad te quam ad ipsum infamiam   25
redundare.'

Cum hoc sermone eius medium spatium civitatis emensi iam
liberum litus tenebamus. Ibi harenas extimas, velut sterneret
ambulacro, perfundens lenis unda tendebat; et, ut semper mare
etiam positis flatibus inquietum est, etsi non canis spumosisque 30
fluctibus exibat ad terram, tamen crispis tortuosisque ibidem
erroribus delectati perquam sumus, cum in ipso aequoris limine
plantas tingueremus, quod vicissim nunc adpulsum nostris
pedibus adluderet fluctus, nunc relabens ac vestigia retrahens
in sese resorberet. Sensim itaque tranquilleque progressi, oram   35
curvi molliter litoris, iter fabulis fallentibus, legebamus. Haec
fabulae erant Octavi disserentis de navigatione narratio. Sed
ubi eundi spatium satis iustum cum sermone consumpsimus,
eandem emensi viam rursus versis vestigiis terebamus, et
cum ad id loci ventum est ubi subductae naviculae substratis   40
roboribus a terrena labe suspensae quiescebant, pueros videmus
certatim gestientes testarum in mare iaculationibus ludere. Is
lusus est testam teretem iactatione fluctuum levigatam legere
de litore, eam testam plano situ digitis comprehensam inclinem
ipsum atque humilem quantum potest super undas inrotare, ut   45
illud iaculum vel dorsum maris raderet enataret, dum leni
impetu labitur, vel summis fluctibus tonsis emicaret emergeret,
dum adsiduo saltu sublevatur. Is se in pueris victorem ferebat
cuius testa et procurreret longius et frequentius exsiliret.

4. 'Talk all the more delightful for the hesitations of the stammering
tongue.'

8. 'After a day or two'. A common use of *unus et alter* (Hor. *Epist.* 2. 1. 74).

12. de marinis lavacris: 'by means of sea bathing'. This use of *de* is late. Sea-bathing (and cold baths generally) was often recommended in ancient medicine. Celsus 3. 21. 17 says that 'swimming in the sea in summer' may be useful in convalescence from dropsy, and this fits with *siccandis umoribus* here.

15. autumnitas: 'the autumnal season'. The word is archaic (Cato) as well as late.

20. A common gesture of adoration (προσκύνησις).

27. medium spatium civitatis emensi: 'having traversed the intervening area between the town and the sea'.

27–8. iam liberum litus tenebamus: 'we found ourselves now on the open beach'.

32. perquam: 'exceedingly'.

35–6. oram . . . legebamus: 'we skirted the edge of the gently curving beach, and talk beguiled our way'.

36. Haec = *hae* (an older form—Plautus, Terence—sometimes found later).

42–9. 'The game consists in picking off the beach a polished piece of pot, worn smooth by the action of the waves, holding it in a horizontal position in your fingers, bending down as low as you can, and spinning it over the water, so that your missile either skims and sails over the surface of the sea, gliding gently, or else clips the top of the waves and keeps re-appearing, borne up by repeated leaps.'

THE FOURTH CENTURY

83. *The composition of the* Aeneid

Aelius Donatus' 'Life of Virgil' (fourth century AD) is largely based on
the much earlier work of Suetonius (see 70 above). We give §§ 21-35.

Novissime Aeneidem inchoavit, argumentum varium ac multiplex
et quasi amborum Homeri carminum instar, praeterea nominibus
ac rebus Graecis Latinisque commune, et in quo, quod maxime
studebat, Romanae simul urbis et Augusti origo contineretur.
5   Cum Georgica scriberet, traditur cotidie meditatos mane
plurimos versus dictare solitus ac per totum diem retractando
ad paucissimos redigere, non absurde carmen se more ursae
parere dicens et lambendo demum effingere. Aeneida prosa
prius oratione formatam digestamque in XII libros particulatim
10 componere instituit, prout liberet quidque, et nihil in ordinem
arripiens. Ac ne quid impetum moraretur, quaedam inperfecta
transmisit, alia levissimis verbis veluti fulsit, quae per iocum pro
tibicinibus interponi aiebat ad sustinendum opus, donec solidae
columnae advenirent. Bucolica triennio, Georgica VII, Aeneida
15 XI perfecit annis. Bucolica eo successu edidit, ut in scena
quoque per cantores crebro pronuntiarentur. Georgica reverso
post Actiacam victoriam Augusto atque Atellae reficiendarum
faucium causa commoranti per continuum quadriduum legit,
suscipiente Maecenate legendi vicem, quotiens interpellaretur
20 ipse vocis offensione. Pronuntiabat autem cum suavitate et
lenociniis miris. Ac Seneca tradidit Iulium Montanum poetam
solitum dicere involaturum se Vergilio quaedam, si et vocem
posset et os et hypocrisin: eosdem enim versus ipso pronuntiante
bene sonare, sine illo inanes esse mutosque. Aeneidos vixdum
25 coeptae tanta extitit fama ut Sextus Propertius non dubitaverit
sic praedicare:

cedite, Romani scriptores, cedite Grai:
nescio quid maius nascitur Iliade,

Augustus vero—nam forte expeditione Cantabrica aberat—
30   supplicibus atque etiam minacibus per iocum litteris efflagitaret
ut 'sibi de Aeneide', ut ipsius verba sunt, 'vel prima carminis
ὑπογραφὴ vel quodlibet κῶλον mitteretur'. Cui tamen multo
post perfectaque demum materia tres omnino libros recitavit,
secundum quartum et sextum, sed hunc notabili Octaviae
35   adfectione, quae cum recitationi interesset, ad illos de filio suo
versus 'tu Marcellus eris', defecisse fertur atque aegre focilata
est. Recitavit et pluribus, sed neque frequenter et ea fere de
quibus ambigebat, quo magis iudicium hominum experiretur.
Erotem librarium et libertum eius exactae iam senectutis tradunt
40   referre solitum quondam eum in recitando duos dimidiatos
versus complesse ex tempore. Nam cum hactenus haberet:
'Misenum Aeoliden', adiecisse: 'quo non praestantior alter', item
huic: 'aere ciere viros', simili calore iactatum subiunxisse:
'Martemque accendere cantu', statimque sibi imperasse ut
45   utrumque volumini ascriberet.

Anno aetatis quinquagesimo secundo impositurus Aeneidi
summam manum statuit in Graeciam et in Asiam secedere
triennioque continuo nihil amplius quam emendare, ut reliqua
vita tantum philosophiae vacaret. Sed cum ingressus iter Athenis
50   occurrisset Augusto ab oriente Romam revertenti destinaretque
non absistere atque etiam una redire, dum Megara vicinum
oppidum ferventissimo sole cognoscit, languorem nactus est
eumque non intermissa navigatione auxit ita ut aegrior aliquanto
Brundisium appelleret, ubi diebus paucis obiit XI kal. Octobr.
55   C. Sentio Q. Lucretio coss.

2. The first part of the *Aeneid* roughly corresponds to the *Odyssey*,
the second to the *Iliad*.

7-8. Cf. Gellius 17. 10. 2 f. for this image of the bear licking her
cubs into shape. This is popular natural history: e.g. Aelian, *NA* 2. 19.

12-13. **pro tibicinibus**: 'as scaffolding', 'as props' to hold the
structure up temporarily.

21. Not in the extant work of the elder Seneca, who is probably
meant, since he does say some things (e.g. *Contr.* 7. 1. 27) about Julius
Montanus, an imitator of Virgil.

22. **involaturum**: 'would steal'.

22-3. vocem . . . et os et hypocrisin: 'voice, expression, and delivery'.

25. Propertius 2. 34. 65-6.

25-30. dubitaverit, efflagitaret: G-L § 513 n. 2.

29. Augustus was in Spain 27-25 BC.

32. ὑπογραφὴ, 'outline': κῶλον, literally 'limb'; here probably 'piece', the whole poem being the 'body'.

34. Marcellus died in 23 BC, and it is presumably not long after this that his mother Octavia was so affected by Virgil's reading of *Aen*. 6. 882 ff.

36. focilata: 'revived'.

39. exactae . . . senectutis: G-L § 365.

42. *Aen*. 6. 164-5.

50. This meeting with Augustus is fictitious. The only sure fact is that Virgil died in Brindisi, 21 September 19 BC.

84. *Myth and fable*

Ambrosius Theodosius Macrobius, a pagan writer of the late fourth century, has left an elaborate and learned dialogue, *Saturnalia*, full of abstruse literary lore, and also a Neoplatonist exegesis of Cicero's *Somnium Scipionis* (16-17). This begins with some general principles. Here (1. 2. 7-12) we have a distinction between several kinds of 'fabulous' narrative.

Fabulae, quarum nomen indicat falsi professionem, aut tantum conciliandae auribus voluptatis aut adhortationis quoque in bonam frugem gratia repertae sunt. Auditum mulcent vel comoediae, quales Menander eiusve imitatores agendas dederunt, vel argumenta fictis casibus amatorum referta, quibus vel 5 multum se Arbiter exercuit vel Apuleium non numquam lusisse miramur. Hoc totum fabularum genus, quod solas aurium delicias profitetur, e sacrario suo in nutricum cunas sapientiae tractatus eliminat. Ex his autem quae ad quandam virtutem speciem intellectum legentis hortantur fit secunda discretio. 10 In quibusdam enim et argumentum ex ficto locatur et per mendacia ipse relationis ordo contexitur, ut sunt illae Aesopi

fabulae elegantia fictionis illustres, at in aliis argumentum quidem fundatur veri soliditate sed haec ipsa veritas per
15 quaedam composita et ficta profertur, et hoc iam vocatur narratio fabulosa, non fabula, ut sunt cerimoniarum sacra, ut Hesiodi et Orphei quae de deorum progenie actuve narrantur, ut mystica Pythagoreorum sensa referuntur. Ex hac ergo secunda divisione quam diximus, a philosophiae libris prior
20 species, quae concepta de falso per falsum narratur, aliena est, sequens in aliam rursum discretionem scissa dividitur: nam cum veritas argumento subest solaque fit narratio fabulosa, non unus reperitur modus per figmentum vera referendi. Aut enim contextio narrationis per turpia et indigna numinibus ac
25 monstro similia componitur ut di adulteri. Saturnus pudenda Caeli patris abscidens et ipse rursus a filio regni potito in vincla coniectus, quod genus totum philosophi nescire malunt, aut sacrarum rerum notio sub pio figmentorum velamine honestis et tecta rebus et vestita nominibus enuntiatur: et hoc est solum
30 figmenti genus quod cautio de divinis rebus philosophantis admittit. Cum igitur nullam disputationi pariat iniuriam vel Er index vel somnians Africanus, sed rerum sacrarum enuntiatio integra sui dignitate his sit tecta nominibus, accusator tandem edoctus a fabulis fabulosa secernere conquiescat.

1. So Varro (*de lingua Latina* 6. 55) connects *fabula* not only with *fari* but with *falli*: a false etymology.

6. **Arbiter**: i.e. Petronius.

8-9. 'The treatment of philosophy (i.e. 'philosophy') banishes from its shrine to the nurses' cradles (i.e. 'to the nursery')'.

10. **legentis**: probably acc. plur.

11. **ex ficto locatur**: 'consists in fiction'.

19-20. **prior species**: i.e. the subdivision described in 7-9 above.

25-7. The stories of Cronos, Uranus, and Zeus were attacked by philosophers from the earliest times.

32. **Er index**: 'Er the witness'. In Plato's *Republic*, Er is the man who dies and returns to life, and so can tell of the world beyond the grave.

34. **secernere**: depends on *edoctus*.

85. *Constantius enters Rome*

This passage is from the work of the last great Roman historian, Ammianus Marcellinus, who was born about AD 330, and composed a history planned as a continuation of Tacitus; the extant parts (Books 14-31) cover the period 353-78. His colourful and varied narrative has a special flavour of its own. His native language was Greek, and his Latin in many ways mannered and artificial. The account of Constantius' entry into Rome in 357 (16. 10. 4-12) gives a vivid, if satirical, picture of the majesty of a fourth-century emperor. Clausulae are accentual, the basic rule (as in Byzantine Greek, see *AGP* 96) being that two or four unaccented syllables come between the last two accents. See Introduction, p. xxv.

Vt igitur multa quaeque consumpta sunt in apparatu regio, pro meritis cuilibet munera reddita, secunda Orfiti praefectura, transcurso Ocriculo, elatus honoribus magnis stipatusque agminibus formidandis, tamquam acie ducebatur instructa, omnium oculis in eum contuitu pertinaci intentis. Cumque urbi 5
propinquaret, senatus officia reverendasque patriciae stirpis effigies ore sereno contemplans, non ut Cineas ille Pyrrhi legatus, in unum coactam multitudinem regum, sed asylum mundi totius adesse existimabat. Vnde cum se vertisset ad plebem, stupebat qua celebritate omne quod ubique est 10
hominum genus confluxerit Romam. Et tamquam Euphraten armorum specie territurus aut Rhenum, altrinsecus praeeuntibus signis, insidebat aureo solus ipse carpento, fulgenti claritudine lapidum variorum, quo micante lux quaedam misceri videbatur alterna. Eumque post antegressos multiplices alios, purpureis 15
subtegminibus texti circumdedere dracones, hastarum aureis gemmatisque summitatibus illigati, hiatu vasto perflabiles, et ideo velut ira perciti sibilantes, caudarumque volumina relinquentes in ventum. Et incedebat hinc inde ordo geminus armatorum, clipeatus atque cristatus, corusco lumine radians, 20
nitidis loricis indutus, sparsique cataphracti equites (quos clibanarios dictitant) personati, thoracum muniti tegminibus et limbis ferreis cincti, ut Praxitelis manu polita crederes simulacra, non viros; quos laminarum circuli tenues, apti

25 corporis flexibus, ambiebant, per omnia membra diducti, ut
    quocumque artus necessitas commovisset, vestitus congrueret,
    iunctura cohaerenter aptata. Augustus itaque faustis vocibus
    appellatus, non montium litorumque intonante fragore cohorruit,
    talem se tamque immobilem qualis in provinciis suis visebatur
30 ostendens. Nam et corpus perhumile curvabat portas ingrediens
    celsas, et velut collo munito, rectam aciem luminum tendens,
    nec dextra vultum nec laeva flectebat et (tamquam figmentum
    hominis) nec cum rota concuteret nutans, nec spuens aut os
    aut nasum tergens vel fricans manumve agitans visus est
35 umquam. Quae licet affectabat, erant tamen haec et alia quaedam
    in citeriore vita patientiae non mediocris indicia, ut existimari
    dabatur, uni illi concessae. Quod autem per omne tempus imperii
    nec in consessum vehiculi quemquam suscepit nec in trabea
    socium privatum asscivit, ut fecere principes consecrati, et similia
40 multa elatus in arduum supercilium, tamquam leges aequissimas
    observavit, praetereo, memor ea me rettulisse cum incidissent.

    1. **multa quaeque consumpta sunt**: 'everything had been spent in
abundance'.
    2. **Orfiti**: Memmius Vitrasius Orfitus Honorius, *praefectus urbi* 355
and 356-9.
    3. **Ocriculo**: Otricoli, on *via Flaminia*, on the upper Tiber.
    6-7. 'The venerable images of patrician stock'. Ammianus means (pre-
sumably) not statues but the living representatives of the old patricians.
    7. **Cineas**: for this famous story (Cineas was Pyrrhus' envoy to Rome,
280 BC) see Plutarch, *Pyrrhus* 19. 6, Florus 1. 13. 20.
    8. **asylum**: as primitive Rome had been the 'sanctuary' where
criminals and exiles had found refuge, so imperial Rome fills this role
for the universe.
    14-15. **quo micante . . . alterna**: 'whose flashing gave the impression
of varied and changing light'. If the antecedent of *quo* is *carpento*, the
whole vehicle is studded with gems; but perhaps the grammar is less
strict, and the reference is to the brilliance of the stones. Cf. K-S i. 30
for various irregularities in congruence of relative.
    15. The order is *postque multiplices alios eum antegressos*.
    16. **dracones**: 'standards', 'dragons': a form of military standard
common to many eastern nations and much used by the Romans in
later imperial times. Arrian (*Tactica* 35) calls them 'Scythian standards':

compactis omnes firmisque membris et opimis cervicibus,
10 prodigiose deformes et pandi, ut bipedes existimes bestias vel
quales in commarginandis pontibus effigiati stipites dolantur
incompte. In hominum autem figura licet insuavi, ita victu
sunt asperi ut neque igni neque saporatis indigeant cibis, sed
radicibus herbarum agrestium et semicruda cuiusvis pecoris
15 carne vescantur, quam inter femora sua equorumque terga
subsertam fotu calefaciunt brevi. Aedificiis nullis umquam tecti,
sed haec velut ab usu communi discreta sepulcra declinant. Nec
enim apud eos vel arundine fastigatum reperiri tugurium potest.
Sed vagi montes peragrantes et silvas, pruinas famem sitimque
20 perferre ab incunabulis adsuescunt. Peregre tecta (nisi adigente
maxima necessitate) non subeunt; nec enim se tutos existimant
esse sub tectis morantes. Indumentis operiuntur linteis vel ex
pellibus silvestrium murum consarcinatis; nec alia illis domestica
vestis est, alia forensis. Sed semel obsoleti coloris tunica collo
25 inserta non ante deponitur aut mutatur quam diuturna carie in
pannulos diffluxerit defrustata. Galeris incurvis capita tegunt,
hirsuta crura coriis munientes haedinis, eorumque calcei formulis
nullis aptati vetant incedere gressibus liberis. Qua causa ad
pedestres parum adcommodati sunt pugnas, verum equis prope
30 affixi, duris quidem sed deformibus, et muliebriter eisdem non
numquam insidentes, funguntur muneribus consuetis. Ex
ipsis quivis in hac natione pernox et perdius emit et vendit,
cibumque sumit et potum, et inclinatus cervici angustae iumenti
in altum soporem ad usque varietatem effunditur somniorum.
35 Et deliberatione super rebus proposita seriis, hoc habitu omnes
in commune consultant. Aguntur autem nulla severitate regali,
sed tumultuario primatum ductu contenti perrumpunt quicquid
inciderit. Et pugnant non numquam ⟨in⟩lacessiti, ineuntes
proelia cuneatim, variis vocibus sonantibus torvum. Vtque ad
40 pernicitatem sunt leves et repentini, ita subito de industria
dispersi incessunt, et incomposita acie cum caede vasta
discurrunt, nec invadentes vallum nec castra inimica pilantes
prae nimia rapiditate cernuntur. Eoque omnium acerrimos facile
dixeris bellatores, quod procul missilibus telis, acutis ossibus
45 pro spiculorum acumine arte mira coagmentatis, et distantiis

decursis comminus ferro sine sui respectu confligunt, hostisque
dum mucronum noxias observant contortis laciniis illigant, ut
laqueatis resistentium membris equitandi vel gradiendi adimant
facultatem. Nemo apud eos arat nec stivam aliquando contingit.
Omnes enim sine sedibus fixis, absque lare vel lege aut victu   50
stabili dispalantur, semper fugientium similes, cum carpentis in
quibus habitant: ubi coniuges taetra illis vestimenta contexunt et
coeunt cum maritis et pariunt et ad usque pubertatem nutriunt
pueros. Nullusque apud eos interrogatus respondere unde oritur
potest, alibi conceptus natusque procul et longius educatus. Per   55
indutias infidi et inconstantes, ad omnem auram incidentis spei
novae perquam mobiles, totum furori incitatissimo tribuentes.
Inconsultorum animalium ritu, quid honestum inhonestumve
sit penitus ignorantes, flexiloqui et obscuri, nullius religionis
vel superstitionis reverentia aliquando districti, auri cupidine   60
immensa flagrantes, adeo permutabiles et irasci faciles ut eodem
aliquotiens die a sociis nullo irritante saepe desciscant itidemque
propitientur, nemine leniente.

4. **paludes Maeoticas**: the sea of Azov.

10. **pandi**: 'crooked', 'bent'.

11-12. 'Like the roughly hewn figured balks carved on the sides
of bridges.'

17. 'They avoid houses as tombs, set apart from common use.'

18. **tugurium**: 'hut'.

23. **silvestrium murum**: ermine or mink or any wild rodent whose
skin could be used?

25-6. '. . . until it crumbles and breaks up into scraps by long decay.'

26. **Galeris**: 'hats'.

27. **formulis**: 'lasts'. The Huns' footwear is shapeless, and no use
for walking.

30. **muliebriter**: i.e. side-saddle?

31-2. **Ex ipsis**: sc. *equis*.

37. **tumultuario** . . . **ductu**: 'the disorderly leadership of their
chieftains'.

38. **inlacessiti** (Winterbottom) gives the best sense; Bentley had
deleted *non*, to give 'they fight though never provoked'.

39. **sonantibus torvum**: 'making a fearsome noise'.

42. **pilantes**: 'robbing'.
45-6. **distantiis decursis**: 'hastening over the intervening space'.
47. **contortis laciniis illigant**: i.e. 'lasso'.
49. **stivam**: 'plough-handle'.
51. **dispalantur**: 'wander'.
63. 'Though no one makes up the quarrel.'

87. *St Augustine's childhood*

Aurelius Augustinus (AD 354-430), the great theologian, had taught rhetoric at Carthage and Milan. His *Confessions*, written when he was nearly fifty, tell the story of his final acceptance of the Christianity in which he had been reared, but which he had abandoned. In this passage (1. 13) we hear of his childhood love of Virgil (never dimmed) and distaste for Greek and arithmetic. His strongly *Latin* education contrasts with the bilingual education recommended 300 years earlier by Quintilian. The wonderful rhetorical presentation, enriched by biblical language, makes this a passage of peculiar splendour.

Quid autem erat causae cur Graecas litteras oderam, quibus puerulus imbuebar? Ne nunc quidem mihi satis exploratum est. Adamaveram enim Latinas, non quas primi magistri, sed quas docent qui grammatici vocantur. Nam illas primas, ubi legere et
5 scribere et numerare discitur, non minus onerosas poenalesque habebam quam omnes Graecas. Vnde tamen et hoc, nisi de peccato et vanitate vitae, quia caro eram, et spiritus ambulans et non revertens? Nam utique meliores quia certiores erant primae illae litterae quibus fiebat in me et factum est, et habeo
10 illud, ut et legam, si quid scriptum invenio, et scribam ipse, si quid volo, quam illae quibus tenere cogebar Aeneae nescio cuius errores, oblitus errorum meorum: et plorare Didonem mortuam, quia se occidit ob amorem, cum interea me ipsum in his a te morientem. Deus vita mea, siccis oculis ferrem
15 miserrimus.

Quid enim miserius misero non miserante se ipsum, et flente Didonis mortem, quae fiebat amando Aeneam, non flente autem

mortem suam, quae fiebat non amando te, Deus, lumen
cordis mei et panis oris intus animae meae et virtus maritans
mentem meam et sinum cogitationis meae? Non te amabam, 20
et fornicabar abs te, et fornicanti sonabat undique: euge,
euge. Amicitia enim mundi huius fornicatio est abs te; et
euge, euge dicitur, ut pudeat si non ita homo sit. Et haec non
flebam, sed flebam Didonem exstinctam ferroque extrema
secutam, sequens ipse extrema condita tua relicto te, et 25
terra iens in terram; et si prohiberer ea legere, dolerem, quia
non legerem quod dolerem. Talis dementia honestiores et
uberiores litterae putantur quam illae quibus legere et scribere
didici.

Sed nunc in anima mea clamet Deus meus, et veritas tua 30
dicat mihi: non est ita, non est ita; melior est prorsus doctrina
illa prior. Nam ecce paratior sum oblivisci errores Aeneae
atque omnia eiusmodi quam scribere et legere. At enim vela
pendent liminibus grammaticarum scholarum; sed non illa magis
honorem secreti quam tegumentum erroris significant. Non 35
clament adversus me, quos iam non timeo, dum confiteor tibi
quae vult anima mea, Deus meus, et adquiesco in reprehensione
malarum viarum mearum, ut diligam bonas vias tuas. Non
clament adversum me venditores grammaticae vel emptores,
quia si proponam eis interrogans, utrum verum sit, quod 40
Aeneam aliquando Carthaginem venisse poeta dicit, indoctiores
se nescire respondebunt, doctiores autem etiam negabunt
verum esse. At si quaeram quibus litteris scribatur Aeneae
nomen, omnes mihi qui haec didicerunt verum respondent,
secundum id pactum et placitum quo inter se homines ista signa 45
firmarunt. Item si quaeram quid horum maiore vitae huius
incommodo quisque obliviscatur, legere et scribere, an poetica
illa figmenta, quis non videat quid responsurus sit qui non est
penitus oblitus sui? Peccabam ergo puer, cum illa inania istis
utilioribus amore praeponebam vel potius ista oderam, illa 50
amabam. Iam vero unum et unum duo, duo et duo quattuor,
odiosa cantio mihi erat; et dulcissimum spectaculum vanitatis
equus ligneus plenus armatis et Troiae incendium atque ipsius
umbra Creusae.

1. **Quid . . . causae**: G–L § 369.

4. **grammatici**: these are the teachers of literature, especially poetry.

7–8. Ps. 77 (78); 39.

8. **utique**: 'certainly'.

14. **vita mea**: John 11: 25, 14: 6.

19. **panis**: John 6: 35, 48, 59.

21. **fornicabar abs te**: Ps. 72 (73): 27.

24–5. *Aen.* 6. 457.

25. **extrema condita tua**: 'the lowest things of your creation', i.e. poetry.

33. **vela**: schools were held just off the street, separated only by a curtain stretched from the columns of a portico.

53–4. *Aen.* 2. 772.

88. *Jerome's dream*

St Jerome (Eusebius Hieronymus, *c.*AD 348-420) was a pupil of Donatus in grammar and well trained in rhetoric. His scholarship—linguistic and historical—was immense, his stylistic vigour and versatility extraordinary. He is one of the greatest writers of Latin prose. This extract (*Epist.* 22. 29–30) is from a long letter to the devout virgin Eustochium. It relates a dream which he says he had some years before (in fact in AD 374) which warned him against the seductions of pagan literature. The sincerity of his account has often been questioned.

The stylistic contrast between Jerome's Bible translations (90–3) and his other works is very obvious. Here we have careful sentences and regular rhythm.

Nec tibi diserta multum velis videri aut lyricis festiva carminibus metro ludere. Non delumbem matronarum salivam delicata secteris, quae nunc strictis dentibus nunc labiis dissolutis balbutientem linguam in dimidiata verba moderantur, rusticum
5   putantes omne quod nascitur. Adeo illis adulterium etiam linguae placet. 'Quae enim communicatio luci ad tenebras, qui consensus Christo et Belial?' Quid facit cum psalterio Horatius? cum evangeliis Maro? cum apostolo Cicero? Nonne scandalizatur frater si te viderit in idolio recumbentem? Et licet 'omnia munda

mundis et nihil reiciendum sit quod cum gratiarum actione per-   10
cipitur', tamen simul bibere non debemus calicem Christi et
calicem daemoniorum. Referam tibi meae infelicitatis historiam.

Cum ante annos plurimos domo parentibus sorore cognatis
et, quod his difficilius est, consuetudine lautioris cibi propter
caelorum me regna castrassem et Hierosolymam militaturus   15
pergerem, bybliotheca, quam mihi Romae summo studio ac
labore confeceram, carere non poteram. Itaque miser ego
lecturus Tullium ieiunabam; post noctium crebras vigilias, post
lacrimas quas mihi praeteritorum recordatio peccatorum ex imis
visceribus eruebat, Plautus sumebatur in manibus. Si quando   20
in memet reversus prophetam legere coepissem, sermo horrebat
incultus, et quia lumen caecis oculis non videbam, non oculorum
putabam culpam esse sed solis. Dum ita me antiquus serpens
inluderet, in media ferme quadragesima medullis infusa febris
corpus invasit exhaustum et sine ulla requie—quod dictu   25
quoque incredibile sit—sic infelicia membra depasta est ut
ossibus vix haererem.

Interim parabantur exsequiae et vitalis animae calor toto
frigente iam corpore in solo tepente pectusculo palpitabat, cum
subito raptus in spiritu ad tribunal iudicis pertrahor, ubi tantum   30
luminis et tantum erat ex circumstantium claritate fulgoris ut
proiectus in terram sursum aspicere non auderem. Interrogatus
condicionem, Christianum me esse respondi: et ille qui
residebat 'Mentiris' ait 'Ciceronianus es, non Christianus; "ubi
thesaurus tuus, ibi et cor tuum." ' Ilico obmutui et inter verbera—   35
nam caedi me iusserat—conscientiae magis igne torquebar illum
mecum versiculum reputans: 'In inferno autem quis confitebitur
tibi?' Clamare tamen coepi et heiulans dicere: 'Miserere mei,
domine, miserere mei.' Haec vox inter flagella resonabat. Tandem
ad praesidentis genua provoluti, qui adstiterant precabantur ut   40
veniam tribueret adulescentiae, ut errori locum paenitentiae
commodaret exacturus deinde cruciatum, si gentilium litterarum
libros aliquando legissem. Ego, qui tanto constrictus articulo
vellem etiam maiora promittere, deiurare coepi et nomen
eius obtestans dicere: 'Domine, si umquam habuero codices   45
saeculares, si legero, te negavi.'

1. **Nec . . . velis**: classical prose usage would be *ne*(ve) . . . *volueris*, but this usage is found both in early Latin (Plautus) and later. Cf. *non . . . secteris* below (E–T p. 233).
diserta: 'eloquent'.
festiva: 'playful'.

2. **delumbem . . . salivam**: 'degenerate drivel', an adaptation of Persius 1. 104.

5–6. The implication is that the *matronae* are as corrupt in language as in morals.

6–7. 2 Cor. 6: 14. **Belial**: Hebrew names are frequently not declined; cf. **89**. 4; **90**. 6, 10; **93**. 5.

8–10. Titus 1: 15. 1 Tim. 4: 4.

15. **castrassem**: 'had deprived' myself.

18. **ieiunabam**: 'used to fast'.

23. **antiquus serpens**: 'the old serpent', i.e. the Devil.

24. **quadragesima**: 'Lent'.

25. **dictu**: G–L § 436.

26. **sit**: G–L § 257.

27. Virg. *Ecl.* 3. 103 'vix ossibus haerent'.

29. **pectusculo**: 'breast', diminutive for pathos.

34. **residebat**: 'sat' in judgement.

34–5. Matt. 6: 21.

37–8. Ps. 6: 6.

38. **heiulans**: 'with a cry of pain', *OLD* s.v. *eiulo*.

43. **aliquando**: 'ever again'.
tanto constrictus articulo: 'under the compulsion of that dreadful moment'. *articulus*, 'joint', is used in classical texts also for 'particular juncture', 'turning point' (*OLD* s.v. 5).

45–6. Observe the tenses: 'If ever in future I have pagan books, then I have denied Thee'.

89. *Rules for the clergy*

In this extract (*Epist.* 52. 5), Jerome writes to Nepotianus, a nephew of a friend, and advises him on the way in which, as a cleric, he should conduct his life. The date is 394. The doctrine is austere.

Hospitiolum tuum aut raro aut numquam mulierum pedes terant. Omnes puellas et virgines Christi aut aequaliter ignora aut aequaliter dilige. Ne sub eodem tecto manseris; ne in praeterita castitate confidas. Nec David sanctior nec Salomone potes esse sapientior; memento semper quod paradisi colonum de 5 possessione sua mulier eiecerit. Aegrotanti tibi sanctus quilibet frater adsistat et germana vel mater aut probatae quaelibet apud omnes fidei. Quod si huiusce modi non fuerint consanguinitatis castimoniaeque personae, multas anus nutrit ecclesia, quae et officium praebeant et beneficium accipiant ministrando, ut 10 infirmitas quoque tua fructum habeat elemosynae. Scio quosdam convaluisse corpore et animo aegrotare coepisse. Periculose tibi ministrat cuius vultum frequenter adtendis. Si propter officium clericatus aut vidua tibi visitatur aut virgo, numquam domum solus introeas, talesque habeto socios quorum contubernio non 15 infameris. Si lector, si acolythus, si psaltes te sequitur, non ornentur vestibus sed moribus, nec calamistro crispent comas sed pudicitiam habitu polliceantur. Solus cum sola secreto et absque arbitro non sedeas. Si familiarius est aliquid loquendum, habet nutricem, maiorem domus virginem, viduam, maritatam; 20 non est tam inhumana ut nullum praeter te habeat cui se audeat credere. Caveto omnes suspiciones et, quidquid probabiliter fingi potest, ne fingatur ante devita. Crebra munuscula et orariola et fasciolas et vestes ori adplicatas et degustatos cibos blandasque et dulces litterulas sanctus amor non habet. 'Mel 25 meum, lumen meum meumque desiderium' et ceteras ineptias amatorum, omnes delicias et lepores et risu dignas urbanitates in comoediis erubescimus, in saeculi hominibus detestamur: quanto magis in clericis et in clericis monachis, quorum et sacerdotium proposito et propositum ornatur sacerdotio! Nec 30 hoc dico quod aut in te aut in sanctis viris ista formidem, sed quod in omni proposito, in omni gradu et sexu et boni et mali repperiantur malorumque condemnatio laus bonorum sit.

5. **paradisi colonum**: i.e. Adam.   **quod**: see on 31.
11. **elemosynae**: 'of alms-giving'.

BIBLICAL TEXTS: THE VULGATE

The only Latin translation of the Bible we illustrate is the 'Vulgate', largely the work of St Jerome (though he was not responsible for Acts and Epistles (94-95)), who was both a scholar and a prose writer of genius. The Hebrew and Greek texts translated give the language its special structure; but this Bible is also a Latin classic, written not for a cultivated few but for ordinary people. Basically, therefore, the language is 'vulgar', and the vocabulary, word-order, and syntax reflect this (Palmer, 183 ff.). The narrative often reminds one of the very simple style illustrated by the author of *Ad Herennium* (5 above). This was a deliberate choice of St Jerome's predecessors and of himself: contrast his own elaborate and rhythmical style exemplified by **88** above. See in general, J. N. D. Kelly, *Jerome* (London, 1975) 153-67. Biblical Latin had an immense impact on mediaeval writing and on European vernaculars—far greater than the corresponding impact of the Greek Bible on mediaeval Greek, since the Byzantines preserved and cultivated the older rhetorical arts of which the biblical texts are innocent.

For Greek originals (or versions) of some of these passages, see *AGP* 87-91.

90. *Joseph in Potiphar's House*

Genesis 39: 1-20

Igitur Ioseph ductus est in Aegyptum, emitque eum Putiphar eunuchus Pharaonis, princeps exercitus, vir Aegyptius, de manu Ismaelitarum, a quibus perductus erat. Fuitque Dominus cum eo, et erat vir in cunctis prospere agens: habitavitque in domo domini sui, qui optime noverat Dominum esse cum eo, et omnia 5
quae gereret ab eo dirigi in manu illius. Invenitque Ioseph gratiam coram domino suo et ministrabat ei: a quo praepositus omnibus gubernabat creditam sibi domum et universa quae ei

tradita fuerant: benedixitque Dominus domui Aegyptii propter
10 Ioseph, et multiplicavit tam in aedibus quam in agris cunctam
eius substantiam: nec quidquam aliud noverat nisi panem quo
vescebatur. Erat autem Ioseph pulchra facie, et decorus aspectu.
Post multos itaque dies iniecit domina sua oculos suos in
Ioseph et ait: Dormi mecum. Qui nequaquam acquiescens operi
15 nefario, dixit ad eam: Ecce dominus meus, omnibus mihi
traditis, ignorat quid habeat in domo sua: nec quidquam est
quod non in mea sit potestate vel non tradiderit mihi, praeter
te, quae uxor eius es: quomodo ergo possum hoc malum facere,
et peccare in Deum meum? Huiuscemodi verbis per singulos
20 dies et mulier molesta erat adolescenti et ille recusabat stuprum.
Accidit autem quadam die ut intraret Ioseph domum et operis
quippiam absque arbitris faceret, et illa, apprehensa lacinia
vestimenti eius, diceret: Dormi mecum. Qui relicto in manu eius
pallio fugit et egressus est foras. Cumque vidisset mulier vestem
25 in manibus suis et se esse contemptam, vocavit ad se homines
domus suae et ait ad eos: En introduxit virum Hebraeum, ut
illuderet nobis: ingressus est ad me, ut coiret mecum: cumque
ego succlamassem et audisset vocem meam, reliquit pallium
quod tenebam et fugit foras. In argumentum ergo fidei retentum
30 pallium ostendit marito revertenti domum, et ait: Ingressus est
ad me servus Hebraeus quem adduxisti, ut illuderet mihi:
cumque audisset me clamare, reliquit pallium quod tenebam
et fugit foras. His auditis dominus et nimium credulus verbis
coniugis, iratus est valde tradiditque Ioseph in carcerem ubi
35 vincti regis custodiebantur, et erat ibi clausus.

91. *The Preacher*

Ecclesiastes 1. 1–11

Vanitas vanitatum

Verba Ecclesiastae, filii David, regis Ierusalem.
Vanitas vanitatum, dixit Ecclesiastes;
Vanitas vanitatum, et omnia vanitas.
Quid habet amplius homo   5
de universo labore sub quo laborat sub sole?
Generatio praeterit, et generatio advenit,
terra autem in aeternum stat.
Oritur sol et occidit,
et ad locum suum revertitur,   10
ibique renascens gyrat per meridiem, et flectitur ad aquilonem.
Lustrans universa in circuitu pergit spiritus,
et in circulos suos revertitur.
Omnia flumina intrant in mare,
et mare non redundat;   15
ad locum unde exeunt flumina
revertuntur ut iterum fluant.
Cunctae res difficiles;
non potest eas homo explicare sermone.
Non saturatur oculus visu,   20
nec auris auditu impletur.
Quid est quod fuit? Ipsum quod futurum est.
Quid est quod factum est? Ipsum quod faciendum est.
Nihil sub sole novum,
nec valet quisquam dicere: Ecce hoc recens est;   25
iam enim praecessit in saeculis quae fuerunt ante nos.
Non est priorum memoria,
sed nec eorum quidem quae postea futura sunt
erit recordatio apud eos qui futuri sunt in novissimo.
Ego Ecclesiastes fui rex Israel in Ierusalem;   30
et proposui in animo meo quaerere et investigare sapienter
de omnibus quae fiunt sub sole.

Hanc occupationem pessimam
dedit Deus filiis hominum, ut occuparentur in ea.
35   Vidi cuncta quae fiunt sub sole,
et ecce universa vanitas et afflictio spiritus.
Perversi difficile corriguntur,
et stultorum infinitus est numerus.
Locutus sum in corde meo, dicens:
40   Ecce magnus effectus sum, et praecessi omnes sapientia
qui fuerunt ante me in Ierusalem;
et mens mea contemplata est multa sapienter, et didici.
Dedique cor meum ut scirem prudentiam
Atque doctrinam, erroresque et stultitiam;
45   et agnovi quod in his quoque esset labor et afflictio spiritus,
eo quod in multa sapientia multa sit indignatio,
Et qui addit scientiam, addit et laborem.

92. *The Lord is my Shepherd*

Psalm 22 (23)

Dominus regit me, et nihil mihi deerit:
in loco pascuae ibi me collocavit.
Super aquam refectionis educavit me,
animam meam convertit.
5   Deduxit me super semitas iustitiae,
propter nomen suum.
Nam, et si ambulavero in medio umbrae mortis,
non timebo mala, quoniam tu mecum es.
Virga tua, et baculus tuus,
10   ipsa me consolata sunt.
Parasti in conspectu meo mensam,
adversus eos qui tribulant me;
impinguasti in oleo caput meum;
et calix meus inebrians quam praeclarus est!
15   Et misericordia tua subsequetur me

omnibus diebus vitae meae;
et ut inhabitem in domo Domini,
in longitudinem dierum.

2. **pascuae**: 'pasture', *OLD* s.v. *pascua, pascuum*: the feminine seems the technical and everyday word, neut. plur. *pascua* belongs to higher literature.

93. *The Birth of Jesus*

Luke 2: 1–21. The Latin, as will be seen, follows the Greek (*AGP* 89) very closely.

Factum est autem in diebus illis, exiit edictum a Caesare Augusto ut describeretur universus orbis. Haec descriptio prima facta est a praeside Syriae Quirino: et ibant omnes ut profiterentur singuli in suam civitatem. Ascendit autem et Ioseph a Galilaea de civitate Nazareth in Iudaeam, in civitatem David quae   5
vocatur Bethlehem, eo quod esset de domo et familia David, ut profiteretur cum Maria desponsata sibi uxore praegnante. Factum est autem, cum essent ibi, impleti sunt dies ut pareret. Et peperit filium suum primogenitum et pannis eum involvit et reclinavit eum in praesepio quia non erat eis locus in diversorio.   10
    Et pastores erant in regione eadem vigilantes et custodientes vigilias noctis super gregem suum. Et ecce angelus Domini stetit iuxta illos et claritas Dei circumfulsit illos et timuerunt timore magno. Et dixit illis angelus: Nolite timere: ecce enim evangelizo vobis gaudium magnum, quod erit omni populo: 15
quia natus est vobis hodie Salvator, qui est Christus Dominus, in civitate David. Et hoc vobis signum: Invenietis infantem pannis involutum, et positum in praesepio. Et subito facta est cum angelo multitudo militiae caelestis laudantium Deum et dicentium: 20

  Gloria in altissimis Deo,
  Et in terra pax in hominibus bonae voluntatis.

Et factum est, ut discesserunt ab eis angeli in caelum, pastores
loquebantur ad invicem: Transeamus usque Bethlehem, et
25 videamus hoc verbum quod factum est, quod Dominus ostendit
nobis. Et venerunt festinantes et invenerunt Mariam et Ioseph
et infantem positum in praesepio. Videntes autem cognoverunt
de verbo quod dictum erat illis de puero hoc. Et omnes qui
audierunt mirati sunt, et de his quae dicta erant a pastoribus
30 ad ipsos. Maria autem conservabat omnia verba haec, conferens
in corde suo. Et reversi sunt pastores glorificantes et laudantes
Deum in omnibus quae audierant et viderant, sicut dictum est
ad illos.

Et postquam consummati sunt dies octo, ut circumcideretur,
35 vocatum est nomen eius Iesus, quod vocatum est ab angelo
prius quam in utero conciperetur.

1. **Factum est . . . exiit**: follows the Greek construction with ἐγένετο.
cf. 8, 23-4.
15. **evangelizo**: Greek word borrowed, not translated.
16. **quia**: ὅτι 'that'.
22. **in hominibus**: many MSS and editions omit *in*: the Greek has
ἐν ἀνθρώποις.
bonae voluntatis: translates εὐδοκίας, not the inferior Greek variant
εὐδοκία, which is the origin of the familiar 'and good will towards
men'.
24. **ad invicem**: 'to one another'.
27. **Videntes**: Gk. ἰδόντες. The use of the present participle
extended beyond classical limits in much late Latin.

94. *St Paul at Athens*

Acts 17: 16-34

Paulus autem cum Athenis eos exspectaret, incitabatur spiritus
eius in ipso, videns idololatriae deditam civitatem. Disputabat
igitur in synagoga, cum Iudaeis et colentibus, et in foro per
omnes dies ad eos qui aderant. Quidam autem Epicurei et Stoici

philosophi disserebant cum eo, et quidam dicebant: Quid vult   5
seminiverbius hic dicere? Alii vero: Novorum daemoniorum
videtur annuntiator esse: quia Iesum et resurrectionem annun-
tiabat eis.

Et apprehensum eum ad Areopagum duxerunt, dicentes:
Possumus scire quae est haec nova, quae a te dicitur, doctrina?   10
Nova enim quaedam infers auribus nostris: volumus ergo scire
quidnam velint haec esse. (Athenienses autem omnes et advenae
hospites ad nihil aliud vacabant nisi aut dicere aut audire aliquid
novi.)

Stans autem Paulus in medio Areopagi ait: Viri Athenienses,   15
per omnia quasi superstitiosiores vos video. Praeteriens enim,
et videns simulacra vestra, inveni et aram in qua scriptum erat:
Ignoto Deo. Quod ergo ignorantes colitis, hoc ego annuntio
vobis. Deus, qui fecit mundum et omnia quae in eo sunt, hic
caeli et terrae cum sit Dominus, non in manufactis templis   20
habitat nec manibus humanis colitur indigens aliquo, cum ipse
det omnibus vitam et inspirationem et omnia, fecitque ex uno
omne genus hominum inhabitare super universam faciem terrae,
definiens statuta tempora et terminos habitationis eorum,
quaerere Deum si forte attrectent eum aut inveniant, quamvis   25
non longe sit ab unoquoque nostrum. In ipso enim vivimus et
movemur et sumus: sicut et quidam vestrorum poetarum
dixerunt: Ipsius enim et genus sumus. Genus ergo cum simus Dei,
non debemus aestimare auro aut argento aut lapidi, sculpturae
artis et cogitationis hominis, divinum esse simile. Et tempora   30
quidem huius ignorantiae despiciens Deus, nunc annuntiat
hominibus ut omnes ubique paenitentiam agant, eo quod statuit
diem in qua iudicaturus est orbem in aequitate, in viro in quo
statuit, fidem praebens omnibus, suscitans eum a mortuis.

Cum audissent autem resurrectionem mortuorum, quidam   35
quidem irridebant, quidam vero dixerunt: Audiemus te de hoc
iterum. Sic Paulus exivit de medio eorum. Quidam vero viri
adhaerentes ei crediderunt: in quibus et Dionysius Areopagita
et mulier nomine Damaris, et alii cum eis.

---

3. **colentibus**: τοῖς σεβομένοις.

6. **seminiverbius**: coined to represent σπερμολόγος.

16. **quasi**: wrongly represents Greek ὥς.

27. The poet is Aratus (*Phaenomena* 5), whose pious didactic poem on astronomy, written in the third century BC, was very popular in the Greco-Roman world.

29-30. **sculpturae artis**: 'a thing fashioned by art'.

33. **in quo**: misrepresents Greek ᾧ, which is attracted for ὅν = *quem*.

35-6. **quidam quidem**: a meticulous rendering of οἵ μέν.

95. *'Charity'*

1 Corinthians 13

Si linguis hominum loquar et angelorum, caritatem autem non habeam, factus sum velut aes sonans aut cymbalum tinniens. Et si habuero prophetiam et noverim mysteria omnia et omnem scientiam et si habuero omnem fidem ita ut montes transferam,

5   caritatem autem non habuero, nihil sum. Et si distribuero in cibos pauperum omnes facultates meas, et si tradidero corpus meum ita ut ardeam, caritatem autem non habuero, nihil mihi prodest.

Caritas patiens est, benigna est. Caritas non aemulatur, non

10   agit perperam, non inflatur, non est ambitiosa, non quaerit quae sua sunt, non irritatur, non cogitat malum, non gaudet super iniquitate, congaudet autem veritati: omnia suffert, omnia credit, omnia sperat, omnia sustinet.

Caritas numquam excidit, sive prophetiae evacuabuntur

15   sive linguae cessabunt sive scientia destruetur. Ex parte enim cognoscimus et ex parte prophetamus. Cum autem venerit quod perfectum est, evacuabitur quod ex parte est.

Cum essem parvulus, loquebar ut parvulus, sapiebam ut parvulus, cogitabam ut parvulus. Quando autem factus sum vir,

20   evacuavi quae erant parvuli. Videmus nunc per speculum in aenigmate, tunc autem facie ad faciem. Nunc cognosco ex parte, tunc autem cognoscam sicut et cognitus sum. Nunc autem

manent fides, spes, caritas: tria haec; maior autem horum est
caritas.

3,4,5. **habuero**: in all three places this represents the Greek present
subjunctive ἔχω, though in 1 ἐὰν . . . λαλῶ is represented by *si* . . .
habeam, while the perfect subjunctive *noverim* in 3 represents
subjunctive εἰδῶ (*novi* = I know = οἶδα). The variation in tenses is odd.
In 5-7, the future perfects represent two aorist subjunctives and
another present subjunctive (ἔχω).

12. **congaudet . . . veritati**: from the Greek συγχαίρει τῇ ἀληθείᾳ.
Christian Latin adopts this use of *congaudere*.

suffert: 'endures', an interpretation of στέγει.

14. **evacuabuntur**: 'will be made empty', 'will be void'. The same
Greek verb (καταργεῖν) is rendered *destruetur* in 15.

23. **maior**: comparative for superlative again following the Greek.

A FIFTH-CENTURY LETTER

96. *Theodoric, King of the Goths*

Sidonius Apollinaris (*c.* AD 430–80) was born at Lyons of a distinguished family and became bishop of the Arverni (Auvergne), with his see at Clermont-Ferrand, where his feast is still celebrated on 21 August. His mannered *Epistles* and even more mannered poems are evidence of the elaborate literary culture of some circles in fifth-century Gaul. We give 1. 2. 4–10, in which he describes the daily life of the Ostrogothic King Theodoric II, who reigned 453–66, and had his court at Toulouse, where Sidonius saw him. The passage is paraphrased by Gibbon, *Decline and Fall*, ch. xxxvi.

Si actionem diurnam quae est forinsecus exposita perquiras:
antelucanos sacerdotum suorum coetus minimo comitatu expetit,
grandi sedulitate veneratur; quamquam, si sermo secretus,
possis animo advertere quod servet istam pro consuetudine
5   potius quam pro ratione reverentiam. Reliquum mane regni
administrandi cura sibi deputat. Circumsistit sellam comes
armiger; pellitorum turba satellitum ne absit admittitur, ne
obstrepat eliminatur, sicque pro foribus immurmurat exclusa velis
inclusa cancellis. Inter haec intromissis gentium legationibus
10 audit plurima, pauca respondet; si quid tractabitur, differt; si
quid expedietur, accelerat. Hora est secunda: surgit e solio
aut thesauris inspiciendis vacaturus aut stabulis. Si venatione
nuntiata procedit, arcum lateri innectere citra gravitatem regiam
iudicat; quem tamen, si comminus avem feramque aut venanti
15 aut vianti fors obtulerit, manui post tergum reflexae puer inserit
nervo lorove fluitantibus; quem sicut puerile computat gestare
thecatum, ita muliebre accipere iam tensum. Igitur acceptum
modo sinuatis e regione capitibus intendit, modo ad talum
pendulum nodi parte conversa languentem chordae laqueum
20 vagantis digito superlabente prosequitur; et mox spicula capit
implet expellit; quidve cupias percuti prior admonet ut eligas;

eligis quid feriat: quod elegeris ferit; et, si ab alterutro errandum est, rarius fallitur figentis ictus quam destinantis obtutus. Si in convivium venitur, quod quidem diebus profestis simile privato est, non ibi impolitam congeriem liventis argenti mensis 25 cedentibus suspiriosus minister imponit; maximum tunc pondus in verbis est, quippe cum illic aut nulla narrentur aut seria. Toreumatum peripetasmatumque modo conchyliata profertur supellex, modo byssina. Cibi arte non pretio placent, fercula nitore non pondere. Scyphorum paterarumque raras oblationes 30 facilius est ut accuset sitis quam recuset ebrietas. Quid multis? Videas ibi elegantiam Graecam abundantiam Gallicanam celeritatem Italam, publicam pompam privatam diligentiam regiam disciplinam. De luxu autem illo sabbatario narrationi meae supersedendum est, qui nec latentes potest latere personas. Ad 35 coepta redeatur. Dapibus expleto somnus meridianus saepe nullus, semper exiguus. Quibus horis viro tabula cordi, tesseras colligit rapide, inspicit sollicite, volvit argute, mittit instanter, ioculanter compellat, patienter exspectat. In bonis iactibus tacet, in malis ridet, in neutris irascitur, in utrisque philosophatur. 40 Secundas fastidit vel timere vel facere, quarum opportunitates spernit oblatas, transit oppositas. Sine motu evaditur, sine colludio evadit. Putes illum et in calculis arma tractare: sola est illi cura vincendi. Cum ludendum est, regiam sequestrat tantisper severitatem, hortatur ad libertatem communionemque. Dicam 45 quod sentio: timet timeri. Denique oblectatur commotione superati, et tum demum credit sibi non cessisse collegam cum fidem fecerit victoriae suae bilis aliena. Quodque mirere, saepe illa laetitia minimis occasionibus veniens ingentium negotiorum merita fortunat. Tunc petitionibus diu ante per patrociniorum 50 naufragia iactatis absolutionis subitae portus aperitur; tunc etiam ego aliquid obsecraturus feliciter vincor, quando mihi ad hoc tabula perit, ut causa salvetur. Circa nonam recrudescit molis illa regnandi. Redeunt pulsantes, redeunt summoventes; ubique litigiosus fremit ambitus, qui tractus in vesperam 55 cena regia interpellante rarescit et per aulicos deinceps pro patronorum varietate dispergitur, usque ad tempus concubiae noctis excubaturus. Sane intromittuntur, quamquam raro, inter

32–3. celeritatem: 'briskness' (Anderson); 'order and diligence' (Gibbon) incorporates the next phrase.

34. luxu . . . sabbatario: 'Saturday luxury' or more generally 'luxury of feast days'.

35. 'It is not obscure even to obscure persons.'

37. 'In the hours when the gaming-table is to his liking . . .' For *cordi*, G–L § 422.

39. ioculanter compellat: 'addresses them with a joke'.

41. Secundas: 'second throws' (sc. *aleas*?). The rules of the game being unknown, we can only guess what *transit oppositas* (42) means; perhaps 'pays no attention to his opponent's second throw'.

42–3. 'He lets his opponent escape without a move, he escapes himself without collusion.' Again, the rules of the board-game are unknown.

48. bilis: 'anger'.

50. merita fortunat: 'improves the prospects'.

52–3. 'My game is lost to save my cause.'

54. pulsantes . . . summoventes: 'people knocking at the door . . . people moving them back'.

55. litigiosus ambitus ('the importunity of the litigants') is the subject of *rarescit, dispergitur*.

60. sic . . . quod = *sic . . . ut*.

61. phonasco: 'voice-trainer'.

63. fidibus: 'string music'.

65. inchoat . . . gaza: i.e. the guard is first posted at the treasury.

INDEX OF LATIN WORDS
EXPLAINED IN NOTES

References are to passage and line

GRAMMATICAL AND
STYLISTIC INDEX

ablative 45. 33, 52. 7, 55. 12, 59. 19;
  absolute (e.g.) 37. 39, 63. 33, 70. 10
accusative: adverbial 26. 1, 51. 18;
  exclamatory 6. 20, 11. 4, 67. 5;
  cognate 8. 24; other uses 46. 2-3
alliteration 16. 5-6, 16. 40, 27. 10-1·1,
  28. 13
anaphora 22. 23, 43. 12
antecedent repeated inside relative
  clause 5. 1, 6. 34, 24. 3, 77. 47
asyndeton 12. 32-3, 19. 4-6, 23. 48,
  48. 16, 48. 43, 51. 35, 67. 9-10

-*bundus* adjectives 4. 16, 37. 2, 77. 55

chiasmus 19. 17-18, 50. 19
collective singular 74. 6, 96. 6
comparative for superlative 95. 23; as
  positive 89. 18
conditional constructions 15. 29-30,
  44. 8, 45. 30, 49. 29, 63. 20
conditions expressed by independent
  sentence 8. 33
constructio ad sensum 1*b*. 11-12, 26.
  26, 34. 2, 78. 22

dative 12. 49, 61. 1, 61. 6, 61. 12,
  61. 34, 65. 18; predicative 1*a*. 4,
  23. 60, 27. 6, 40. 48, 44. 11, 62*b*. 15,
  96. 37
diminutives 48. 32-5, 52. 34, 89. 24

epiphonema 57. 32, cf. 62*a*. 13, *b*. 18
epistolary imperfect 12. 2, 12. 60-2,
  13. 15, 67. 9-10

future imperative 16. 1-2
future participle 48. 6

gender 51. 2-3
genitive 4. 8, 4. 23, 5. 78, 21. 22,
  29. 5, 32. 17, 34. 52, 37. 36, 39. 23,
  44. 53, 52. 1, 61. 23, 61. 57-8,
  63. 2, 63. 39, 64. 6, 83. 39
gerund, gerundive 29. 30, 65. 18

hendiadys 63. 57
hypophora 22. 1

'imaginary' second person singular
  38. 48
impersonal passive (e.g.) 37. 1, 37. 39,
  41. 1, 63. 42
indicative: in causal relative clause,
  28. 58-9; in indirect question 5. 45,
  30. 51; retained in *or. obl.* 2. 20
infinitive: as imperative (?) 2. 45; as
  substantive 22. 8-9; 'historic' 5. 81,
  15. 43, 21. 28, 27. 14, 28. 24-8,
  34. 6, 35. 31, 65. 44, 67. 23,
  74. 7, 78. 23; perfect with present
  sense: 3*a*. 8
inverse *cum* 4. 1, 51. 10, 52. 16

litotes 23. 19, 26. 10-11

nominative for vocative 33*b*. 2

oratio obliqua (esp.) 23, 26. 7-8;
  introduced by *quod* 51. 28;
  omission of *se* 26. 20, 31*a*. 7; see
  also *repraesentatio*

paronomasia 5. 14
periphrastic tenses 23. 8, 28. 1
pleonasm (e.g.) 39. 12; of negative
  16. 4-5; *suo sibi* 78. 29
pluperfect formed with *fueram*
  39. 25